365일 날마다 예수님과 함께

생명의 말씀

The word of life

그 안에 생명이 있었으니
이 생명은 사람들의 빛이라
_요한복음1:4

청우

가고 싶던 길

김옥남

호젓하다
어느 날인가는 오르고 싶었던 길
산새소리 들으며
새로운 길을 간다
시작이 다르면 닿는 지점이 다르기에
어디로 가느냐는 하나의 선택이다
거미줄을 가르며 숲길을 간다
발길이 헤치는 숲에서는
싸아 하니 푸른 풀내음
맑은 호수에서 이는 잔잔한 바람
길을 간다
아침을 걷는다
하루를 수놓으며 인생을 그린다

_____ 님께

주님이 주시는
벅찬 기쁨이 늘 함께하는
가정이 되기를
기도하는 마음으로 드립니다.

년   월   일

_____ 드림

12 — 31

베드로가 이르되 너희가 회개하여 각각 예수 그리스도의 이름으로 세례를 받고 죄 사함을 받으라 그리하면 성령의 선물을 받으리니 _행 2:38

Peter replied, "Repent and be baptized, every one of you, in the name of Jesus Christ for the forgiveness of your sins. And you will receive the gift of the Holy Spirit.
- Ac 2:38

오늘의 묵상

미국에서 워터게이트 사건이 한창일 때, 닉슨 행정부는 행정부를 반대하는 사람들의 명단을 만들었습니다. 그래서 워터게이트 사건을 은폐하려고 했는데, 그 명단에 포함된 사람들은 자신들이 닉슨의 적으로 간주된 사실을 오히려 자랑스러워했습니다. 결국 그들은 그것 때문에 수치를 당하지 않아도 되었습니다.

사탄이 우리를 원수의 명단에 올려놓았다면, 우리도 기뻐해야 합니다. 왜냐하면 우리가 예수님께 속했다는 증거입니다.

다른 이유 때문이 아니라 복음 때문에. 신앙 때문에 이 세상에서 받는 어떤 핍박이 있다면 기뻐하십시오. 그것은 우리가 진실로 하나님의 자녀임을 증거하기 때문입니다.

365일
날마다
예수님과 함께

생명의 말씀 (개역개정판)

개정판 1쇄 2023년 10월 10일

발행인 황성연
발행처 도서출판 청우
주문처 청우(열린유통)
등록번호 제8-63호
주　소 경기도 파주시 광탄면
　　　　　혜음로883번길 39-32

전화　　031)947-7777
팩스　　0505)365-0691

잘못된 제품은 서점에서 바꾸어 드립니다.

하나님은 우리의 피난처시요 힘이시니
환난 중에 만날 큰 도움이시라 _시 46:1

God is our refuge and strength, an ever-present help in trouble.
- Ps 46:1

12 / 30

오늘의 묵상

폴 터니어 박사의 염려를 물리치는 실제적 방법

첫째, 주님께 영광 돌리는 것을 우리 삶의 목적으로 하고 매일 삽니다.

둘째, 성경 말씀을 날마다 묵상하고 적용하는 데 최대의 노력을 경주합니다.

셋째, 마음의 쓴물을 없앱니다.

넷째, 가족이나 친한 친구들과 좀더 친밀하게 살도록 노력합니다. 자주 접촉하고 감정과 기분을 솔직히 표현합니다.

다섯째, 믿는 친구나 부부와 정기적으로 만납니다. 행복은 전염됩니다.

여섯째, 일상적인 작은 일에 충실하면서 만족하는 자세를 가져야 합니다.

일곱째, 일주일에 한 번씩이라도 다른 사람에게 선을 베푼다. 남을 도와줄 때 행복해집니다.

선택권은 내게 있습니다. 불행을 거두고 행복을 선택하십시오. 행복은 선택입니다.

01 / 01

우리가 살아도 주를 위하여 살고 죽어도 주를 위하여 죽나니
그러므로 사나 죽으나 우리가 주의 것이로다 _롬 14:8

If we live, we live to the Lord; and if we die, we die to the Lord.
So, whether we live or die, we belong to the Lord.
-Ro 14:8

오늘의 묵상

카를 힐티는 『잠 못 이루는 밤을 위하여』라는 책에서 행복의 원천을 다음과 같이 말했습니다. "인생에서 가장 행복한 날은 자신에게 주어진 사명을 발견하는 날이다." 자신에게 주어진 값을 발견하는 삶이 가장 행복한 삶입니다. 실존주의 철학자 키에르케고르는 22세 때 일기에 이렇게 써놓았습니다. "온 세계가 무너진다 해도 내가 꽉 붙들고 놓을 수 없는 이념, 내가 그것을 위해서 살고 그것을 위해서 죽을 수 있는 사명을 나는 찾아야 한다." 오늘날 이런 사명을 붙들고 그 사명을 위해 노력하는 이들이 얼마나 될까요? 하나님 앞에 무릎 꿇고 우리의 사명을 일깨워 달라고 간구한 이들이 얼마나 될까요? 예수님의 사랑과 섬김을 실천하는 것이야말로 최소한의 사명임을 자각하고 있는 이들이 얼마나 될까요? 현재는 이런 사명을 발견하기 위해서 애쓰는 마음이 아쉬운 시대입니다.

오직 여호와를 앙망하는 자는 새 힘을 얻으리니
독수리가 날개치며 올라감 같을 것이요 달음박질하여도
곤비하지 아니하겠고 걸어가도 피곤하지 아니하리로다 _사 40:31

But those who hope in the LORD will renew their strength.
They will soar on wings like eagles; they will run and not grow weary, they will walk and not be faint.
- Isa 40:31

12 / 29

─── 오늘의 묵상 ───

하나님은 천지 만물을 창조하시고 그 안에 있는 거민들과 귀인들의 권세와 영광들을 없는 것처럼 여기시는 크신 분입니다. 하나님은 영원하신 여호와 하나님이시며 명철이 한이 없으신 창조주 하나님이십니다. 그리고 그분은 피곤하고 무능한 자들에게 힘과 능력을 더하시는 분이며 그분을 앙망하는 자들에게 독수리의 날개 치며 올라가는 것과 같은 새 힘을 주시고 달음박질하고 먼 거리를 걸어가도 피곤치 않게 하시는 분이십니다.

그러므로 우리는 상황으로 인하여 절망하지 말고 여호와를 앙망해야 합니다. 우리의 문제는 하나님을 잊어버리는 데 있습니다. 따라서 우리에게 필요한 것은 하나님의 성품과 하신 일을 묵상하는 것입니다.

01 / 02

내 평생에 선하심과 인자하심이 반드시 나를 따르리니
내가 여호와의 집에 영원히 살리로다 _시 23:6

Surely goodness and love will follow me all the days of my life,
and I will dwell in the house of the LORD forever.
- Ps 23:6

― 오늘의 묵상 ―

미국의 자동차 왕 헨리 포드는 대기업을 일으킨 뒤 고향에 조그마한 집을 한 채 지었습니다. 그 집은 대기업 총수가 살기에는 매우 작고 평범한 집이었습니다. "이건 너무 초라하지 않나요. 호화롭지는 않더라도 생활에 불편하지는 않아야지요." 주위 사람들은 걱정스럽게 포드에게 물었습니다. 그러자 그가 얼굴 가득 미소를 띠며 대답했습니다. "가정은 건물이 아닙니다. 비록 작고 초라하더라도 예수님의 사랑이 넘친다면 그곳이야말로 가장 위대한 집이지요." 지금도 디트로이트에 있는 헨리 포드의 기념관에 가면 우리는 이런 글을 볼 수 있습니다. '헨리는 꿈을 꾸는 사람이었고 그의 아내는 기도하는 사람이었다.'

헨리 포드의 성공 이면에는 꿈꾸는 사람과 기도하는 사람이 함께 이룬 아름다운 가정이 있었습니다.

비판하지 말라 그리하면 너희가 비판을 받지 않을 것이요
정죄하지 말라 그리하면 너희가 정죄를 받지 않을 것이요
용서하라 그리하면 너희가 용서를 받을 것이요 _눅 6:37

Do not judge, and you will not be judged. Do not condemn, and you will not be condemned.
Forgive, and you will be forgiven.
- Lk 6:37

12
28

오늘의 묵상

베드로는 불경스러운 말을 했습니다. 그러나 그것이 베드로를 불경스러운 사람으로 만들지는 않았습니다.

어떤 타이틀을 얻으려면 그것이 습관이 되어야 합니다. 한 번 본 것에 근거해 누군가를 성미가 급하다거나 도둑놈이라고 부르는 것은 옳지 않습니다. 심지어 누군가 오랫동안 습관적으로 죄를 짓는다 해도, 그를 그런 사람으로 평가하는 것은 어리석은 일입니다.

시몬은 막달라 마리아를 죄인이라고 불렀습니다. 그러나 그녀는 더 이상 죄인이 아니었습니다. 진실하게 회개했기 때문입니다. 하나님의 선하심은 광대해서 성품을 변화시킵니다. 결코 어제에 근거해서 결론을 내리지 마십시오.

01 / 03

보라 그의 마음은 교만하며 그 속에서 정직하지 못하나
의인은 그의 믿음으로 말미암아 살리라 _합 2:4

See, he is puffed up; his desires are not upright--
but the righteous will live by his faith
- Hab 2:4

오늘의 묵상

어느 사장이 있었습니다. 그는 돈도 많이 벌었고, 가정 내에도 아무 문제가 없었습니다. 자식들은 모두 유명 대학의 유망 학과를 진학하여 이미 사회에서 자리를 잡았습니다. 아내는 진심으로 그를 사랑했습니다. 그의 회사 직원들도 모두 그를 진심으로 따랐습니다. 사람들은 세상에 그렇게 복 받은 사람은 없다고 부러워했습니다. 그러나 그는 갑작스럽게 쓰러졌고, 곧 죽게 되었습니다. 그가 죽기 직전에 아내에게 말했습니다.

"내 뜻대로 된 게 하나도 없어."

그리스도의 고난이 우리에게 넘친 것 같이 우리가 받는 위로도 그리스도로 말미암아 넘치는도다 _고후 1:5

For just as the sufferings of Christ flow over into our lives, so also through Christ our comfort overflows.
- 2 Co 1:5

12 / 27

―――― 오늘의 묵상 ――――

하나님은 우리를 어려운 상황에서 반드시 구해주시겠다고 약속하신 적은 없습니다. 하지만 고난의 한가운데서 우리를 붙드시고 우리에게 평강을 주시겠다고 약속하셨습니다.

월리의 아름답고도 재능 있는 아내 제나가 40대에 불치의 암에 걸렸습니다. 가족들 모두 깊은 충격을 받았습니다. 월리와 제나는 모두 경건한 그리스도인이었습니다. 하지만 두 사람은 하나님이 그녀의 병을 반드시 치료해주겠다고 약속하신 적은 없다는 사실을 알고 있었습니다.

제나가 숨을 거두던 날, 그녀의 평안은 놀라운 간증이 되었습니다. 하나님은 기도에 응답하셨습니다. 외적인 상황이 어떠함에도 불구하고 우리에게 내적인 평강을 주시는 것이 하나님의 뜻이었기 때문입니다.

오직 나는 여호와를 우러러보며 나를 구원하시는 하나님을
바라보나니 나의 하나님이 나에게 귀를 기울이시리로다 _미 7:7

But as for me, I watch in hope for the LORD, I wait for God my Savior; my God will hear me.
- Mic 7:7

01
04

---- 오늘의 묵상 ----

한 소년이 깊은 산골에서 살고 있었습니다. 하루는 비가 억수같이 퍼붓는 바람에 집 앞에 있는 나무가 쓰러져 길을 막아 버렸습니다. 소년은 혼자서 그 나무를 치워보려고 기를 썼지만 소년의 힘으로는 끄떡도 하지 않았습니다. 소년이 나무 앞에서 쩔쩔매고 있는데 아버지가 나와서 물었습니다. "애야, 네가 할 수 있는 일은 모두 다 해 보았니?"
"예, 아빠. 제가 할 수 있는 일은 모두 다 해보았는데도 이 나무는 전혀 움직이지 않아요."
"아니다. 네가 아직도 하지 않은 일이 하나 있단다. 그게 무엇인지 알겠니?"
"잘 모르겠는데요?"
"너는 이 아빠에게 도와달라는 말을 하지 않았어."
당신은 정말 할 수 있는 일을 다 했습니까?

12 / 26

너는 말씀을 전파하라 때를 얻든지 못 얻든지 항상 힘쓰라
범사에 오래 참음과 가르침으로 경책하며 경계하며 권하라 _딤후 4:2

Preach the Word; be prepared in season and out of season; correct, rebuke and encourage--with great patience and careful instruction.
- 2 Ti 4:2

―― 오늘의 묵상 ――

사랑하는 사람의 멋진 성품들을 칭찬하고 싶은 갈망이 없다면, 그 누구도 사랑의 관계를 오랜 시간 지속할 필요가 없습니다.
마찬가지로 주 예수 그리스도를 증거하는 일도 그분의 사랑과 능력을 우리의 삶 속에서 경험한 후 자연스럽게 그리고 자발적으로 생겨나야 합니다.
찰스 스펄전은 이런 말을 했습니다.
"크리스천이라면 라헬이 '아이를 주소서 그렇지 않으면 내가 죽으리이다'라고 울부짖는 것처럼 영혼에 대한 진정한 갈망이 있을 것이다. 하나님께 부르짖으면 그의 택한 자로 거듭나며 철저히 통회할 것이다. 그러므로 모든 그리스도인은 불신자의 영혼을 두고 정말 진실한 마음으로 기도해야 한다."

365일
날마다
예수님과 함께

01 / 05

건축자가 버린 돌이 집 모퉁이의 머릿돌이 되었나니
이는 여호와께서 행하신 것이요 우리 눈에 기이한 바로다 _시 118:22-23

The stone the builders rejected has become the capstone;
the LORD has done this, and it is marvelous in our eyes.
- Ps 118:22-23

오늘의 묵상

여러 해 전에, 정해진 시각에 어떤 큰 오르간 연주회가 열리게 되어 있었습니다. 그런데 오르간에 펌프질을 할 사람이 그만 병이 들고 말았습니다.

일이 이렇게 되자 한 유명한 작곡가가 자신이 그 펌프질을 하겠노라고 자원했습니다. 왜 그런 보잘것없고 천한 일을 하려고 하느냐는 질문을 받은 작곡가는 "음악을 위해서 할 수 있는 일이라면 어떠한 일도 결코 초라하지 않습니다"라고 대답하였습니다.

우리가 예수님을 사랑한다면 우리가 그를 섬기는 가운데 할 수 있는 어떤 일도 결코 보잘것없어 보이지 않을 것입니다. 그의 이름 안에서 행하는 봉사의 일이라면 가장 작고 미미한 일일지라도 모두 즐길 수 있을 것입니다.

12/25

인자가 온 것은 섬김을 받으려 함이 아니라 도리어 섬기려 하고
자기 목숨을 많은 사람의 대속물로 주려 함이니라 _마 20:28

Just as the Son of Man did not come to be served, but to serve, and to give his life as a ransom for many.
- Mt 20:28

--- 오늘의 묵상 ---

하나님에 대해 부요한 것은 하나님 자신을 소유하는 것, 성령의 집이 되는 것, 어디로 가든지 늘 마음속에 거룩하시고 영화로우신 분을 모시고 다니는 것, 그리고 매일 아침, 저녁으로 생수의 근원에서 새롭게 되는 것입니다.

그러나 이 세상에는 이러한 축복을 충분히 누리지 못하도록 방해하는 것들이 너무 많습니다. 그럼에도 불구하고 세상을 멀리하면 할수록 이 풍요로움이 보다 커지는 것은 하나님을 향하여 부하게 되는 특권인 것입니다.

그리스도 안에서 우리 하나님과 더불어 영원히, 우리 인간이 최선의 순간에 바라고 소망할 수 있는 것과 같은 완전하고 풍성한 만족 상태를 누리게 됩니다.

01 / 06

나는 마음이 온유하고 겸손하니 나의 멍에를 메고 내게 배우라
그리하면 너희 마음이 쉼을 얻으리니 이는 내 멍에는 쉽고
내 짐은 가벼움이라 하시니라 _마 11:29-30

Take my yoke upon you and learn from me, for I am gentle and humble in heart,
and you will find rest for your souls. For my yoke is easy and my burden is light."
- Mt 11:29-30

—— 오늘의 묵상 ——

낙타는 하루를 시작하고 마칠 때마다 주인 앞에 무릎을 꿇는다고 합니다. 즉, 하루를 보내고 일을 끝마칠 시간이 되면 낙타는 주인 앞에 무릎을 꿇고 등에 있는 짐이 내려지길 기다리며, 또 새 날이 시작되면 또 다시 주인 앞에 무릎을 꿇고 주인이 얹어 주는 짐을 짊어지는 것입니다. 주인은 낙타의 사정을 잘 압니다. 그렇기 때문에 낙타가 짊어질 수 있을 만큼만 짐을 얹어줍니다. 낙타는 주인이 얹어주는 짐을 마다하지 않습니다.

하나님은 당신의 형편을 누구보다도 잘 아십니다. 그리고 당신이 짊어질 수 있을 만큼 당신에게 짐을 얹어 주십니다. 이 때 당신은 어떤 모습으로 짐을 받으십니까? 낙타와 같은 겸손한 모습입니까?

아들을 낳으리니 이름을 예수라 하라
이는 그가 자기 백성을 그들의 죄에서 구원할 자이심이라 하니라 _마 1:21

She will give birth to a son, and you are to give him the name Jesus,
because he will save his people from their sins."
- Mt 1:21

12/24

---- 오늘의 묵상 ----

입양 단체에서 일하는 사람에게 들으니 4, 5월과 9월에 출산하는 미혼모가 많은데, 그것은 바캉스 철과 크리스마스, 연말에 실수로 임신한 미혼모들이 4, 5월과 9월에 아기를 낳기 때문이라고 합니다.

가시 면류관을 쓰시고 채찍에 맞으며 벌거벗겨져 수치를 당하고 십자가에서 살이 찢기어 피 흘리신 예수님, 우리를 죄에서 구원하기 위하여 오신 바로 그날이 오늘날에는 쾌락과 타락의 날이 되었다는 사실이 안타깝기만 합니다.

365일 날마다 예수님과 함께

01 — 07

나의 계명을 지키는 자라야 나를 사랑하는 자니
나를 사랑하는 자는 내 아버지께 사랑을 받을 것이요
나도 그를 사랑하여 그에게 나를 나타내리라 _요 14:21

Whoever has my commands and obeys them, he is the one who loves me.
He who loves me will be loved by my Father, and I too will love him and show myself to him.
- Jn 14:21

오늘의 묵상

최선을 다해 일했지만 기대만큼의 결과를 얻지 못할 때가 많이 있습니다. 그럴 때 대부분의 사람은 낙심합니다. 스코틀랜드에 있는 어떤 목사는 열심히 주님의 일을 하는 사람이었습니다. 그럼에도 불구하고 일 년 동안 새로 나온 교인이라고는 로버트 모펫트라는 단 한 명의 소년뿐이었습니다. 교인들은 목사님에게 문제가 있는 게 아니냐고 수군거리기 시작했습니다. 그러던 어느 날 로버트라는 소년이 목사님을 찾아왔습니다.
"목사님, 제가 열심히 공부해서 복음을 전하는 전도자가 되겠어요."
이 말에 목사님은 다시 힘을 얻었습니다. 그 후 로버트는 아프리카 선교사가 되어 수많은 영혼을 하나님 앞으로 인도했습니다. 맡은 자들에게 구할 것은 충성입니다. 충성을 다하십시오. 그리고 결과는 하나님께 맡기십시오.

사람이 감당할 시험 밖에는 너희가 당한 것이 없나니 오직 하나님은 미쁘사 너희가 감당하지 못할 시험 당함을 허락하지 아니하시고 시험 당할 즈음에 또한 피할 길을 내사 너희로 능히 감당하게 하시느니라 _고전 10:13_

No temptation has seized you except what is common to man. And God is faithful; he will not let you be tempted beyond what you can bear. But when you are tempted, he will also provide a way out so that you can stand up under it. - 1 Co 10:13

── 오늘의 묵상 ──

사람들은 서서히 성장하는 것보다 급성장을 좋아합니다. 그러나 결코 한순간에 이룰 수 없는 것이 있습니다. 바로, 거룩한 영성입니다. 하나님은 요셉을 정금같이 쓰시기 위해 13년 동안 종살이와 감옥살이를 하게 했습니다. 모세를 훈련시키기 위해 광야에서 40년을 보내게 했습니다. 여호수아를 쓰시기 위해 모세의 시종으로 40년을 기다리게 했습니다. 하나님은 존귀하게 쓰시기로 작정하실수록 거룩한 삶을 위해 많은 준비를 시키십니다. 예수님을 믿는 순간 우리는 거룩한 신분이 됩니다. 그러나 그 거룩함을 완성하는 데에는 평생이 걸립니다. 거룩에는 지름길이 없습니다. 예수님께서도 매일매일 기도와 말씀 묵상이라는 거룩한 습관을 가지고 사셨습니다.

12
23

01
08

> 너희 안에서 행하시는 이는 하나님이시니 자기의 기쁘신 뜻을 위하여 너희에게 소원을 두고 행하게 하시나니 _빌 2:13
>
> For it is God who works in you to will and to act according to his good purpose.
> - Php 2:13

오늘의 묵상

알렉산더 대제 휘하에 알렉산더라는 병사가 있었습니다. 그 병사는 형편없는 생활을 하면서 알렉산더라는 이름에 먹칠을 하고 다니는 사람이었습니다. 어느 날 알렉산더 대제는 알렉산더 병사가 있는 막사로 찾아가 다음과 같이 명령했습니다.

"자네 이름이 알렉산더라지? 그렇다면 자네 이름을 바꾸든가 아니면 자네의 생활 태도를 바꾸도록 하게!"

우리에게도 병사와 같은 모습이 있습니다. 즉, 이름은 그리스도인이지만 행동은 전혀 그리스도인답지 않게 하는 것입니다.

당신은 어떻습니까? 자칭 그리스도인은 아닌지요?

오직 각 사람이 시험을 받는 것은 자기 욕심에 끌려 미혹됨이니
욕심이 잉태한즉 죄를 낳고 죄가 장성한즉 사망을 낳느니라 _약 1:14-15

But each one is tempted when, by his own evil desire, he is dragged away and enticed. Then, after desire has conceived, it gives birth to sin; and sin, when it is full-grown, gives birth to death. - Jas 1:14-15

12 / 22

―― 오늘의 묵상 ――

자기 밖에 모르는 인색한 부자가 유대인 교수인 랍비를 만났습니다. 부자는 랍비에게 인생에 교훈이 될 만한 가르침을 부탁하였습니다. 그러자 랍비는 그를 창가로 데리고 가서 다음과 같이 물었습니다. "무엇이 보입니까?" 부자는 보이는 대로 "지나가는 사람들이 보입니다." 라고 대답하였습니다. 이번에는 그 부자를 커다란 거울 앞으로 데리고 가서 똑같은 질문을 하였습니다. "무엇이 보입니까?" "제 얼굴이 보입니다." 부자의 대답이었습니다. 랍비는 잠시 생각에 잠겼다가 부자에게 말했습니다

"창문과 거울은 모두 유리로 되어 있으나 거울 뒤에는 수은이 칠해져 있어 밖이 안보이고 자신만 보게 되는 것이지요. 마찬가지로 내면이 탐욕으로 칠해진 사람은 자기밖에 모르는 불행한 사람입니다." 우리가 하나님을 바라보며 그 뜻을 분명히 알기 위해서는 맑고 깨끗한 영안이 필요합니다. 내 눈을 가리고 있는 욕심, 자만, 이기심 등을 버릴 때, 내 눈에 내가 보이는 것이 아니라 우리 주님을 바라볼 수 있는 것입니다.

365일
날마다
예수님과 함께

01 / 09

사람은 입의 열매로 인하여 복록을 누리거니와
마음이 궤사한 자는 강포를 당하느니라 _잠 13:2

From the fruit of his lips a man enjoys good things,
but the unfaithful have a craving for violence.
- Pr 13:2

―――― 오늘의 묵상 ――――

어느 택시 회사에 성미가 무척 까다로워서 직장 전체의 분위기를 우울하게 만드는 한 수리공이 있었습니다. 그러던 어느 날 인사과장이 그 사람의 해고 문제를 사장에게 정식으로 건의했습니다. 그러나 사장은 그 사람이 얼마나 완벽하게 일을 해내고 있는지에 대해 칭찬하면서 그 일을 없었던 것으로 하자고 말했습니다. 사장의 그 이야기는 머지않아 수리공의 귀에까지 들어가게 되었습니다. 그리고 놀랍게도 그 사람은 유능하고 유머 있는 사람으로 변하게 되었습니다. 이처럼 칭찬에는 사람을 변화시키는 힘이 있습니다.

너희가 내게 부르짖으며 내게 와서 기도하면
내가 너희들의 기도를 들을 것이요
너희가 온 마음으로 나를 구하면
나를 찾을 것이요 나를 만나리라 _렘 29:12-13

Then you will call upon me and come and pray to me, and I will listen to you.
You will seek me and find me when you seek me with all your heart.
- Jer 29:12-13

12
21

―――― 오늘의 묵상 ――――

습관적인 기도의 문구를 유창하게 말한다고 좋은 기도가 되지 않습니다. 기도의 기본자세는 먼저 하나님의 음성을 듣는 겸손한 태도로부터 시작됩니다.
사무엘처럼 "말씀하옵소서 주의 종이 듣겠나이다." 하는 것이 바른 기도의 자세입니다.

01 / 10

감사로 제사를 드리는 자가 나를 영화롭게 하나니 그의 행위를 옳게 하는 자에게 내가 하나님의 구원을 보이리라 _시 50:23

He who sacrifices thank offerings honors me, and he prepares the way
so that I may show him the salvation of God.
- Ps 50:23

오늘의 묵상

어느 내무반에 한 믿음 좋은 병사가 있었는데 그 병사는 그리스도인이라는 이유로 늘 놀림을 당했습니다. 어느 날 저녁 한 상사가 병사의 오른뺨을 군화로 힘껏 후려치고는 "너희 기독교에서는 오른뺨을 때리면 왼쪽 뺨도 내민다면서?"라고 조롱했습니다.

그런데 이게 웬일입니까? 다음 날 아침, 상사는 자기 군화가 반들반들하게 닦여져 있는 것을 보았습니다. 상사는 누가 그랬는지 알 수 있었습니다.

정도의 차이는 있겠지만 우리 주변에도 우리를 괴롭히는 이들이 많습니다. 그럴 때 쓸데없는 감정을 소비하기보다는 친절을 베푸십시오. 친절 이상으로 힘 있는 무기는 없습니다.

나는 마음이 온유하고 겸손하니 나의 멍에를 메고 내게 배우라
그리하면 너희 마음이 쉼을 얻으리니 _마 11:29

Take my yoke upon you and learn from me, for I am gentle and humble in heart,
and you will find rest for your souls. - Mt 11:29

12 / 20

―――― 오늘의 묵상 ――――

요셉이 마리아와 함께 베들레헴으로 가고 있을 때 한 천사가 마구간에서 이 가족을 도울 몇몇 동물을 선발하기 위해 동물들을 모았습니다. 많은 동물이 차례차례 나와 자신들의 재주를 선전했으나 무섭거나 교활하거나 허영이 가득했기에 허사였습니다. 그때 천사는 황소와 나귀가 밭에서 일하고 있는 것을 보았습니다.

"너희들은 무슨 재주를 가지고 있느냐?"

나귀가 말했습니다.

"아무것도 없어요. 우리는 순종과 인내 이외에는 아무것도 배우지 못했어요. 몽둥이로 때려서 일만 했기 때문이에요."

그리고 황소는 수줍어하며 말했습니다.

"그러나 우리는 가끔 꼬리로 파리를 쫓아버릴 수는 있지요."

그때 천사가 말했습니다. "너희들이 바로 적임자구나!"

네 아버지와 어머니를 공경하라 이것은 약속이 있는 첫 계명이니
이로써 네가 잘되고 땅에서 장수하리라 _엡 6:2-3

"Honor your father and mother"--which is the first commandment with a promise--
"that it may go well with you and that you may enjoy long life on the earth."
- Eph 6:2-3

01
11

---- 오늘의 묵상 ----

텍사스의 한 사내가 아내와 네 자녀를 버리고 캘리포니아로 가서 30년 동안 오직 자기만을 위해 살았습니다. 그는 돈 한 푼 없이 죽었는데, 자기의 시체를 고향 텍사스에 묻어달라는 유언을 남겼습니다. 텍사스에 살고 있던 자식들은 모두 그 소식을 듣고 분개했습니다. "그 사람이 우리와 무슨 상관있어? 아버지로서 우리에게 해준 게 뭔데? 그 사람 때문에 어머니와 우리가 모두 얼마나 고생했는데 왜 우리가 그 시체에 수고와 돈을 들여야 하지?" 그러나 신앙심이 깊은 큰아들은 아무 말 없이 동생들의 불평을 들었습니다. 그리고 그는 캘리포니아로 가서 아버지의 시체를 운구해 오기 위해 자기 트랙터와 농기계들을 저당 잡혔습니다. 장례를 치르고 난 후 큰아들은 동생들에게 이렇게 말했습니다.

"성경에는 '네 부모를 공경하라'고 쓰여 있을 뿐, 어떤 부모라는 말은 없단다."

너의 하나님 여호와가 너의 가운데에 계시니 그는 구원을 베푸실 전능자이시라 그가 너로 말미암아 기쁨을 이기지 못하시며 너를 잠잠히 사랑하시며 너로 말미암아 즐거이 부르며 기뻐하시리라 하리라 _습 3:17

The LORD your God is with you, he is mighty to save. He will take great delight in you, he will quiet you with his love, he will rejoice over you with singing."
- Zep 3:17

12
19

------ 오늘의 묵상 ------

어느 삼류 술사가 복음을 들은 후 삶의 참 된 의미를 발견하고 교회에 나오게 되었습니다. 이 늙은 삼류 마술사는 남들만큼 건강하지도, 부하지도, 많이 배우지도 못했기 때문에 아무것도 할 수가 없었습니다. 고민하던 이 사람이 어느 날 예배당 안에 혼자 들어갔는데 오랜 시간 동안 나오지 않자 사람들이 이상하게 여겨서 문틈으로 예배당 안을 살펴보았습니다.

그러자 울긋불긋한 줄과 꽃들이 흩어져 있고, 비둘기가 날아다니고… 한 마디로 난장판이었습니다. 게다가 이 마술사는 땀을 뻴뻴 흘리면서 요란을 떤 후에 "하나님 재미있으셨습니까?"라고 큰 소리로 외치는 것이었습니다.

어느 때나 하나님을 본 사람이 없으되 만일 우리가 서로 사랑하면
하나님이 우리 안에 거하시고
그의 사랑이 우리 안에 온전히 이루어지느니라 _요일 4:12

No one has ever seen God; but if we love one another,
God lives in us and his love is made complete in us.
- 1 Jn 4:12

01
12

―――― 오늘의 묵상 ――――

어느 저녁 무렵, 한 노인과 그의 손자가 호숫가에 앉아 있었습니다. 그들은 많은 것에 대해 이야기를 나누었습니다. 가령, 계절은 왜 바뀌며, 여자들은 왜 지렁이를 싫어하며, 인생이란 무엇인가 등등. 마침내 손자가 할아버지를 쳐다보며 물었습니다. "할아버지, 하나님을 본 사람이 있나요?" 그 노인은 잔잔한 호수 건너편을 바라보며 대답했습니다.
"애야, 나는 이제 점점 하나님 이외엔 아무것도 보이지 않는단다."
우리의 하루하루가 바로 이 노인과 같아야 할 것입니다. 점점 하나님을 선명하게 바로 보며, 숨을 쉬는 것처럼 당연하고 자연스럽게 하나님과 대화하면서 천국 생활을 준비한다면 그보다 행복한 삶은 없을 것입니다.

하나님의 나라는 먹는 것과 마시는 것이 아니요
오직 성령 안에 있는 의와 평강과 희락이라 _롬 14:17

For the kingdom of God is not a matter of eating and drinking,
but of righteousness, peace and joy in the Holy Spirit,
- Ro 14:17

12
18

----- 오늘의 묵상 -----

베블리 라헤이가 쓴 『성령 충만한 여인』에서 여인은 부엌일을 하면서 이렇게 기도합니다. "모든 냄비와 그릇과 부엌 물건들의 주님, 식사 준비를 하고 설거지를 함으로써 성도가 되게 해주옵소서. 주님께 드리는 봉사를 받아주소서."
단순한 부엌일이 아니라 그 일을 통해 주님을 생각하고, 섬기며, 봉사하는 것입니다.
걸레를 들면서 짜증을 낼 것이 아니라, '먼지 쌓이고 더럽고 어지러운 곳을 깨끗하게 해주는 걸레와 같은 사람이 되어야겠다'라고 생각하고, 걸레를 빨면서 "이 더러운 걸레가 하얗게 되듯이 나의 마음도 성령으로 정결케 하옵소서"라고 기도할 수 있다.

01
13

나를 사랑하는 자들이 나의 사랑을 입으며
나를 간절히 찾는 자가 나를 만날 것이니라 _잠 8:17

I love those who love me, and those who seek me find me.
- Pr 8:17

―――― 오늘의 묵상 ――――

유명한 복음 전도자였던 존 길모어 목사는 어느 날 작은 마을을 지나다가 주방용품을 팔고 있는 어느 노인과 이야기를 나누게 되었습니다. ["안녕하세요? 할아버지, 요즘 장사는 잘되시는지요?"] "예, 그럭저럭 잘됩니다."
["할아버지는 예수님을 믿으십니까?"] "물론 믿지요. 예수님을 믿고 구원받는다는 것은 정말 위대한 일인 것 같습니다."
["그래요 그렇지만 그보다 더 위대한 일이 있지요."] "그래요? 그게 뭔데요?"
["그건 나를 구원해 준 그분과 동행하는 것이지요."]
그렇습니다. 그리스도인의 삶은 단지 구원받고 죽어서 천국 가는 것으로 그치지 않습니다. 예수님은 우리가 날마다 예수님과 동행하면서 그 속에서 천국 생활을 미리 누리기를 원하십니다.

우리가 다 실수가 많으니 만일 말에 실수가 없는 자라면
곧 온전한 사람이라 능히 온 몸도 굴레 씌우리라 _약 3:2

We all stumble in many ways. If anyone is never at fault in what he says, he is a perfect man, able to keep his whole body in check.
- Jas 3:2

12
—
17

---- 오늘의 묵상 ----

레오나르도 다빈치는 인류 역사상 가장 뛰어난 업적을 남긴 사람 가운데 하나입니다. 그가 스케치한 비행기 모형도는 인류가 하늘을 나는 데 결정적인 아이디어를 제공했습니다. 그는 천동설을 뒤집고 지동설을 주장한 천문학자요, 발명가요, 과학자이기도 합니다.

하지만 다빈치도 어렸을 때는 고아라는 이유로 의기소침한 소극적인 아이에 불과했습니다. 그러나 그를 키웠던 할머니는 다빈치가 집을 나설 때마다 "너는 무엇이든 할 수 있어. 할머니는 너를 믿는다"고 속삭였습니다.

누군가로부터 인정을 받는다는 건 행복한 일입니다. 그러나 누군가를 진정으로 인정해줌으로써 그 사람을 살릴 수 있음을 기억하십시오.

내가 네게 명령하는 이 모든 말을 너는 듣고 지키라
네 하나님 여호와의 목전에 선과 의를 행하면
너와 네 후손에게 영구히 복이 있으리라 _신 12:28

Be careful to obey all these regulations I am giving you, so that it may always go well with you and your children after you, because you will be doing what is good and right in the eyes of the LORD your God.
- Dt 12:28

01
14

─── 오늘의 묵상 ───

그리스도인과 비그리스도인이 이야기하면서 나란히 길을 걷고 있었습니다. 그러다가 그리스도인이 그만 돌부리에 걸려 넘어지고 말았습니다. 너무 아픈 나머지 그리스도인은 불평 섞인 욕을 해댔습니다. 그러나 잠시 후 욕을 했던 것을 회개하면서 "주님, 그리스도인으로서 산다는 것은 때로는 너무 힘이 듭니다."하고 말했습니다. 그러자 옆에서 가만히 지켜보고 있던 비그리스도인이 입을 열었습니다. "여보게, 뭘 그런 걸 다 회개하나? 삶을 좀 자유롭게 살게!"
순간 우리는 비그리스도인의 말에 고개를 끄덕일지도 모릅니다. 그러나 조그만 죄에도 민감하게 반응한다는 것은 그 안에 그리스도의 생명이 있다는 증거입니다. 그리스도의 생명이 없는 사람은 죄를 짓고도 자신이 지었다는 사실조차 깨닫지 못합니다.

내가 너희에게 분부한 모든 것을 가르쳐 지키게 하라
볼지어다 내가 세상 끝날까지 너희와 항상 함께 있으리라 하시니라 _마 28:20

And teaching them to obey everything I have commanded you.
And surely I am with you always, to the very end of the age. - Mt 28:20

12 — 16

---- 오늘의 묵상 ----

네비게이토 선교회의 창시자 도슨 트로트맨은 "문제는 얼마나 많은 사람인가가 아니라 어떤 종류의 사람인가에 달려 있다. 나는 죽어 있고 생산 능력이 없고 성장하지 못한 수백 명의 사람보다는 단 하나의 살아 있는 이삭, 즉 재생산할 수 있는 한 사람을 찾겠다"고 말했습니다.

인재는 목재와 같습니다. 나무는 물을 주고, 적절히 잘라주고, 사랑으로 키울 때 쓸 만한 재목이 됩니다. 로버트 머레이 맥체인은 "하나님께 쓰임 받는 일꾼들은 하나님의 손에 붙들린 무서운 무기들"이라고 말했습니다.

탁월하게 주님을 좇을 일꾼을 만들기 위해서는 세상을 이끌어갈 지도자의 영성과 실력을 키우는 데 교회가 과감하게 투자해야 합니다.

내 영혼이 여호와의 궁정을 사모하여 쇠약함이여
내 마음과 육체가 살아 계시는 하나님께 부르짖나이다 _시 84:2

My soul yearns, even faints, for the courts of the LORD;
my heart and my flesh cry out for the living God.
- Ps 84:2

01 / 15

---- 오늘의 묵상 ----

어느 아이가 주일학교 시간에 하늘나라에 대한 이야기를 듣고 마음이 설레기 시작했습니다. 아이는 집으로 돌아와서 엄마에게 말했습니다.

"엄마, 하나님이 우리를 위해서 하늘나라를 준비하셨다는 것을 오늘 배웠어요. 하늘나라는 참으로 아름답고 좋은 곳이래요."

듣고 있던 엄마는 아이의 말이 맞는다면서 머리를 쓰다듬어주며 칭찬해주었습니다. 아이는 다시 엄마에게 말했습니다.

"엄마, 엄마는 다른 여행 준비는 언제나 철저하게 준비하시면서 그 아름다운 하늘나라 여행을 위해서는 왜 준비하지 않으세요?"

12
15

내일 일을 너희가 알지 못하는도다 너희 생명이 무엇이냐
너희는 잠깐 보이다가 없어지는 안개니라 _약 4:14

Why, you do not even know what will happen tomorrow. What is your life?
You are a mist that appears for a little while and then vanishes.
- Jas 4:14

—— 오늘의 묵상 ——

몇 년 전 뉴잉글랜드의 동부 연안에 있는 한 항구에서 많은 고깃배가 출항했습니다. 그러나 오후쯤 되어 큰 폭풍이 일자 어선들 중 단 한 척의 배도 들어오지 못하고 있었습니다. 그들의 온 가족은 한결같이 안타까운 심정으로 하나님께 기도하였습니다. 그런데 설상가상으로 한 오두막에 불이 났습니다.

다음 날 아침 기쁘게도 모든 어선이 무사히 돌아왔습니다. 그때 불타버린 집의 여주인만은 울상을 지으며, "여보, 우리는 망했어요. 집과 모든 물건이 다 타버렸어요"라고 하자 남편은 "여보, 오히려 그 불을 주신 하나님께 감사하시오. 바로 그 불 때문에 모든 어선이 무사히 올 수 있었다오."라고 말했습니다.

01
16

예수께서 대답하여 이르시되 진실로 진실로 네게 이르노니
사람이 거듭나지 아니하면 하나님의 나라를 볼 수 없느니라 _요 3:3

In reply Jesus declared, "I tell you the truth, no one can see the kingdom of God unless he is born again."
- Jn 3:3

―――― 오늘의 묵상 ――――

감리교를 시작한 존 웨슬리는 훌륭한 신앙의 가정에서 태어났고, 대학 시절에는 엄격하고 규칙적인 신앙생활에 힘썼습니다. 또 복음을 전하기 위해 미국 조지아주에 선교사로 갔으나 실패했습니다.

영국으로 돌아온 존 웨슬리는 정신적 고뇌로 나날을 보내고 있다가, 어느 날 올더스게잇 거리 모라비안 교인들이 모이는 집회에 참석하여 무명의 사회자가 로마서 서문을 읽는 순간 회심을 경험했습니다.

이 회심이 경험이 1791년 3월 2일 죽기까지 42,400번의 설교를 하고, 22,300마일을 다니며 전도하게 했던 원동력이었습니다.

12 — 14

내 사랑하는 형제들아 너희가 알지니 사람마다 듣기는 속히 하고
말하기는 더디 하며 성내기도 더디 하라 _약 1:19

My dear brothers, take note of this: Everyone should be quick to listen,
slow to speak and slow to become angry,
- Jas 1:19

오늘의 묵상

헨리 나우웬은 다음과 같이 말했습니다.
"남의 말을 경청하는 것은 매우 힘든 일입니다. 말을 경청하기 위해서는 우리에게 정신적인 안정감이 필요하기 때문입니다. 즉 우리가 연설을 하고, 논쟁하며, 성명서를 내거나 또는 선언을 하는 등의 행위로 더 이상 우리 자신을 입증할 필요가 없다는 것을 인정할 수 있을 때 우리는 비로소 남의 말에 귀를 기울일 수 있습니다. 진정으로 경청하는 사람은 자신을 내세우려고 애쓸 필요가 없습니다. 진정으로 듣는 자는 사람을 맞이하고 환영하며 그리고 받아들이는 데 자유로운 사람입니다."

01
17

너는 가서 기쁨으로 네 음식물을 먹고
즐거운 마음으로 네 포도주를 마실지어다
이는 하나님이 네가 하는 일들을 벌써 기쁘게 받으셨음이니라 _전 9:7

Go, eat your food with gladness, and drink your wine with a joyful heart,
for it is now that God favors what you do.
- Ecc 9:7

----- 오늘의 묵상 -----

1950년대 농촌은 가난했습니다. 5학년이 되어서야 느티나무 교실을 면할 수가 있었습니다. 6년이 되자 도시에 있는 중학교 진학을 위해 밤늦게까지 학교에 남아 공부했습니다.

진학할 아이들이라야 고작 20여 명밖에 안되는데도, 담임 선생님은 도시락을 두 개씩 싸 들고 오셔서 저녁 9시 또는 10시까지 공부시켰습니다. 때로는 학교에서 합숙도 함께 하셨습니다. 대전에 있는 명문 중학교에 합격했을 때 등에 업고 춤을 추시던 선생님을 잊을 길이 없습니다.

"부디 큰 사람 되거라. 열심히 공부해서 성공하거라." 하시던 선생님의 눈에는 눈물이 고였고 입가에는 함박웃음이 가득하였습니다. 제자의 장래를 위하는 일이라면 기꺼이 수고를 아끼지 않던 선생님의 사랑이 지금까지 가슴에 남아 있습니다.

공중의 새를 보라 심지도 않고 거두지도 않고 창고에 모아들이지도
아니하되 너희 하늘 아버지께서 기르시나니
너희는 이것들보다 귀하지 아니하냐 _마 6:26

Look at the birds of the air; they do not sow or reap or store away in barns, and yet your heavenly Father feeds them. Are you not much more valuable than they?
- Mt 6:26

12
—
13

―――― 오늘의 묵상 ――――

코화 산맥에 있는 붉은 화강암으로 된 높이 2,500피트의 계곡에는 종려나무들이 솟아있습니다. 식물학자들은 열대 식물인 이 나무들이 어둡고 가파르고 경사진 좁은 협곡 뒤편에서 그것도 하루에 2시간만 햇볕을 받는 곳에서 어떻게 무성하게 자라는지 궁금했습니다.

마침내 학자들은 계곡의 암벽이 충분한 햇빛을 반사해주고 하루 동안의 따뜻한 열을 충분히 저장하기 때문임을 알았습니다.

종려나무처럼 하나님과 가깝게 교제하면서 살아가는 믿는 자들은 어두움의 압박과 열악한 환경을 잘 극복할 수가 있습니다. 그 이유는 믿는 사람의 반석이 되시는 그리스도께서 영적 건강을 유지하는 데 필요한 하나님의 따뜻한 사랑과 위로를 주시기 때문입니다.

그런즉 사랑하는 자들아 이 약속을 가진 우리는 하나님을 두려워하는 가운데서 거룩함을 온전히 이루어 육과 영의 온갖 더러운 것에서 자신을 깨끗하게 하자 _고후 7:1

Since we have these promises, dear friends, let us purify ourselves from everything that contaminates body and spirit, perfecting holiness out of reverence for God.
- 2 Co 7:1

01 — 18

오늘의 묵상

유대교인과 천주교인과 개신교인 셋이 모여 서로 하나님께 물질을 제일 많이 드린다고 자랑하였습니다. 먼저 천주교인이 "나는 땅에 줄을 긋고 돈을 공중에 던져 오른쪽에 떨어진 것은 하나님께 드리고, 왼쪽에 떨어진 것은 내 호주머니에 넣습니다."라고 말했습니다. 그때 개신교인이 "나는 땅에 원을 그려 놓고는 돈을 공중에 던져 원 안에 떨어진 것은 하나님께 드리고, 원 밖에 떨어진 것은 내 호주머니에 넣습니다."라고 했습니다. 그러니까 마지막으로 유대교인이 "나는 내가 가진 것을 모두 하나님께 드립니다."라고 했습니다. "정말이요?"라고 묻자, "그럼요, 제가 가진 것은 모두 하나님을 향하여 공중으로 던집니다. 그리고 '하나님! 땅에 떨어지는 것은 제 것이고요, 공중에 머무는 것은 하나님의 것입니다.'라고 외칩니다."

마지막으로 말하노니 너희가 다 마음을 같이하여 동정하며 형제를 사랑하며 불쌍히 여기며 겸손하며 악을 악으로, 욕을 욕으로 갚지 말고 도리어 복을 빌라 이를 위하여 너희가 부르심을 받았으니
이는 복을 이어받게 하려 하심이라 _벧전 3:8-9

Finally, all of you, live in harmony with one another; be sympathetic, love as brothers, be compassionate and humble. Do not repay evil with evil or insult with insult, but with blessing, because to this you were called so that you may inherit a blessing. - 1 Pe 3:8-9

12-12

―――― 오늘의 묵상 ――――

랙스 목사는 한 노인이 아프다는 소식을 듣고 그를 찾아갔습니다. 노인은 고개를 돌린 채 말 한 마디조차 하지 않았습니다. 대화를 나누기 위하여 애쓰던 목사님은 냉랭한 난로와 바닥나기 시작한 식량을 알아챘습니다. 목사님은 양고기를 그 집에 배달했습니다.

며칠 후 목사님은 또 그 집을 방문했고 또다시 양고기를 주문하였습니다. 세 번째 심방을 하게 되었을 때, 목사님은 노인과 함께 기도할 수 있었습니다. 그 후 설교 부탁을 받아 며칠 동안 런던을 떠났다 돌아온 목사님은 놀라운 고백을 들었습니다.

"이제 나는 곧 하나님께 돌아갑니다. 이처럼 나를 변화시킨 것은 목사님의 설교가 아니라 목사님께서 나를 위하여 사 주셨던 양고기였습니다."

수고하고 무거운 짐 진 자들아 다 내게로 오라
내가 너희를 쉬게 하리라 _마 11:28

Come to me, all you who are weary and burdened, and I will give you rest.
- Mt 11:28

--- 오늘의 묵상 ---

예수께서는 인생을 살아가는 우리를, 멍에를 메고 힘들게 밭을 가는 소에 비유하셨습니다. 유대 지방에서는 밭을 갈 때 암소와 수소를 함께 짝지어 밭을 갈게 했다고 합니다. 암소 두 마리는 힘이 약하고, 수소 두 마리는 서로 자기 힘만 자랑하는데, 암소와 수소를 짝지어 밭을 갈게 하면 수소는 암소와 보조를 맞추어 당겨주고 끌어주며 밭을 잘 간다는 것입니다.

예수께서는 이런 농사법을 배경으로 "나의 멍에를 메고 내게 배우라. 나의 멍에는 쉽고 내 짐은 가벼우니라."고 말씀하셨습니다. 여기서 우리는 암소로, 예수님은 수소로 비유하신 것입니다.

01
19

12 — 11

주의 구원의 즐거움을 내게 회복시켜 주시고
자원하는 심령을 주사 나를 붙드소서 _시 51:12

Restore to me the joy of your salvation and grant me a willing spirit, to sustain me.
- Ps 51:12

---- 오늘의 묵상 ----

그리스도인이 슬픔에 빠질 때, 그는 병들어 있습니다. 다른 신자들을 일으켜주거나 격려하지 못합니다. 불신자에게 좋은 감화를 주지 못합니다. 영적 능력과 영향력은 격감합니다.

조지 뮐러는 자주 이렇게 했습니다. "매일 아침 나의 첫 과제는 내 영혼이 예수님 안에서 복되다는 사실을 확인하는 것이다."

이제 당신의 엉킨 상태도 개의치 말고 의도적으로 당신의 시선을 온통 주님께 돌리라. 당신이 알고 있는 모든 것이 "예수님은 나를 사랑하신다"라면, 이것이 위대한 찬송이다.

01
20

곧 헛된 것과 거짓말을 내게서 멀리 하옵시며
나를 가난하게도 마옵시고 부하게도 마옵시고
오직 필요한 양식으로 나를 먹이시옵소서 _잠 30:8

Keep falsehood and lies far from me; give me neither poverty nor riches, but give me only my daily bread.
- Pr 30:8

오늘의 묵상

어느 날 관객들로 꽉 메워진 극장에 불이 났습니다. "불이야!"하고 소리치면 서로 먼저 나가려다가 큰 혼란 속에서 대형 사고가 날 것을 예상한 극장 측에서는 희극배우 한 사람을 무대 위에 내세워서 침착하게 불이 난 사실을 청중에게 알림으로 질서 있게 차근차근 나가도록 유도했답니다.

그러자 청중들은 어쩌면 저렇게 진짜 불이 난 것처럼 말할 수 있느냐며 그 배우에게 박수갈채를 보냈습니다. 다급해진 희극배우는 발을 동동 구르며 양손을 휘저으면서 "여러분, 정말입니다. 정말 불이 났습니다. 제 말을 믿고 빨리빨리 뒤에서부터 한 사람씩 나가주십시오. 큰일 났습니다"라고 말했으나, 청중은 더욱 흥분하면서 "야! 어쩌면 저렇게 거짓말을 참말처럼 잘할 수 있을까?"하고 열광했습니다.

깊도다 하나님의 지혜와 지식의 풍성함이여, 그의 판단은 헤아리지 못할 것이며 그의 길은 찾지 못할 것이로다 _롬 11:33

Oh, the depth of the riches of the wisdom and knowledge of God!
How unsearchable his judgments, and his paths beyond tracing out!
- Ro 11:33

12 / 10

------ 오늘의 묵상 ------

어느 제과업자가 빵을 만들어 마을 사람에게 팔았습니다. 그 제과 업자에게는 매일 아침, 버터를 만들어 공급해 주는 가난한 농부가 있었습니다.

하루는 납품되는 버터를 보니 정량보다 조금 모자라는 것 같았습니다. 그래서 며칠을 두고 납품된 버터를 저울로 일일이 달아보았습니다.

예측한 대로 정량에 미달했습니다. 화가 난 이 업자는 버터를 납품하는 농부에게 변상할 것을 요구하며 법정에 고발했습니다. 농부는 체포되어 재판받았습니다. 재판하던 재판관은 농부의 진술을 듣고 깜짝 놀랐습니다.

가난한 농부의 집에는 저울이 없었습니다. 그래서 버터를 만들어 그 제과업자가 파는 1파운드짜리 빵의 규격에 맞추어 버터를 자르고 포장해서 납품했다는 것이었습니다.

모든 겸손과 온유로 하고 오래 참음으로 사랑 가운데서 서로 용납하고 평안의 매는 줄로 성령이 하나 되게 하신 것을 힘써 지키라 _엡 4:2-3

Be completely humble and gentle; be patient, bearing with one another in love.
Make every effort to keep the unity of the Spirit through the bond of peace.
- Eph 4:2-3

01 — 21

— 오늘의 묵상 —

교회를 구성하는 성도들은 모두 소중한 존재입니다. 한 사람이라도 소홀히 할 수 없는 값진 존재입니다. 강하든 약하든, 가지고 있든 못 가지고 있든, 남자든 여자든, 어떤 사람이라도 꼭 필요한 존재입니다. 모두 주님의 몸인 교회를 형성하는 각 지체이기 때문입니다.

지체가 많다 하여도 그 지체들이 연합하여 한 몸을 이루기 때문에 성도들은 사도 바울이 말한 바와 같이 외인도 아니요, 손님도 아니요, 하나님의 권속들(엡 2:19)입니다. 그뿐만 아니라 한 형제요, 자매입니다.

지혜로운 여인은 자기 집을 세우되
미련한 여인은 자기 손으로 그것을 허느니라 _잠 14:1

The wise woman builds her house, but with her own hands the foolish one tears hers down.
- Pr 14:1

오늘의 묵상

영국의 유명한 정치가 디즈레일리는 독신으로 지내다가 35세가 되었을 때 15세나 연상인 어느 과부와 결혼했습니다. 하지만 그는 매우 행복한 결혼생활을 보냈습니다.

미모의 여인이었기 때문일까요? 아닙니다. 그녀는 아름답지도 않았고, 재주도 없었습니다. 그러나 결혼생활에서 가장 중요한 한 가지만을 갖추고 있었습니다. 그것은 곧 사람을 다루는 기술과 존경심이었습니다.

그녀는 남편이 정치 관계로 이 사람 저 사람에게 시달리다가 기운이 쇠진하여 집으로 돌아오면 반가이 맞아주고 존경했습니다. 이렇게 30년을 함께 살아오면서 디즈레일리는 다음과 같이 말했습니다.

"결혼생활 30년에 아내 때문에 마음 상했던 적이 한 번도 없었다."

01/22

예수께서 이르시되 내가 곧 길이요 진리요 생명이니 나로 말미암지 않고는 아버지께로 올 자가 없느니라 _요 14:6

Jesus answered, "I am the way and the truth and the life.
No one comes to the Father except through me.
- Jn 14:6

오늘의 묵상

구세군의 창시자 윌리엄 부스 대장에게 어느 날 신문기자가 물었습니다.
"다가올 미래와 말세에 어떤 위험이 있겠습니까?"
이때 부스 대장은 이렇게 말했습니다.
"중생 없이 용서를 제공하는 철학적 기독교, 그리스도 없는 기독교, 성령 없는 종교, 하나님 없는 정치, 지옥 없는 천국 등이 위험 요소입니다."

12 / 08

또 주께서 주의 구원하는 방패를 내게 주시며 주의 오른손이 나를 붙들고 주의 온유함이 나를 크게 하셨나이다 _시 18:35

You give me your shield of victory, and your right hand sustains me;
you stoop down to make me great.
- Ps 18:35

―――― 오늘의 묵상 ――――

어느 날 수업 시간에 한 학생이 랍비에게 질문했습니다.
"선생님은 어떻게 그렇게 평온하실 수 있는지 비결을 가르쳐주세요. 선생님께서는 여러 가지 시험이나 유혹이 닥치지 않습니까? 죄악의 물결이 파도치고 쾌락과 향락의 유혹이 있을 때 어떻게 대처하셨습니까?"
그러자 랍비는 빙그레 웃으며 이렇게 대답해주었습니다.
"너희들이 무엇을 말하는지 알겠다. 너희들을 괴롭히는 악한 죄의 유혹이 나에게도 없겠느냐? 그러나 그러한 유혹이 물밀듯이 밀려올 때 나는 사탄에게 '지금 비어 있는 자리가 없다'라고 단호하게 말한단다. 빈 의자가 있으면 누군가가 앉는 법이다."

그러므로 우리가 담대히 말하되 주는 나를 돕는 이시니
내가 무서워하지 아니하겠노라 사람이 내게 어찌하리요 하노라 _히 13:6

So we say with confidence,
"The Lord is my helper; I will not be afraid. What can man do to me?"
- Heb 13:6

01
23

---- 오늘의 묵상 ----

이탈리아가 낳은 세계적인 바이올리니스트 니콜로 파가니니가 어느 날 연주를 하고 있었습니다. 그런데 연주 도중 바이올린 줄 하나가 끊어졌습니다. 숨을 죽이고 감상하던 청중은 깜짝 놀랐습니다. 그리고 파가니니가 어떻게 할 것인지를 주시하였습니다. 그는 조금도 당황하지 않고 남은 세 줄로 열심히 연주를 계속했습니다. 그러다가 연주 중에 다시 한 줄이 끊어졌습니다. 그러나 그는 역시 당황하지 않고 침착하게 두 줄로 계속 연주했습니다. 그때 줄이 날카로운 소리를 내며 또 끊어졌습니다. 그는 연주를 멈추더니 한 손으로 바이올린을 높이 치켜들며 "줄 하나의 파가니니!"라고 외쳤습니다. 그러고는 다시 노력한 솜씨로 연주했습니다.
그의 연주가 끝나자 관중들은 우레와 같은 기립박수를 보냈습니다.

근심하는 자 같으나 항상 기뻐하고 가난한 자 같으나 많은 사람을 부요하게 하고 아무 것도 없는 자 같으나 모든 것을 가진 자로다 _고후 6:10

Sorrowful, yet always rejoicing; poor, yet making many rich; having nothing,
and yet possessing everything.
- 2 Co 6:10

12
07

---- 오늘의 묵상 ----

독일의 작가 에론스트 블로흐는 "인간은 끊임없이 희망을 품는 존재"라고 말했습니다. 인간에게 극한 상황에서도 인내와 용기를 가질 수 있게 만드는 힘은 희망입니다.

"소망 중에 즐거워하라"(롬 12:12)는 말씀처럼 희망 속에서 절망을 이겨내고 일시적 욕망을 절제할 때 비로소 진정한 기쁨을 얻을 수 있습니다.

옥스퍼드 사전은 희망이란 "신뢰와 확신의 감정"이라 정의합니다. 이런 의미에서 희망이 종교적 성격을 내포하고 있으면 참된 신앙과 직결된다고 볼 수 있습니다.

희망을 소중히 여기는 사람은 비록 보이지는 않지만 분명히 존재하고 있을 미래의 축복을 향해 오로지 신앙과 노력을 양손에 쥐고 달려가는 자입니다.

너희에게 인내가 필요함은 너희가 하나님의 뜻을 행한 후에 약속하신 것을 받기 위함이라 _히 10:36

You need to persevere so that when you have done the will of God,
you will receive what he has promised.
- Heb 10:36

01
24

—————— 오늘의 묵상 ——————

무슨 일을 하든지 쉽게 포기해서는 안 됩니다. 인내가 없으면 어떤 일도 성공할 수 없습니다. 펭귄 암컷이 알을 낳으면 수컷은 배로 덮어 따뜻하게 해주어 새끼가 나오게 한다고 합니다. 최소한 두 달은 먹지도 않고 영하 40도의 추위 속에 시속 40km의 강풍을 견딘다는 것입니다.

생각해 보면 우리 인간의 인내력은 매우 나약하며, 이는 신앙인의 인내력도 예외가 아닙니다. 고통이나 좌절을 겪을 때, 실패하거나 절망할 때 우리가 붙잡는 것은 무엇입니까? 그것은 예수 그리스도의 십자가입니다. 그 이유는 예수님의 십자가 사건보다 더 억울한 것도, 더 쓰린 아픔도, 더 골 깊은 상처도 없기 때문입니다.

여호와를 경외하며 그의 길을 걷는 자마다 복이 있도다
네가 네 손이 수고한 대로 먹을 것이라 네가 복되고 형통하리로다 _시 128:1-2

Blessed are all who fear the LORD, who walk in his ways.
You will eat the fruit of your labor; blessings and prosperity will be yours.
 - Ps 128:1-2

12
06

---- 오늘의 묵상 ----

우리는 매스 미디어가 대중의 정신에 어떤 영향을 미치고 있는지 잘 알고 있기에 인쇄물과 테이프, 녹음기와 비디오, 라디오와 텔레비전을 통해 세상을 복음으로 흠뻑 적시고 싶어 합니다. 또 다른 방법이 있습니다. 이것이 훨씬 더 효과적인 방법인데 복잡한 전자 기계 장치를 필요로 하지 않습니다. 매우 간단합니다. 조직화된 것도 아니고 전산화된 것도 아닙니다. 비용도 들지 않습니다. 우리는 그것을 '거룩한 소문'(Holy gossip)이라고 부를 수 있습니다. 그것은 좋은 소식이 사람들에게 주고 있는 영향을 흥분하여 입에서 입으로 전달하는 것을 말합니다.
"아무개가 하나님을 믿고 완전히 변화된 것을 아세요? 이상한 일들(?)이 일어나고 있다네요."

내가 궁핍하므로 말하는 것이 아니니라
어떠한 형편에든지 나는 자족하기를 배웠노니 _빌 4:11

I am not saying this because I am in need, for I have learned to be content whatever the circumstances.
- Php 4:11

01 / 25

―――― 오늘의 묵상 ――――

옛날에 고통스러운 병으로 고생하던 왕이 있었습니다. 점성술사가, 병을 고치는 방법은 항상 만족하며 사는 사람의 윗옷을 밤낮으로 입는 길밖에 없다고 일러주었습니다. 그래서 왕은 신하에게 전국을 돌아다니며 그러한 사람을 찾도록 명을 내렸습니다. 왕은 여러 달 만에 돌아온 신하에게 물었습니다.

"그래, 만족하며 사는 사람을 찾았는가?"

"네, 찾았습니다. 폐하."

"그런데 왜 그 윗옷을 가져오지 않았는가?"

"그는 윗옷을 입지 않고 살고 있었습니다."

만족은 물질에 있는 것이 아님을 보여주는 이야기입니다. 어려울 때 우리도 사도 바울처럼 자족하는 진리를 깨닫고 승리하는 삶을 살아야 할 것입니다.

서로 마음을 같이하며 높은 데 마음을 두지 말고
도리어 낮은 데 처하며 스스로 지혜 있는 체 하지 말라 _롬 12:16

Live in harmony with one another. Do not be proud, but be willing to associate with people of low position. Do not be conceited. - Ro 12:16

12 / 05

오늘의 묵상

영국의 극작가 존 플레처는 다음과 같은 좌우명을 가지고 있었습니다.

첫째, 내 영혼의 눈이 깨어 있는가?

둘째, 나는 기도를 할 때마다 더 한층 하나님께 가까워졌는가?

셋째, 나의 신앙은 방심 때문에 약해졌는가? 분투에 의해서 강해졌는가?

넷째, 나는 일체의 불친절한 말과 사상을 이겨냈는가? 다른 사람이 나를 높일 때 기뻐하지는 않았는가?

다섯째, 나는 빛과 힘과 기회가 닿는 한 귀한 시간을 가장 잘 사용했는가?

여섯째, 나는 하나님을 위해 절약해야 할 경우 절약했는가?

일곱째, 나는 나의 혀를 잘 지배했는가?

여덟째, 나는 몇 번 나를 이겼는가?

아홉째, 나의 생활과 말은 복음이나 그리스도에게 영광을 돌리고 있는가?

그런즉 너희는 먼저 그의 나라와 그의 의를 구하라
그리하면 이 모든 것을 너희에게 더하시리라 _마 6:33

But seek first his kingdom and his righteousness, and all these things will be given to you as well.
- Mt 6:33

---- 오늘의 묵상 ----

스티븐 코비의 『소중한 것을 먼저 하라』라는 책의 앞부분에는 스티븐 코비와 결혼한 딸의 대화가 나옵니다.
"아버지, 이 어린아이 하나를 키우느라고 내 할 일을 전혀 못 하고 있어요. 하나님이 내게 주신 은사를 활용할 기회가 없어요. 이것이 일종의 시간낭비는 아닌가요?"
"시간 관리 같은 것은 신경 쓰지 말아라. 달력은 없애버려라. 그리고 지금 네가 네 인생에서 가장 중요한 아이를 돌보는 것을 감사하고, 즐기도록 하여라. 명심해라. 인생에서 중요한 것은 시간이 아니라 방향이다."
주님은 여유로운 인생을 사시면서도 해야 할 사명은 모두 이루셨습니다. 명심하십시오. 시간 관리보다 중요한 것은 방향 관리라는 사실을!

01
26

그러므로 내가 그리스도를 위하여 약한 것들과 능욕과 궁핍과 박해와 곤고를 기뻐하노니 이는 내가 약한 그 때에 강함이라 _고후 12:10_

That is why, for Christ's sake, I delight in weaknesses, in insults, in hardships, in persecutions, in difficulties. For when I am weak, then I am strong.
- 2 Co 12:10

12 / 04

―――― 오늘의 묵상 ――――

이탈리아의 지체 높은 공작이 어느 날 길을 걷다가 열심히 상자를 만들고 있는 노동자를 우연히 보게 되었습니다.

공작은 노동자에게 "만들고 있는 상자를 어디에다 쓸 생각이냐"고 물었습니다. 그러자 그는 꽃씨를 뿌릴 생각이라고 말했습니다. 공작은 아주 재미있다는 듯이 계속해서 물었습니다.

"기왕에 흙으로 채울 상자라면 무엇 때문에 그렇게 정성껏 깎고 다듬는단 말이오? 쓸데없는 일 아니요? 그렇게 훌륭하게 만든다고 해서 누가 알아준답니까?"

"그러나 저는 그렇게 생각하지 않습니다. 나사렛에서 목수 일을 하신 예수님이었다면, 그분은 능히 하실 수 있는 일을 아무렇게나 하셨겠습니까?"라고 답했습니다.

그 노동자의 이름은 미켈란젤로였습니다.

01 / 27

그가 빛 가운데 계신 것 같이 우리도 빛 가운데 행하면
우리가 서로 사귐이 있고 그 아들 예수의 피가
우리를 모든 죄에서 깨끗하게 하실 것이요 _요일 1:7

But if we walk in the light, as he is in the light, we have fellowship with one another,
and the blood of Jesus, his Son, purifies us from all sin.
- 1 Jn 1:7

오늘의 묵상

어떤 사람이 꿈을 꾸었습니다. 꿈속에서 그는 하나님의 심판대 앞에 있었습니다. 그의 차례가 되었고 하나님이 그에게 물으셨습니다. "너는 세상에서 살 때 항상 정직하고 착하게 살았느냐?" "아뇨. 항상 착하게는 살지 못했습니다."
하나님이 또 물으셨습니다.
"그러면 너는 항상 이웃을 사랑하고 그들을 돌보아주었느냐?" "아닙니다." 하나님이 다시 물으셨습니다. "그러면 전도는 열심히 하였느냐?" "그렇지도 못합니다."
이제 틀림없이 하나님의 불호령이 떨어질 것이라 생각하고 이 사람은 잔뜩 움츠려 있었습니다. 그때, 예수님이 나서서 하나님께 이 사람을 변호하셨습니다.
"그러나 이 사람은 저를 믿었고, 하나님을 사랑했습니다."

12 / 03

하나님이여 주는 하늘 위에 높이 들리시며
주의 영광이 온 세계 위에 높아지기를 원하나이다 _시 57:5

Be exalted, O God, above the heavens; let your glory be over all the earth.
- Ps 57:5

--- 오늘의 묵상 ---

경매장에 낡은 바이올린이 있었습니다. 3달러까지 부르는 사람이 있고 더 이상은 없었습니다. 이때 한 노인이 나타나더니 바이올린의 먼지를 털고 마치 보물을 다루듯 자기 손수건을 꺼내 구석구석 닦았습니다. 그리고 현을 조여 음정을 잡고 연주를 시작하였습니다. 그 아름다움은 천사의 음악같이 청중을 황홀하게 했습니다. 경매는 갑자기 활기를 띠어 결국 이 바이올린은 3천 달러에 낙찰되었습니다.

누더기가 된 인간, 죄와 허물로 값없는 인간, 나 같은 죄인에게 거장(Master는 주님의 뜻으로 사용)의 마무리 손질이 끝났을 때 아주 새로운 가치가 부여된다는 뜻입니다. 오직 필요한 것은 하나님의 마무리 손질입니다.

01 / 28

자녀이면 또한 상속자 곧 하나님의 상속자요
그리스도와 함께 한 상속자니 우리가 그와 함께 영광을 받기 위하여
고난도 함께 받아야 할 것이니라 _롬 8:17

Now if we are children, then we are heirs--heirs of God and co-heirs with Christ,
if indeed we share in his sufferings in order that we may also share in his glory.
- Ro 8:17

오늘의 묵상

한 젊은 수도사가 단단한 흙 위에 물을 붓자 물이 옆으로 다 흘러가고 말았습니다. 나이 많은 수도사가 옆에 있는 망치를 들어 흙덩어리를 깨기 시작했습니다.
그는 젊은 수도사에게 다시 한 번 물을 부어보라고 말했습니다. 물은 잘 스며들었고 부서진 흙을 뭉쳐가기 시작했습니다.
"이제야 잘 스며드는구먼. 여기에 씨를 뿌린다면 꽃이 피고 열매가 맺힐 거야. 우리 역시 깨어져야 하나님께서 거기에 물을 주시고, 그럴 때 씨가 떨어지고 꽃이 피고 열매가 맺히게 되는 거지. 이것이 바로 '깨어짐의 영성'이라네."
깨지고 부서질 때 아프고 고통스럽지만 그 고통 속에서 일어나는 사람, 그가 결국에는 믿음과 인내와 지혜의 사람으로 서게 됩니다.

할렐루야 내 영혼아 여호와를 찬양하라 나의 생전에 여호와를
찬양하며 나의 평생에 내 하나님을 찬송하리로다 _시 146:1-2

Praise the LORD. Praise the LORD, O my soul. I will praise the LORD all my life;
I will sing praise to my God as long as I live.
- Ps 146:1-2

12
02

오늘의 묵상

미국의 프린스턴 신학교에 적을 두고 있는 어떤 교수님에 관한 이야기입니다. 어느 날 꿈을 꾸었는데 하늘나라의 새 예루살렘성에 들어가기 위해서 자신도 다른 사람들과 함께 줄을 서서 기다리는 중이었습니다. 여기저기에서 천사들이 줄을 선 사람들의 자격을 심사하고 있었습니다. 그 교수님도 조마조마한 마음으로 자신의 차례를 기다리고 있었습니다. 드디어 천사가 나타나서 이러한 질문을 했습니다.

"찬송가에 이러이러한 것 있지? 불러봐." 그러나 늘 책과 씨름만 했던 그는 우물우물 몇 소절 하다가 중단하고 말았습니다.

그 이후로는 즐겨 찬송을 마음속에 채우고자 노력하였습니다.

기억하십시오! 천국은 찬양이 충만한 곳임을!

누구든지 하나님을 사랑하노라 하고 그 형제를 미워하면 이는 거짓말하는 자니 보는 바 그 형제를 사랑하지 아니하는 자는 보지 못하는 바 하나님을 사랑할 수 없느니라 _요일 4:20_

If we live, we live to the Lord; and if we die, we die to the Lord.
So, whether we live or die, we belong to the Lord.
-Ro 14:8

01
29

--- 오늘의 묵상 ---

커다란 교회에 한 사내가 모자를 쓰고 예배에 참석했습니다. 안내자들의 부탁에도 불구하고 사내는 모자 벗기를 거절했습니다. 예배를 인도하는 목사님 역시 내심 당황스럽기는 마찬가지였습니다. 목사님은 예배가 끝나기 무섭게 문 앞으로 가서 사내를 기다렸습니다. 감사하는 말과 함께 모자에 대한 지적도 잊지 않았습니다. 그러자 사내가 목사님을 바라보면서 말했습니다.

"3년 동안 관심을 끌지 못하다가 오늘에서야 비로소 안내자들의 관심을 끌게 되었습니다. 그것도 순전히 제가 쓰고 있는 이 모자 때문에 말입니다. 그뿐 아니라 바쁘게 지나가시기만 하던 목사님과 직접 몇 마디 대화할 수 있는 영광을 누리게 되었고요."

12/01

우리 주는 위대하시며 능력이 많으시며 그의 지혜가 무궁하시도다
여호와께서 겸손한 자들은 붙드시고
악인들은 땅에 엎드러뜨리시는도다 _시 147:5-6

Great is our Lord and mighty in power; his understanding has no limit.
The LORD sustains the humble but casts the wicked to the ground.
- Ps 147:5-6

―― 오늘의 묵상 ――

월터 데이비스는 소아마비였습니다. 주위에서는 월터가 걷지도 못할 것이라고 비웃었지만, 그가 다니던 교회의 목사님은 월터의 마음에 창조적인 믿음을 심어 주었고, 어머니는 그의 믿음을 성장시켜 주었습니다. 그래서 월터는 나약한 두 다리를 가졌지만 걸을 수가 있었고, 결국에는 뛸 수도 있게 되어서 높이뛰기 챔피언이 되었습니다. 소아마비 환자가 높이뛰기 챔피언이 된 것입니다.

우리는 사명을 감당할 수 있습니다. 우리가 믿는 하나님은 지금 이 시간에도 살아 계셔서 역사하시는 전지전능하신 분입니다.

너는 나를 도장 같이 마음에 품고 도장 같이 팔에 두라
사랑은 죽음 같이 강하고 질투는 스올 같이 잔인하며
불길 같이 일어나니 그 기세가 여호와의 불과 같으니라 _아 8:6

Place me like a seal over your heart, like a seal on your arm; for love is as strong as death,
its jealousy unyielding as the grave. It burns like blazing fire, like a mighty flame.
- Ss 8:6

01 / 30

— 오늘의 묵상 —

래몬 룰은 대학교수로서 19세기에 모슬렘의 복음화를 위해 헌신한 선교사였습니다. 그는 모슬렘 교도들에게 복음을 전하다 같은 나라에서 두 번이나 추방되었으며, 일 년 반 동안 지하 감옥에 갇힌 적도 있었습니다. 그리고 그는 우물 속에 던져져 돌에 맞아 죽었습니다. 죽는 순간에 그가 남긴 말은 "오직 예수만"이었습니다.

그는 죽기 전에 이렇게 말했습니다.

"사랑하는 자는 결코 죽지 않는다. 주님과 더불어 사는 자는 결코 죽지 않는다."

그가 목사로 안수받을 때 한 맹세는 "오, 나의 주 나의 하나님! 내가 가진 모든 것, 나 자신, 아내, 자식을 당신께 바치나이다"였습니다.

때를 놓치지 않기 위한 기도

오 하나님,
오늘 하루 동안
말은 의무나 꼭 해야 할 말을
피하지 않게 하시고
반드시 만나야 할 사람이나
내리지 않으면 안 되는 중요한 결정을
피하지 않게 하시며,
말은 바 책임을 연기하거나
오늘 꼭 답변이 필요한 문제의 해답을
미루지 않게 하소서.

주어지는 모든 사명을 감당하되
신실하고 지혜로우며
성실히 수행하게 하옵소서.
해야 할 것들을 게을리하지 않게 하시되
행하기 전에 그것들을 깊이 생각하고
무모하게 달려들지 않도록 지켜주옵소서.
오늘 하루 동안 내게 지혜를 허락하심으로
나의 모든 과실로부터 지켜주시고
후회하는 일이 없게 하옵소서.

01 — 31

이 율법책을 네 입에서 떠나지 말게 하며 주야로 그것을 묵상하여
그 안에 기록된 대로 다 지켜 행하라
그리하면 네 길이 평탄하게 될 것이며 네가 형통하리라 _수 1:8

Do not let this Book of the Law depart from your mouth; meditate on it day and night,
so that you may be careful to do everything written in it. Then you will be prosperous and successful.
- Jos 1:8

---- 오늘의 묵상 ----

미국 시카고에서 기독교 회의가 열렸습니다.
"성경에 오류가 없다는 것을 우리가 어떻게 변증할 수 있느냐?" 하는 사안을 가지고 사흘 동안 토의했는데 러시아에서 온 세 명은 전혀 말을 하지 않았다고 합니다.
마지막에 그들에게 소감을 얘기하라고 했더니 "나는 사흘 동안 이 회의를 여는 이유를 이해하지 못하겠습니다. 말씀대로 살다 보면 오류가 없다는 것을 저절로 알 텐데 그걸 가지고 뭘 회의를 하고 있습니까?"
R. A. 토레이 목사님이 이런 말을 했습니다.
"성경에 많은 번역이 있는데, 이 세상에 가장 위대한 성경 번역이 있다면 그것은 내 삶으로 성경을 번역하는 것이다."

11
30

우리의 모든 환난 중에서 우리를 위로하사 우리로 하여금
하나님께 받는 위로로써 모든 환난 중에 있는 자들을
능히 위로하게 하시는 이시로다 _고후 1:4_

who comforts us in all our troubles, so that we can comfort those in any trouble
with the comfort we ourselves have received from God - 2 Co 1:4

—— 오늘의 묵상 ——

서적 외판원인 고학생이 더위와 굶주림에 지쳐서 허름한 집에 방문했습니다. 한 소녀가 학생을 맞았습니다.
"너무 가난해요. 책을 살 수가 없어요."
고학생은 시원한 우유 한 잔을 부탁했습니다. 소녀는 쟁반에 우유 두 잔을 담아 정성껏 대접했습니다. 고학생은 소녀의 친절에 감동해 수첩에 그녀의 이름을 적어두었습니다.
20여 년 후 메릴랜드병원에 한 여성 중환자가 실려 왔습니다. 병원장 하워드 켈리 박사는 의사들을 총동원해 환자를 살려냈습니다. 그러나 여인은 1만 달러가 넘는 치료비 청구서를 받아들고 한숨을 토했습니다.
그런데 청구서 뒤에는 병원장의 짤막한 편지 한 장이 붙어 있었습니다.
"20년 전에 저에게 대접한 우유 두 잔이 치료비입니다."

감사

한미순

심심하면 거품물고 대드는
사나운 풍랑의 바다에 침몰치 않고
아슬아슬한 위기의 순간들을 피하여
한 해가 저무는 마지막 항구에
무사히 닻을 내릴 수 있다는 것은
순전한 은혜입니다

언제나
변함없이
그 자리 거기 서 있는
우리를 향하신
말씀의 등대

길이었습니다
변함없는 진리 가운데
생명으로 인도하신
빛이여

지는 해
서산에 감사로 묻고
뜨는 해
기쁨으로 맞겠습니다

세월을 아끼라 때가 악하니라 그러므로 어리석은 자가 되지 말고 오직 주의 뜻이 무엇인가 이해하라 _엡 5:16-17

making the most of every opportunity, because the days are evil.
Therefore do not be foolish, but understand what the Lord's will is. - Eph 5:16-17

11 / 29

—— 오늘의 묵상 ——

『합리적인 생활을 위한 지침』

1. 분수를 알아라. 자신의 나이, 직위, 경제적 능력, 건강 상태, 장단점을 알고 분수에 맞는 행동을 하라.
2. 달성할 수 있는 목표를 세우라.
3. 수입 내에서만 지출하라.
4. 행동하기 전에 한 번 더 생각하는 습관을 가지라.
5. 남의 요청이나 유행에 끌려다니지 말라.
6. 과다한 일과 극단적인 일을 피하라.
7. 융통성을 발휘하라. 때로는 계획을 시정하고 조정하는 것이 현명하다.
8. 쓸데없는 걱정은 하지 말라.
9. 감정을 잘 다스리라.
10. 완벽주의자가 되려고 하지 말라. 나도 남도 환경도 불완전한 것이다.
11. 분위기에 맞는 행동을 하라.
12. 단순하게 사는 법을 배우라.

02
01

아무 것도 염려하지 말고 다만 모든 일에 기도와 간구로, 너희 구할 것을 감사함으로 하나님께 아뢰라 그리하면 모든 지각에 뛰어난 하나님의 평강이 그리스도 예수 안에서 너희 마음과 생각을 지키시리라 _빌 4:6-7

Do not be anxious about anything, but in everything, by prayer and petition, with thanksgiving, present your requests to God. And the peace of God, which transcends all understanding, will guard your hearts and your minds in Christ Jesus. - Php 4:6-7

──── 오늘의 묵상 ────

애슐리 타운이라는 큰 고아원의 어느 추운 겨울날 보일러가 갑자기 고장 났습니다. 보일러를 고치려면 적어도 일주일은 걸려야 하므로 고아원은 온통 비상이 걸렸습니다.

사람들은 조지 뮬러 목사님에게 뛰어와서 사정을 얘기했습니다. 그는 일어나 성경책을 옆구리에 낀 채 교회를 향했고 밤을 새워가며 하나님께 부르짖어 간구했습니다.

"날씨를 주장하시는 하나님 아버지, 이 어린 생명들의 아버지는 하나님이시고 저는 총무일 뿐입니다. 아버지 하나님, 시간과 때를 주장하시는 아버지께서 일주일 동안은 봄 날씨로 변화시켜 주옵소서."

그가 부르짖어 간구하는 동안, 갑자기 동풍이 불기 시작했습니다. 그리고 영국 전체가 봄 날씨로 변화되고 말았습니다.

11/28

말씀하시되 나를 따라오라
내가 너희를 사람을 낚는 어부가 되게 하리라 하시니 _마 4:19

"Come, follow me," Jesus said, "and I will make you fishers of men."
- Mt 4:19

--- 오늘의 묵상 ---

윌리엄 부스는 "인간 최선의 사업은 구령이다"라고 말했습니다.
그 이유는 첫째, 그리스도의 일생의 목적이기 때문이다.
둘째, 사람을 제일 많이 축복하는 것이기 때문이다.
셋째, 최선의 사회 공헌이기 때문이다.
넷째, 국가에 공헌하기 때문이다.
다섯째, 지상에 천국을 건설하기 때문이다.
여섯째, 구령자의 영혼에 은총이 임하기 때문이다.
한 사람의 영혼이 구원받았다면 그 주위에 천국이 도래합니다.

02 / 02

오직 하나님이 성령으로 이것을 우리에게 보이셨으니 성령은 모든 것 곧 하나님의 깊은 것까지도 통달하시느니라 _고전 2:10

But God has revealed it to us by his Spirit. The Spirit searches all things, even the deep things of God.
- 1 Co 2:10

―――― 오늘의 묵상 ――――

평소에 국회 도서관의 귀중한 가치에 대해 역설해온 한 유력한 하원 의원이 어느 날 이런 질문을 받았습니다.
"의원님같이 바쁘신 분이 연구와 조사에 많은 시간을 들이지 못하면서 주어진 논의 주제가 어느 책에 있는지를 그렇게 잘 찾으십니까?"
"아, 그것은 아주 훌륭한 우리의 사서 덕분이지요. 그는 모든 책과 주제를 잘 파악하고 있어서 완벽하게 그 일을 해냅니다."
우리에게는 하나님의 사서가 계십니다. 그분은 우리가 할 수 있는 것보다 성경을 훨씬 더 잘 이해하시며, 우리의 관찰자며 안내자로서 성경의 의미를 알려 주실 뿐만 아니라, 그 말씀을 삶의 모든 필요 가운데서 실제로 적용할 수 있도록 도와주십니다.

네 짐을 여호와께 맡기라 그가 너를 붙드시고
의인의 요동함을 영원히 허락하지 아니하시리로다 _시 55:22

Cast your cares on the LORD and he will sustain you; he will never let the righteous fall.
- Ps 55:22

11
27

----- 오늘의 묵상 -----

한 어린 소녀가 (비록 할아버지 뒤에 타는 것이긴 해도) 난생처음 말을 타는지라 몹시 초조해했습니다. 할아버지는 말타기의 명수였습니다. 소녀의 부모들이 그녀를 말에 태우자 소녀는 비명을 질렀습니다.
"어떻게 해? 난 말을 탈 줄 몰라요! 한 번도 타본 적이 없는데 어떻게 해?"
할아버지는 부드러운 목소리로 "걱정일랑 하지 말아라. 어떻게 타는지 몰라도 괜찮다. 그냥 이 할아버지만 꼭 붙잡아라, 아가야. 나만 붙잡으면 된다"라고 안심시켰습니다.
하나님을 붙잡고 의지하는 가장 좋은 방법은 그와 끊임없이 의사소통하는 것입니다. 다름 아닌 기도와 찬양으로써 말입니다.

02
03

하나님이 능히 모든 은혜를 너희에게 넘치게 하시나니
이는 너희로 모든 일에 항상 모든 것이 넉넉하여
모든 착한 일을 넘치게 하게 하려 하심이라 _고후 9:8_

And God is able to make all grace abound to you, so that in all things at all times,
having all that you need, you will abound in every good work.
- 2 Co 9:8

——— 오늘의 묵상

스탠포드 켈리가 수년간 사역했던 아이티는 세계에서 극빈한 나라 중 하나입니다. 그 나라의 어느 교회에서 추수감사절을 축하하며 각 교인이 사랑의 헌금을 드렸습니다.

한 십 대 소년이 드린 봉투에는 꽤 많은 돈이 들어 있었습니다. 석 달 치 임금에 해당하는 돈이었습니다. 켈리는 소년을 찾아보았지만 찾을 수가 없었습니다. 나중에 켈리가 마을에서 그를 만나 헌금의 경위를 설명해달라고 강권한 결과, 소년이 헌금을 위해 말을 팔았다는 사실을 알게 되었습니다. 그러면 왜 교회 축하연에는 오지 않았을까? 그는 주저하다가 마지못해 털어놓았습니다. "입고 갈 옷이 없었어요."

그는 그리스도를 사랑한 사람이었습니다. 그는 하나님의 마음을 알고 있었고 그리스도의 말씀에 순종했습니다.

종들아 모든 일에 육신의 상전들에게 순종하되
사람을 기쁘게 하는 자와 같이 눈가림만 하지 말고
오직 주를 두려워하여 성실한 마음으로 하라 _골 3:22

Slaves, obey your earthly masters in everything; and do it, not only when their eye is on you and to win their favor, but with sincerity of heart and reverence for the Lord. - Col 3:22

11
26

오늘의 묵상

한 청년이 대학을 졸업하고 미국 뉴욕박물관에 임시직 사원으로 취직했습니다. 청년은 매일 남들보다 한 시간씩 일찍 출근해 박물관의 마루를 닦으며 항상 행복한 표정을 지었습니다. 어느 날 박물관장이 물었습니다.
"대학 교육을 받은 사람이 바닥 청소를 하는 것이 부끄럽지 않은가?"
"이곳은 그냥 바닥이 아닙니다. 박물관의 마룻바닥입니다"
청년은 성실성을 인정받아 정식직원으로 채용되었습니다. 알래스카 등을 찾아다니며 고래와 포유동물에 대한 연구에 몰입했습니다.
몇 년 후에는 세계에서 가장 권위 있는 '고래 박사'로 불렸고 뉴욕박물관 관장까지 맡았습니다. 그가 앤드루스 박사입니다. 성공한 사람들의 최고 자산은 '성실성'과 기쁜 마음으로 일하는 것'입니다.

365일
날마다
예수님과 함께

02 / 04

기다리는 자들에게나 구하는 영혼들에게 여호와는 선하시도다
사람이 여호와의 구원을 바라고 잠잠히 기다림이 좋도다 _애 3:25-26

The LORD is good to those whose hope is in him, to the one who seeks him;
it is good to wait quietly for the salvation of the LORD.
- La 3:25-26

---- 오늘의 묵상 ----

무릎을 꿇고 비석을 다듬는 석공이 있었습니다. 석공은 땀을 흘리며 비석을 깎고 다듬었습니다. 그리고 나중에 그 비석에 명문을 각인했습니다.
그 과정을 한 정치인이 바라보고 있었는데 그는 작업을 마무리하던 석공에게 다가가 이렇게 말했습니다.
"나도 돌같이 단단한 사람들의 마음을 당신처럼 유연하게 다듬는 기술이 있었으면 좋겠소. 그리고 돌에 명문이 새겨지듯 사람들의 마음과 역사에 내 자신이 새겨졌으면 좋겠소."
그러자 석공이 대답했습니다.
"선생님도 저처럼 무릎 꿇고 일한다면 가능한 일입니다."
돌은 쇠망치를 성실하게 쓸 때만 깨지기에, 석공은 보통 무릎을 꿇고 일합니다. 우리도 근면이라는 망치로, 무릎을 꿇고 기도하도록 합시다.

11
25

구제를 좋아하는 자는 풍족하여질 것이요
남을 윤택하게 하는 자는 자기도 윤택하여지리라 _잠 11:25

A generous man will prosper; he who refreshes others will himself be refreshed.
- Pr 11:25

───── 오늘의 묵상 ─────

막 출발하려는 기차에 간디가 올라탔습니다. 그 순간 그의 신발 한 짝이 벗겨져 플랫폼 바닥에 떨어졌습니다. 기차가 이미 움직이고 있었기 때문에 간디는 신발을 주울 수가 없었습니다. 그러자 간디는 얼른 나머지 신발 한 짝을 벗어 그 옆에 떨어뜨렸습니다. 동행하던 사람들은 간디의 그런 행동에 놀라지 않을 수 없었습니다. 이유를 묻는 한 승객의 질문에 간디는 미소를 지으며 말했습니다.

"어떤 가난한 사람이 바닥에 떨어진 신발 한 짝을 주웠다고 상상해 보십시오. 그에게는 그것이 아무런 쓸모가 없을 겁니다. 하지만 이제는 나머지 한 짝마저 갖게 되지 않았습니까?"

02 — 05

바리새인들이 하나님의 나라가 어느 때에 임하나이까 묻거늘
예수께서 대답하여 이르시되 하나님의 나라는 볼 수 있게
임하는 것이 아니요 또 여기 있다 저기 있다고도 못하리니
하나님의 나라는 너희 안에 있느니라 _눅 17:20-21

Once, having been asked by the Pharisees when the kingdom of God would come, Jesus replied,
"The kingdom of God does not come with your careful observation, nor will people say, 'Here it is,'
or 'There it is,' because the kingdom of God is within you." - Lk 17:20-21

오늘의 묵상

로렌스 형제는 파리 근교 한 수도원의 주방 요리사였습니다. 그는 수도원 주방에서 접시 닦기, 채소 씻기, 달걀 부치기, 바닥 청소 등 산더미 같은 일을 하면서도 언제나 그 가운데서 하나님의 임재를 경험했습니다. 그는 하나님의 임재를 특별히 체험하기 위해 주방 밖으로 나가 본 적도 없었고 여행을 하거나 신학을 공부한 적도 없었습니다. 그러나 그가 쓴 책은 유럽의 많은 신도에게 큰 감명을 주었을 뿐만 아니라 오히려 그들이 하나님의 임재를 구경하고자 로렌스의 주방으로 몰려들곤 했습니다.

하나님을 만나는 데에는 거창한 행사나 명분이 따로 필요 없습니다. 각자의 자리에서 언제라도 그분께 찬양과 기도를 드릴 수 있는 것입니다.

이르시되 진실로 너희에게 이르노니 너희가 돌이켜 어린 아이들과 같이 되지 아니하면 결단코 천국에 들어가지 못하리라 _마 18:3

And he said: "I tell you the truth, unless you change and become like little children,
you will never enter the kingdom of heaven.
- Mt 18:3

오늘의 묵상

우주에는 천억 개 가량의 은하가 있고 그 각각의 은하에는 또 천억 개 정도의 별이 있습니다. 거기에다 같은 양의 혹성도 있습니다. 이 지구도 우주에서는 이처럼 한 티끌!
그런데 '나'는 이 지구 속의 60억 사람 중의 하나이니 얼마나 작은 티끌 중의 티끌입니까?
'나'의 몸은 33조라고 하는 상상하기도 어려운 많고 많은 세포들에 의해 조직되고 조화되어 생명을 유지하고 있습니다. 그중에서도 가장 정밀한 조직은 '나'의 머릿속에 있는 대뇌의 표면으로서 여기에 있는 140억 개의 신경세포가 생각하는 기능을 합니다.
뭔가 좀 있다고 교만하지 마십시오. 망원경으로 본 나는 티끌 중의 티끌도 되지 못합니다. 뭐가 좀 없다고 풀 죽지 마십시오. 현미경으로 본 나는 엄청난 은하의 공동체입니다.

02 / 06

누구든지 자기를 높이는 자는 낮아지고
누구든지 자기를 낮추는 자는 높아지리라 _마 23:12

For whoever exalts himself will be humbled, and whoever humbles himself will be exalted.
- Mt 23:12

―――― 오늘의 묵상 ――――

한 마을에 네 사람이 빵집을 개업했습니다. 첫 번째 사람은 '우리나라에서 제일 맛있는 빵집'이란 간판을 걸었고, 두 번째 사람은 '세계에서 제일 맛있는 빵집', 세 번째 사람은 '우주에서 제일 맛있는 빵집'이라 했습니다. 네 번째 사람은 '우리 동네에서 제일 맛있는 빵집'이라고 했는데 손님은 네 번째 빵집으로 몰렸다 합니다.

작은 일에 최선을 다하는 사람은 어디에 있어도 최선의 사람이 됩니다. 최고가 되려는 사람은 수단으로서 잠시 그곳에 머물 수도 있으나 최선의 기반 없이 된 최고는 결국 그것으로 인해 무너지고 맙니다.

있는 자리에서 최선은 우주에서 최고가 되는 첩경입니다.

이제 후로는 나를 위하여 의의 면류관이 예비되었으므로
주 곧 의로우신 재판장이 그 날에 내게 주실 것이며
내게만 아니라 주의 나타나심을 사모하는 모든 자에게도니라 _딤후 4:8

Now there is in store for me the crown of righteousness, which the Lord, the righteous Judge, will award to me on that day-and not only to me, but also to all who have longed for his appearing. - 2 Ti 4:8

11
23

--- 오늘의 묵상 ---

휴 애런슨은 18세에 고향 스웨덴을 떠나서 혼자 미국으로 이민을 갔습니다. 가지고 있던 돈이 다 떨어진 어느 날 허기진 배를 움켜쥐고서 무작정 서부로 가는 기차 화물칸에 올라탔으나 승무원에게 발각되어 실컷 얻어맞고 쫓겨나고 말았습니다. 강물에 비친 자신의 모습이 그렇게도 처량해 보일 수가 없었습니다. 차라리 저 강물에 몸을 던져 버릴까 하는 생각도 들었습니다. 그러나 그때 불현듯 그의 마음속에 떠오르는 성경 구절이 하나 있었습니다.
"나는 선한 싸움을 싸우고 나의 달려갈 길을 마치고 믿음을 지켰으니…"
그는 그 자리에서 두 주먹을 쥐고 일어났습니다. 30년 후, 휴 애런슨은 몬테나주의 영광스러운 주지사로 선출되었습니다.

02 / 07

> 내가 새벽 날개를 치며 바다 끝에 가서 거주할지라도 거기서도 주의 손이 나를 인도하시며 주의 오른손이 나를 붙드시리이다 _시 139:9-10

If I rise on the wings of the dawn, if I settle on the far side of the sea, even there your hand will guide me, your right hand will hold me fast.
- Ps 139:9-10

── 오늘의 묵상 ──

많은 순교 사화 중 일화입니다. 한 소년과 소년의 어머니가 예수 그리스도를 믿는다는 이유로 화형을 당하게 되었습니다. 소년과 어머니는 5m 간격으로 나무토막이 쌓인 기둥에 묶였습니다. 사형 집행관이 불을 지피기 전 "자, 기회다. 예수를 구주로 안 믿겠다고 하면 살려주겠다."고 말했습니다.

그러나 모자는 똑같이 신앙을 지키겠다고 말했습니다. 집행관은 저주하며 불을 질렀습니다. 연기가 자욱해지며 불이 일어나자 소년이 "어머니, 연기 때문에 어머니의 얼굴이 잘 안 보여요."라고 소리를 질렀다. 어머니가 말했습니다.

"아들아, 내 얼굴을 보려고 하지 말고 눈을 들어 주님을 보아라."

환난과 핍박의 연기가 자욱해질 때 눈을 들어 주님을 보자.

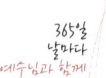

하나님의 나라는 말에 있지 아니하고
오직 능력에 있음이라 _고전 4:20

For the kingdom of God is not a matter of talk but of power.
- 1 Co 4:20

—— 오늘의 묵상 ——

미국의 정원사가 농림부 장관에게 편지를 썼습니다.
"나는 민들레를 없애는 데 좋다는 방법은 다 시험해봤소, 또 당신네의 모든 간행물에 나오는 대로 다 해봤소. 그런데 그것들은 아직도 없어지지 않고 있소."
답장이 왔습니다.
"만약 당신이 정말로 모든 방법을 다 동원해봤는데도 여전히 민들레가 자라고 있다면, 이제 당신이 해야 할 일은 딱 한 가지밖에 남아 있지 않은 것 같군요. 그것들을 사랑하는 법을 배우십시오."
당신의 인생이 가져오는 모든 것과 함께 그 인생을 사랑하십시오. 그것을 거룩하게 여기고 조심스럽게 다루십시오.

11
22

사랑은 오래 참고 사랑은 온유하며 시기하지 아니하며
사랑은 자랑하지 아니하며 교만하지 아니하며 _고전 13:4

Love is patient, love is kind. It does not envy, it does not boast, it is not proud.
- 1 Co 13:4

─── 오늘의 묵상 ───

잘 조율된 악기 소리와 잘 조율되지 못한 악기 소리는 엄청난 차이가 있습니다. 미국의 사회학자 폴 딜레이드 박사는 말하기를 "하나님이 창조하신 우주는 장엄한 음악을 연주하는 대 오케스트라단과 같으며 인간 사회는 사람이라는 악기들로 연주되는 조화와 사랑과 믿음의 연주장이다."라는 말을 했습니다.

우리는 모두가 각각의 특색을 가지고 있는 좋은 인간 악기들이 되어야 하겠는데 이것을 위해 조율사의 도움이 필요합니다.

예수님은 만민을 감동시키신 사랑과 믿음의 연주자로서 제일 완벽하게 사랑의 삶을 조율하신 분입니다.

02
08

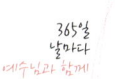

11 / 21

예수께서 이르시되 할 수 있거든이 무슨 말이냐
믿는 자에게는 능히 하지 못할 일이 없느니라 하시니 _막 9:23

" 'If you can'?" said Jesus, "Everything is possible for him who believes."
- Mk 9:23

오늘의 묵상

어느 구두회사에서 아프리카에 가서 시장성을 파악하고 오라고 두 명의 세일즈맨을 파견했습니다. 한 명은 이런 전보를 본사에 보냈습니다.
"이곳에서는 아무도 구두를 신지 않습니다. 시장성은 하나도 없습니다. 상황은 절망적입니다."
그러나 두 세일즈맨 중 나머지 한 명은 전혀 다른 전보를 보냈습니다.
"이곳에서는 아무도 구두를 신지 않습니다. 시장성은 무한합니다. 경쟁자는 하나도 없습니다. 상황은 희망적입니다."
비참한 현실 때문에 더 큼직하고, 더 애정적이고, 인생에 대한 하나님의 선물들을 더 잘 이해하는 사람이 된 경우는 허다합니다.

02 / 09

하나님의 뜻대로 하는 근심은 후회할 것이 없는 구원에 이르게 하는 회개를 이루는 것이요 세상 근심은 사망을 이루는 것이니라 _고후 7:10

Godly sorrow brings repentance that leads to salvation and leaves no regret,
but worldly sorrow brings death.
- 2 Co 7:10

오늘의 묵상

인생의 본질을 안다면 애착을 버리는 것은 그리 어렵지 않습니다. 미국인 몇 명이 폴란드 여행 중 거룩한 랍비의 이야기를 듣게 되었습니다. 랍비를 찾아간 그들은 깜짝 놀랐습니다. 그가 앉아서 성경을 공부하는 의자와 책상, 그리고 간단한 침대가 눈에 띄는 가구의 전부였습니다. 손님들은 물었습니다.

"랍비님, 당신의 가구는 어디 있습니까? 그러자 랍비는 잠시 책에서 눈을 떼고 이들을 올려다보면서 이렇게 되물었습니다. "그러는 여러분의 가구는 어디 있습니까?"

"우리의 가구요? 왜 우리가 가구를 들고 다닙니까? 우리는 잠시 지나가는 길입니다."

이들이 이렇게 대답하자 랍비가 말했습니다.

"나도 똑같습니다."

무릇 더러운 말은 너희 입 밖에도 내지 말고
오직 덕을 세우는 데 소용되는 대로 선한 말을 하여
듣는 자들에게 은혜를 끼치게 하라 _엡 4:29

Do not let any unwholesome talk come out of your mouths,
but only what is helpful for building others up according to their needs,
that it may benefit those who listen. - Eph 4:29

11/20

오늘의 묵상

괴테의 집에는 언제나 정치가, 문학가, 군인, 실업가 등 괴테의 문학을 사모하는 사람들이 모여서 담화를 나누곤 했습니다.

그런데 가끔 타인의 흉을 보거나 음담패설을 하는 사람들이 있었습니다. 그럴 때면 괴테는 눈을 날카롭게 반짝이면서 엄하게 다음과 같이 말했다고 합니다.

"여러분, 종이 부스러기나 음식 부스러기를 흘리는 것은 괜찮습니다. 그러나 남의 흉이 나 음담패설을 흘리는 것만은 용서할 수 없습니다. 그런 더러운 말들은 모두 주워 가십시오. 그리고 다시는 그런 더러운 말을 우리 집에 가져오지 마십시오. 흉을 보는 것은 공기를 더럽히는 것입니다."

02
10

어리석은 자는 그의 마음에 이르기를 하나님이 없다 하는도다
그들은 부패하고 그 행실이 가증하니 선을 행하는 자가 없도다 _시 14:1

The fool says in his heart, "There is no God."
They are corrupt, their deeds are vile; there is no one who does good.
- Ps 14:1

―― 오늘의 묵상 ――

무신론은 단순히 어리석은 사상일 뿐 아니라 죄악입니다. 한 무신론자가 자기의 주장을 선전하기 위해서 자기 집 지붕 위에다 이런 간판을 붙였습니다.

"God is no where(신은 어디에도 없다)."

그런데 세월이 지나면서 조금씩 글자 색이 바래기 시작했습니다. 맨 끝에 있는 'here'이라는 글자가 희미해지면서 그 앞의 단어 'now'가 차별화되어 부각되기 시작했습니다. 지나가던 사람들이 보니 간판에 아주 멋있게 이렇게 쓰였더랍니다.

"God is now here(하나님은 여기에 계시다)."라고 말입니다. 지나가던 사람들이 그것을 보고 이렇게 고백했다고 합니다. '아, 하나님은 참 유머가 있으시구나'라고.

11 / 19

볼지어다 내가 문 밖에 서서 두드리노니
누구든지 내 음성을 듣고 문을 열면 내가 그에게로 들어가
그와 더불어 먹고 그는 나와 더불어 먹으리라 _계 3:20

Here I am! I stand at the door and knock. If anyone hears my voice and opens the door,
I will come in and eat with him, and he with me. - Rev 3:20

―――― 오늘의 묵상 ――――

어떤 사람이 처음 자동차가 나왔을 때 포드 자동차를 타고 가다가 고장이 났습니다. 그는 길가에 자동차를 세워놓고 들여다보기 시작했으나 어디가 고장 난 것인지를 알 수 없었습니다.
그런데 이때 마침 뒤따라오던 같은 포드 자동차가 멈추어 섰습니다. 그리고 신사 한 사람이 내렸습니다. 그는 잠시 자동차 엔진의 한 곳을 만지더니 다시금 시동이 걸리도록 고쳐 놓았습니다. 그 신사는 다름 아닌 포드 자동차를 만들어낸 사람이었습니다.
천지 만물을 지으셨고, 인간을 만드신 그 분이 나의 체질을 잘 아십니다. 오늘도 예수 그리스도는 문밖에 서서 마음의 문을 두드리고 계십니다. 문을 열기만 하면 우리는 주님과 함께 풍성한 자리에 나아갈 수 있습니다.

02 / 11

망령되고 허탄한 신화를 버리고 경건에 이르도록 네 자신을 연단하라 육체의 연단은 약간의 유익이 있으나 경건은 범사에 유익하니 금생과 내생에 약속이 있느니라 _딤전 4:7-8

Have nothing to do with godless myths and old wives' tales; rather, train yourself to be godly.
For physical training is of some value, but godliness has value for all things,
holding promise for both the present life and the life to come. - 1 Ti 4:7-8

오늘의 묵상

한 농부가 밭을 갈다가 잠시 쟁기를 내려놓고는 무릎을 꿇고 기도했습니다. 그러자 천사가 기도하는 농부 대신 밭을 갈아줍니다. 이는 한 폭의 명화 속에 담겨 있는 아름다운 모습입니다.

사람들은 각기 자기 나름대로 밭을 갈고 있습니다. 어떤 사람은 밭을 갈면서 중간중간 경건의 시간을 갖습니다. 그리고 어떤 사람은 쉴 새 없이 일만 합니다. 그렇지만 두 사람이 이루어 놓은 질의 차이는 어마어마하게 큽니다.

경건의 시간은 하고 있던 일을 하나님 앞에서 점검받는 시간입니다. 경건의 시간은 하나님께 지혜를 얻는 시간입니다. 아무리 바쁘더라도 잠시 쟁기를 내려놓고 기도하십시오.

너희 중에 고난 당하는 자가 있느냐 그는 기도할 것이요
즐거워하는 자가 있느냐 그는 찬송할지니라 _약 5:13

Is any one of you in trouble? He should pray. Is anyone happy?
Let him sing songs of praise.
- Jas 5:13

11 / 18

----- 오늘의 묵상 -----

가장 겸손한 기도라 할지라도 그 기도는 하나님이 응답하신다고 신뢰하는 것이어야 합니다. 형통할 것이라고 분명히 확신하십시오. 겸손과 신뢰는 상반된 것이 아닙니다. 마치 회개와 믿음처럼 서로 완벽한 조화를 이룹니다. 신뢰는 근심을 누그러뜨리는 정도의 해방이 아닙니다.

믿음의 선진들은 어려움과 절망에 처했을 때 가장 간절한 기도를 드렸습니다. 믿음이 진가를 발휘한 때는 다름 아닌 가장 혼란스러운 시기였습니다. 하나님의 선하심이 빛을 발할 때는 바로 그들이 불행한 일에 몸부림치며 신음하던 시기였습니다.

신자의 기도란 신뢰와 겸손의 산물이어야 한다는 것이 중요합니다. 기도로 말미암은 모든 것은 믿음으로 얻은 것입니다.

02 / 12

근신하라 깨어라 너희 대적 마귀가 우는 사자 같이 두루 다니며 삼킬 자를 찾나니 너희는 믿음을 굳건하게 하여 그를 대적하라 이는 세상에 있는 너희 형제들도 동일한 고난을 당하는 줄을 앎이라 _벧전 5:8-9

Be self-controlled and alert. Your enemy the devil prowls around like a roaring lion looking for someone to devour. Resist him, standing firm in the faith, because you know that your brothers throughout the world are undergoing the same kind of sufferings. - 1 Pe 5:8-9

―――― 오늘의 묵상 ――――

마귀가 어떤 사람을 가장 무서워합니까? 시험만 보면 1등 하는 사람? 출세한 사람? 많은 학문을 한 사람? 아닙니다. 마귀는 '겸손한 사람'을 가장 무서워합니다. 마귀는 '희생하는 사람'을 가장 무서워합니다. 온갖 낙심과 시험의 상황 속에서도 '기뻐하며 감사하는 자'를 가장 무서워합니다. 예수 이름으로 능욕 받으면서 기뻐할 때, 마귀는 가장 크게 산산조각이 나는 것입니다. 참된 은혜란 무엇인가요? 우리의 기도가 그대로 다 이루어지고, 하는 일마다 승승장구하는 것에 그치는 것이 아닙니다. 참된 은혜란 '예수님 닮아가는 것'입니다.

11/17

모든 사람과 더불어 화평함과 거룩함을 따르라
이것이 없이는 아무도 주를 보지 못하리라 _히 12:14

Make every effort to live in peace with all men and to be holy;
without holiness no one will see the Lord.
- Heb 12:14

오늘의 묵상

유명한 시인이자 미술 비평가, 존 러스킨은 훌륭한 예술가가 소유해야 하는 세 가지 필수 요소를 이렇게 말한 적이 있습니다.
(1) 본인이 화폭에 담고자 하는 장면의 아름다움을 감상하고 보는 눈, (2) 그 장면의 아름다움과 분위기를 새기고 느끼는 마음, (3) 눈이 보고 마음이 느낀 것을 화폭에 전달하도록 일하는 손.
주님을 위한 작품을 만드는 제자에게도 이 세 가지 자질이 가장 필수적이지 않을까요? 눈을 떠서 이 잃어버린 세상의 비참함을 보고, 사람들의 비극적인 상태로 마음이 움직이며, 그렇게 마음이 쓰이는 제자는 행동에 들어가야 합니다.

그러므로 내가 너희에게 말하노니 무엇이든지 기도하고 구하는 것은 받은 줄로 믿으라 그리하면 너희에게 그대로 되리라 _막 11:24

Therefore I tell you, whatever you ask for in prayer, believe that you have received it, and it will be yours.
- Mk 11:24

---- 오늘의 묵상 ----

그리스도인이라면 하나님이 우리의 기도를 듣고 응답해 주신다는 것에 확신을 가져야 합니다. 조지 뮬러는 기도에 대해 이렇게 노래했습니다.

"기도를 시작하세요. 하나님이 기도를 가르쳐주십니다. 낙심하지 마세요. 하나님은 열매를 보여주십니다. 항상 기도하세요. 하나님은 열매를 열리게 해주십니다. 자주 하나님께 찾아가세요. 하나님은 자주 응답해주십니다. 일평생 기도하세요. 하나님은 일평생 도와주십니다. 그리고 영원히 함께하십니다."

기도는 하나님을 바라는 삶입니다.

그러므로 하나님을 믿고 기도하면 분명히 응답받을 것입니다

02
—
13

너희가 내 안에 거하고 내 말이 너희 안에 거하면
무엇이든지 원하는 대로 구하라 그리하면 이루리라 _요 15:7

If you remain in me and my words remain in you, ask whatever you wish, and it will be given you.
- Jn 15:7

11 / 16

―――― 오늘의 묵상 ――――

『 기도의 원리를 기억하십시오. 』

1. 우리는 하나님과의 교제 가운데 있는 화목한 사람이어야 합니다.
2. 우리는 하나님께 순종적이어야 합니다. 이를 위해 우리는 그리스도 안에 거하기 위해 힘써야 합니다.
3. 우리는 주 예수 그리스도와 우리를 위한 그분의 공로에 의지해 예수님의 이름으로 기도해야 합니다.
4. 우리는 믿음을 실행해야 합니다.
5. 우리는 행동할 준비가 되어 있어야 합니다. 기도한 후 우리는 하나님이 기도에 응답하실 때, 그 분의 도구가 될 준비를 해야 합니다.
6. 우리는 하나님의 뜻이 이뤄지고 하나님의 이름이 영화롭게 되기를 진심으로 소망해야 합니다.
7. 우리는 성실하게 기도해야 합니다.

_테렉 프라임 / Practical Prayer(실천적 기도)

네가 부를 때에는 나 여호와가 응답하겠고 네가 부르짖을 때에는 내가 여기 있다 하리라 _사 58:9

Then you will call, and the LORD will answer; you will cry for help, and he will say: Here am I.
- Isa 58:9

02
14

―――― 오늘의 묵상 ――――

허드슨 테일러가 회의 참석 후 런던으로 돌아오고 있었습니다. 기차를 기다리고 있는데 러시아의 바브린스키 공작이 인사를 했습니다. 둘은 객차 속에 나란히 앉았습니다. 바브린스키 공작이 지갑을 꺼내더니 무엇인가를 테일러 목사님께 건네주었습니다.

"이거 적은 돈이지만 중국 선교에 보탬이 되었으면 좋겠습니다." 테일러 목사님은 수표의 금액을 보고는 "혹시 저에게 5파운드를 주시려고 한 것은 아닙니까? 이건 50파운드군요."

"선교사님, 실상 저는 5파운드를 드리려고 한 것인데 50파운드라고 쓰고 말았군요. 이건 하나님의 뜻입니다."

선교본부에 와보니 기도회가 진행 중이었습니다. 중국 내륙 선교회에 송금해야 하는데 49파운드 11실링이 부족했습니다.

11 / 15

여호와는 나의 목자시니 내게 부족함이 없으리로다
그가 나를 푸른 풀밭에 누이시며 쉴 만한 물 가로 인도하시는도다 _시 23:1-2

The LORD is my shepherd, I shall not be in want. He makes me lie down in green pastures,
he leads me beside quiet waters,
- Ps 23:1-2

----- 오늘의 묵상 -----

그는 가정의 행복을 위해서 세 가지를 강조했습니다.
첫째는 입을 열라(open mouth)는 것입니다. 부부간이나 부모와 자녀 간에 대화가 없으면 서로 마음을 닫는 결과가 온다는 것입니다. 연애 시절처럼 말을 많이 할수록 행복의 수치는 올라간다고 지적합니다.
둘째는 귀를 열라(open ear)는 것입니다. 상대방을 기쁘게 해주려면 말을 진지하게 들어주어야 한다고 설명합니다. 귀를 닫아버리면 상대의 인격을 무시하는 결과가 온다는 것입니다.
마지막은 함께 계획을 세우라(make schedule)는 것입니다. 작은 일이라도 함께하라는 의미입니다.

범사에 우리 주 예수 그리스도의 이름으로 항상 아버지 하나님께 감사하며 그리스도를 경외함으로 피차 복종하라 _엡 5:20-21

Always giving thanks to God the Father for everything, in the name of our Lord Jesus Christ. Submit to one another out of reverence for Christ.
- Eph 5:20-21

02

15

―――― 오늘의 묵상 ――――

어느 날, 에이브러햄 링컨 대통령이 백악관 현관에서 직접 구두를 닦고 있었습니다. 이때 그 옆을 지나가던 비서가 깜짝 놀라며 말을 꺼냈습니다. "각하, 이게 어찌 된 노릇입니까?" "어찌된 노릇이라니?" "일국의 대통령이 천한 사람이나 하는 구두닦이를 손수 하시다니 이게 될 법한 일입니까?" 그러자 대통령이 대답했습니다.

"제임스 군, 자기 구두를 자기 손으로 닦는 것이 당연한 일이지, 이게 무슨 잘못된 일이란 말인가? 또 구두를 닦는 일은 천한 일이라고 했는데, 그것은 잘못된 생각일세. 대통령도 구두닦이도 다 같이 세상을 위해 일하는 사람들이야. 어찌 구두닦이를 천하다고 할 수 있겠는가?"

365일
날마다
예수님과 함께

11 — 14

내 형제들아 너희가 여러 가지 시험을 당하거든 온전히 기쁘게 여기라 이는 너희 믿음의 시련이 인내를 만들어 내는 줄 너희가 앎이라 _약 1:2-3

Consider it pure joy, my brothers, whenever you face trials of many kinds, because you know that the testing of your faith develops perseverance.
- Jas 1:2-3

오늘의 묵상

문제 속에는 목적이 있습니다. 문제가 있을 때가 바로 하나님의 임재를 가까이 볼 수 있는 시간입니다. 그때 우리는 하나님의 임재가 치유할 수 없는 것이란 이 세상에 아무것도 없음을 이해하게 됩니다.

사람이 먼 도시에서 집으로 돌아오는 비행기를 탔을 때 안심과 기대감으로 가득 차게 됩니다. 비행기가 이제 곧 그를 사랑하는 가족들과 다시 만나게 해 줄 것을 알기 때문입니다. 문제들이란 바로 비행기와 같습니다. 문제는 믿는 자를 하나님의 임재 안으로 이끌어 가는 수단입니다. 하나님의 임재가 우리를 새롭게 하고 회복하게 해주는 것을 보면서 그리스도인은 어떤 상황, 어떤 사건, 어떤 사람, 어떤 재난에도 감사할 수 있게 됩니다.

02 / 16

형제들아 너희가 자유를 위하여 부르심을 입었으나 그러나 그 자유로 육체의 기회를 삼지 말고 오직 사랑으로 서로 종 노릇 하라 _갈 5:13

You, my brothers, were called to be free. But do not use your freedom to indulge the sinful nature; rather, serve one another in love.
- Gal 5:13

오늘의 묵상

세계의 많은 사람에게서 존경을 받는 루스벨트 대통령의 부인 엘리나 루스벨트 여사는 20세에 루스벨트를 만났습니다. 그때 루스벨트는 패기 있고 장래성 있는 젊은이였습니다. 그러나 뜻하지 않게 관절염에 걸려, 불행하게도 쇠붙이로 다리를 고정하고 휠체어를 타고 다닐 수밖에 없었습니다.

어느 날 루스벨트는 자기의 모습이 무척 초라하게 느껴져 엘리나 여사에게 물었습니다.

"내가 불구자가 되었는데, 그래도 당신은 나를 사랑하오?"

"나는 당신의 다리뿐만 아니라 당신의 인격과 당신의 삶을 사랑해요."

결국 1932년, 장애인으로서 미국의 대통령에 당선되어 1936년, 1940년, 1944년의 대선에 이르기까지, 미국 역사상 유례를 찾아볼 수 없는 4선 대통령이 되었던 것입니다.

엘리나의 내조는 칭찬할 만합니다.

11−13

형제를 사랑하여 서로 우애하고 존경하기를 서로 먼저 하며
부지런하여 게으르지 말고 열심을 품고 주를 섬기라 _롬 12:10-11

Be devoted to one another in brotherly love. Honor one another above yourselves.
Never be lacking in zeal, but keep your spiritual fervor, serving the Lord.
- Ro 12:10-11

----- 오늘의 묵상 -----

바른 지도자가 되는 길은 자신 위에 한 분 하나님과 그리스도께서 계시다는 사실을 항상 염두에 두고 행하는 것입니다. 하나님과 그리스도 앞에서 겸손한 자세를 잃는 순간, 그는 참된 영적 지도자의 권위를 잃기 시작합니다. 동시에 자신이 지닌 직분이 군림하기 위해 주어진 계급이 아니라는 사실을 기억하십시오. 스스로 차별적인 존재로 여기는 것은 지도자들에게 치명적인 해악을 가져다줍니다. '교만은 파멸의 선봉'이기 때문입니다.

나의 나 됨이 오직 '하나님 은혜'의 결과임을 깨닫고 있습니까? 그 은혜가 없이는 아무것도 아닌 존재임을 인식하고 있습니까?

참된 믿음을 지닌 자들의 삶은 '자기를 낮추는 섬김'입니다.

또 새 영을 너희 속에 두고 새 마음을 너희에게 주되 너희 육신에서 굳은 마음을 제거하고 부드러운 마음을 줄 것이며 _겔 36:26

I will give you a new heart and put a new spirit in you; I will remove from you your heart of stone and give you a heart of flesh.
- Ezek 36:26

02 / 17

—— 오늘의 묵상 ——

목회자가 공석인 산정교회에 주기철 목사를 청빙하였습니다. 어느 주일인가 조만식 장로가 예배 시간에 늦었습니다. 설교하던 주목사는 청천벽력 같은 소리로 "조 장로님, 뒤에 서서 예배드리시오." 하였습니다. 이 소리를 들은 온 교우들의 분위기가 갑자기 이상해지며 교회가 시험 들겠구나 걱정했습니다. 광고 시간이 되자 조 장로가 앞으로 나갔습니다. 그리고 성도들을 향해 공손히 인사한 후 입을 열었습니다.

"성도 여러분 죄송합니다. 여러분의 모범이 되어야 할 장로가 예배 시간에 늦어 설교하시는 목사님의 마음을 불편하게 해드린 것을 사과합니다. 앞으로는 이러한 일이 없도록 하겠습니다."

하나님은 교만한 자를 물리치시고 겸손한 자에게 은혜를 주신다 하셨습니다. 기독교 사역은 권위와 힘이 아니라 겸손과 사랑으로 성취되어야 함을 깨닫게 해줍니다.

11 / 12

주 여호와여 주는 나의 소망이시요
내가 어릴 때부터 신뢰한 이시라 _시 71:5

For you have been my hope, O Sovereign LORD, my confidence since my youth.
- Ps 71:5

---- 오늘의 묵상 ----

다윗이 눈을 들어 하늘을 보니 닥쳐오는 문제보다 더 큰 분이 그곳에 계셨습니다. 다윗이 부르는 노래의 내용은 "성도의 힘은 하늘로부터 온다"는 것입니다.

다윗의 승리는 오늘을 사는 그리스도인에게 더 큰 기대를 품게 합니다. 부활의 주요 만왕의 왕이신 예수 그리스도의 승리는 다윗의 승리와는 비교할 수조차 없는 것이기 때문입니다. 그리스도를 따르는 우리에게는 더 크고 분명한 승리가 준비되어 있습니다. 친히 육신을 입고 이 땅에 오신 하나님께서 십자가에서 모든 짐을 대신 지심으로 그것을 확증하셨습니다.

02
18

> 자기 아들을 아끼지 아니하시고 우리 모든 사람을 위하여 내주신 이가 어찌 그 아들과 함께 모든 것을 우리에게 주시지 아니하겠느냐 _롬 8:32

He who did not spare his own Son, but gave him up for us all--how will he not also, along with him, graciously give us all things?
- Ro 8:32

―――― 오늘의 묵상 ――――

사랑은 무엇이든 주고 싶어 하는 것입니다. 달라고 하지 않아도 주고 싶은 것이 사랑입니다. 어느 날 교회 제단을 부지런히 닦고 계시는 강 집사를 보았습니다. 강 집사는 50여 평생을 가난하게 살아왔는데, 얼마 전에는 병 때문에 다니던 직장까지 그만두었습니다.

"청소부가 할 텐데 힘들게 왜 닦으세요?" 하고 말하자, "하나님께 물질로 드리지는 못하니 성전 청소라도 해야죠."라고 하였습니다.

병든 몸을 이끌고 열심히 청소하시는 모습이 안쓰럽기도 했지만, 한편 자신을 주께 드리는 뜨거운 사랑과 헌신의 마음이 참으로 감동적이었습니다.

하나님을 향한 사랑과 넘치는 기쁨이 내 안에 있을 때, 무엇이든 하나님께 바치고 싶어지는 법입니다.

나는 마음이 온유하고 겸손하니 나의 멍에를 메고 내게 배우라
그리하면 너희 마음이 쉼을 얻으리니 _마 11:29

Take my yoke upon you and learn from me, for I am gentle and humble in heart,
and you will find rest for your souls.
- Mt 11:29

----- 오늘의 묵상 -----

현재 선교의 아버지라고 일컫는 William Carey는 그 위대한 업적과 그 엄청난 희생을 했음에도 자기 공적을 나타내려 하지 않았습니다. 그의 유언에 따라 그의 묘비에 간단한 비문을 남겼습니다.
"윌리엄 캐리, 1761년 8월 17일 출생, 1834년 6월 9일 죽다. 가엽고 비천하고 연약한 벌레 같은 내가 주님의 온유하신 팔에 안기다"라고 새겼습니다. 참으로 겸손은 하나님이 기뻐하십니다.

11
—
11

02
19

무릇 하나님께로부터 난 자마다 세상을 이기느니라
세상을 이기는 승리는 이것이니 우리의 믿음이니라 _요일 5:4

For everyone born of God overcomes the world.
This is the victory that has overcome the world, even our faith.
- 1 Jn 5:4

―――― 오늘의 묵상 ――――

어느 날 뉴욕 거리에서 어떤 사람이 피일(N. V. Peale) 목사님을 붙들고 물었습니다.
"목사님, 저는 삶의 문제가 많아서 무척이나 괴롭습니다. 문제없이 살 수는 없을까요?"
피일 목사님은 "그래요? 여기에서 가까운 곳에 1만 5천 명의 인구가 살고 있는데, 그곳 사람들은 전혀 문제가 없습니다. 그곳에 한번 가보시겠습니까? 바로 저 너머 공동묘지입니다."라고 대답했습니다.

11/10

내 입에서 나가는 말도 이와 같이 헛되이 내게로 되돌아오지 아니하고 나의 기뻐하는 뜻을 이루며 내가 보낸 일에 형통함이니라 _사 55:11

So is my word that goes out from my mouth: It will not return to me empty, but will accomplish what I desire and achieve the purpose for which I sent it.
- Isa 55:11

오늘의 묵상

지혜로운 삶은 '하나님을 경외함으로 섬기고 떨며 즐거워하는 삶'입니다. 우리는 하나님을 사랑하고 즐거워하는 것만으로는 부족합니다. 거기에는 '경외함'과 '떠는 자세'가 있어야 합니다. 참 신앙은 사랑을 명분으로 하나님을 가벼이 여기는 것을 용납하지 않습니다. 참 신앙은 하나님의 높고 위대하심 앞에 옷깃을 여미는 한편, 그분의 선하심과 자비하심을 온 마음을 다해 찬송하는 삶을 의미합니다. 우리에게 이러한 요소가 균형을 이루고 있는지 살펴보십시오.
하나님은 우리가 예수 그리스도께 엎드려 경배하고 그분을 믿고 사랑하는 것을 즐거워하십니다.

02 / 20

시몬 베드로가 대답하여 이르되 주는 그리스도시요
살아 계신 하나님의 아들이시니이다 _마 16:16

Simon Peter answered, "You are the Christ, the Son of the living God."
- Mt 16:16

───── 오늘의 묵상 ─────

영국의 유명한 산부인과 의사였던 제임스 영 심프슨 경은 에든버러대학 의학부를 졸업하고, 1940년 29세의 나이로 그의 모교인 에든버러대학의 교수가 되었습니다. 그는 1947년 11월, 해독이 적고 고통 없이 분만할 수 있는 마취제, 클로로포름을 발명하였습니다.
몇 년이 지난 후 모교에서 강연하게 되었는데, 강연이 끝난 후 한 학생이 일어나 질문하였습니다.
"박사님의 생애에서 가장 위대한 발견은 무엇이라고 생각하십니까?"
이 학생은 틀림없이 클로로포름이라는 대답을 기대했을 것입니다.
그러나 심프슨 경은 이렇게 대답했습니다.
"내 생애에서 가장 위대한 발견은 예수 그리스도입니다. 그분이 나를 구원하신 구세주시기 때문입니다."

11
09

주 여호와의 말씀이니라 보라 날이 이를지라
내가 기근을 땅에 보내리니 양식이 없어 주림이 아니며
물이 없어 갈함이 아니요 여호와의 말씀을 듣지 못한 기갈이라 _암 8:11

"The days are coming," declares the Sovereign LORD, "when I will send a famine through the land--
not a famine of food or a thirst for water, but a famine of hearing the words of the LORD.
- Am 8:11

—— 오늘의 묵상 ——

우리는 하나님에 대해서 잘 알지 못하기 때문에 그분이 하시는 일과 그 방법을 이해하지 못합니다. 낸시 스픽겔베르그의 다음과 같은 시에는 하나님의 놀라운 섭리가 잘 묘사되어 있습니다.
"주님, 저는 저의 빈 잔을 가지고/ 사막을 가로질러/ 당신께로 천천히 나아갔습니다/ 그것은 저의 목마름을 시원하게 해 줄/ 물 한 방울을 얻기 위해서였습니다/ 그러나/ 제가 주님을 제대로/ 알았더라면/ 커다란 양동이를 들고/ 뛰어갔을 것입니다."
우리가 하나님을 좀 더 알면 알수록, 보다 더 그분을 신뢰할 수 있을 것입니다. 또한 인간은 그분과 교제하기 위해서 피조되었다는 사실을 이해한다면 보다 많은 시간을 그 목적을 이루는 데 바칠 것입니다.

범사에 감사하라 이것이 그리스도 예수 안에서
너희를 향하신 하나님의 뜻이니라 _살전 5:18

Give thanks in all circumstances, for this is God's will for you in Christ Jesus.
- 1 Th 5:18

───── 오늘의 묵상 ─────

기프슨(Barnett Gipson) 박사는 그의 저서 『행복한 하루(Happiness Day and Night)』에서 "당신이 손에 얼마나 많은 것을 쥐었느냐는 그대의 행복과 아무런 관계가 없다. 그대의 마음속에 감사한 생각이 없으면 그대는 파멸의 노를 젓고 있는 것이다. 다른 공부보다 먼저 감사할 줄 아는 방법을 배우라. 감사의 예술을 배울 때 그대는 비로소 행복해진다."라고 말하였습니다.

이 말 속에서 기프슨 박사는 감사와 행복의 상관관계를 잘 설명해 주고 있습니다. 행복은 얼마나 많은 것을 소유했느냐에 달린 것이 아니라 얼마나 많이 감사하느냐에 달려 있습니다.

02
—
21

11
08

유순한 대답은 분노를 쉬게 하여도 과격한 말은 노를 격동하느니라
지혜 있는 자의 혀는 지식을 선히 베풀고
미련한 자의 입은 미련한 것을 쏟느니라 _잠 15:1-2

A gentle answer turns away wrath, but a harsh word stirs up anger.
The tongue of the wise commends knowledge, but the mouth of the fool gushes folly.
- Pr 15:1-2

――― 오늘의 묵상 ―――

하나님을 의뢰하는 마음은 의심, 불평, 분노, 거짓, 질투, 비방, 험담의 말들을 제거해줄 뿐만 아니라 그와 같은 말들을 다음과 같은 말로 변화시켜 줍니다.
"어떠한 희생이 따르더라도 의롭게 살겠다는 확언의 말. 하나님의 풍성하심을 증거하는 말. 환경에 개의치 않고 하나님을 신뢰하며 충성하는 말. 위험 앞에서의 진실된 말. 하나님의 함께하심, 전능하심, 보호하심, 공급하심을 실천하면서 다른 이를 격려하는 말. 우리를 괴롭히거나 해친 사람들을 용서하는 말, 우리가 어려움에 처했을 때 도와주신 하나님과 이웃에게 감사하는 말. 우리가 체험한 구원과 은혜를 증거하는 말."

02 / 22

예수께서 대답하여 이르시되 건강한 자에게는 의사가 쓸 데 없고 병든 자에게라야 쓸 데 있나니 내가 의인을 부르러 온 것이 아니요 죄인을 불러 회개시키러 왔노라 _눅 5:31-32

Jesus answered them, "It is not the healthy who need a doctor, but the sick. I have not come to call the righteous, but sinners to repentance." - Lk 5:31-32

오늘의 묵상

옛날, 주인이 신임하는 노예가 한 명 있었습니다. 그 노예의 이름은 죠라고 하는데, 한번은 주인이 죠와 함께 새로운 노예를 사기 위해 시장에 갔습니다. 주인은 죠에게 새로운 노예를 사게 하였는데, 죠는 한참을 다니다가 늙고 병든 노예를 한 명 선택했습니다. 죠는 그 노예를 집에 데리고 와서 지극정성으로 돌보아주었습니다. 그 모습을 보고 주인이 왜 그렇게 정성으로 돌보아주느냐고 물었습니다. 그러자 죠가 대답했습니다.

"예, 주인님. 사실 이 노예는 제가 어렸을 때 저를 잡아 노예상인에게 팔아넘긴 원수입니다. 이 노예를 보는 순간 저는 분노를 느꼈습니다. 그러나 다음 순간, 주께서 내 마음에 말씀하시길 '죠야, 내가 너를 사랑한 것같이 너도 저 노예를 사랑해 주지 않겠니?' 하는 것이었어요. 순간 저는 주님의 말씀에 순종하지 않을 수 없었습니다."

이 말에 감동한 주인은 예수님을 믿게 되었다고 합니다.

너희는 더욱 큰 은사를 사모하라
내가 또한 가장 좋은 길을 너희에게 보이리라 _고전 12:31

But eagerly desire the greater gifts. And now I will show you the most excellent way.
-1 Co 12:31

11 / 07

오늘의 묵상

영성의 징표는 방언을 말하는 것이 아니라 열매를 맺는 것입니다. 방언이든 뭐든 자신의 은사를 자랑하는 것은 사랑의 원리를 깨뜨리는 것입니다. 그리스도를 닮는 성품이 방언을 말하는 것보다 훨씬 더 중요합니다.

만약 방언이 성숙한 영성의 징표이자 자신의 삶을 위한 하나님의 최고의 선물이라면, 어거스틴, 칼빈, 루터, 낙스, 웨슬레, 휫필드, 번연, 조나단, 에드워드, 피니, 위클리프, 케리, 조지 뮬러, 허드슨 테일러, 아도니람 저드슨, 스펄전, 무디, 빌리 그래함 등등이 한 번도 방언을 하지 않았다는 것이 너무나 이상하지 않습니까?

은사는 사랑 안에서 발휘되어야 할 뿐만 아니라 성도들을 세워주어야 합니다.

02 / 23

나의 간절한 기대와 소망을 따라 아무 일에든지 부끄러워하지 아니하고 지금도 전과 같이 온전히 담대하여 살든지 죽든지 내 몸에서 그리스도가 존귀하게 되게 하려 하나니 _빌 1:20

I eagerly expect and hope that I will in no way be ashamed, but will have sufficient courage so that now as always Christ will be exalted in my body, whether by life or by death. - Php 1:20

—— 오늘의 묵상 ——

미국이 독립을 선언한 지 5년이 지났을 때 (1776년) 일어난 일입니다. 당시 벤저민 프랭클린은 프랑스 주재 미국대사였습니다. 어느 날 만찬회가 열렸습니다. 먼저 프랑스 외무부 장관이 잔을 들고 "이 땅의 태양이신 루이 황제 폐하를 위하여 건배합시다."라고 말했습니다. 그러자 영국대사가 일어서서 "전 세계를 비추는 대영제국의 달이신 조지 3세 황제 각하를 위하여 건배합시다."라고 말했습니다.

그때 프랭클린 미국대사가 일어섰습니다. "저는 여러분처럼 태양이나 달은 내놓지 못합니다. 그러나 저는 미국의 조지 워싱턴 장군을 위하여 건배를 청합니다. 워싱턴 장군은 여호수아와 같은 인물입니다. 여호수아가 빈약한 이스라엘 군대를 이끌고 가나안 땅에 발을 디딜 때 해와 달을 멈추게 하지 않았습니까?"

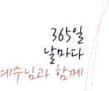

11
06

다른 이로써는 구원을 받을 수 없나니
천하 사람 중에 구원을 받을 만한 다른 이름을
우리에게 주신 일이 없음이라 하였더라 _행 4:12

Salvation is found in no one else, for there is no other name under heaven given to men by which we must be saved. - Ac 4:12

───── 오늘의 묵상 ─────

우리 그리스도인들에게는 항상 기쁨이 넘쳐야 합니다. 주님을 영접하여 하나님의 자녀가 된 기쁨, 주님을 믿고 따르고 시인하며 전파하게 된 기쁨, 주님이 맡겨 주신 사명을 감당하는 기쁨, 주님의 뜻을 이루는 기쁨, 나에게 허락하신 가정과 교회와 사업과 나라와 민족에 대한 기쁨…. 예수님 안에서 주님의 은혜로 나타나는 웃음은 우리의 영혼에서 우러나오는 기쁨의 밝은 웃음입니다. 믿음의 삶이 깊으면 깊을수록 영적인 기쁨도 풍성해질 것입니다.
하나님만 바라보는 온전한 믿음에서 샘솟는 기쁨은 환경을 초월한 진정한 주 안의 기쁨입니다.

무릇 징계가 당시에는 즐거워 보이지 않고 슬퍼 보이나 후에 그로 말미암아 연단 받은 자들은 의와 평강의 열매를 맺느니라 _히 12:11

No discipline seems pleasant at the time, but painful. Later on, however, it produces a harvest of righteousness and peace for those who have been trained by it. - Heb 12:11

오늘의 묵상

이유 없이 링컨을 미워한 여인이 있었습니다. "광대뼈가 튀어나오고, 눈은 움푹 파이고, 키는 전봇대 같다"고 비방했습니다. 그런데 그녀의 아들이 탈영하여 잡혀 군법 재판에 회부되어 사형선고를 받았습니다. 아들의 살 길은 국가원수의 특사령뿐임을 안 여인은 천신만고 끝에 대통령을 만나게 되었습니다. "대통령 각하! 하면서 아들을 살려 달라고 소경 바디매오처럼 부르짖었습니다." "내일 소식이 있을 거요. 안심하고 가십시오!"

약속대로 아들은 석방되었습니다. 그때부터 그녀는 "내가 만나 본 대통령은 얼굴이 남자답게 뼈대가 굵고 미소 짓는 얼굴은 아주 매력적이고 대화가 부드럽고 조리가 있었고 깊은 곳에 들어가 있는 두 눈은 정의로 빛나고 있었고 키가 잘 빠진 신사 중의 신사요 세계 제일의 미남이었습니다!"고 하더랍니다. 이는 자기 아들을 살려준 분이기 때문이요. 자기 가슴에 평화를 심어준 은인이었기 때문입니다.

너희는 내게 배우고 받고 듣고 본 바를 행하라
그리하면 평강의 하나님이 너희와 함께 계시리라 _빌 4:9

Whatever you have learned or received or heard from me, or seen in me-put it into practice.
And the God of peace will be with you.
- Php 4:9

11 / 05

오늘의 묵상

퇴근하면 우리 딸 메리가 달려와서는 하루 동안 어떻게 지냈는지 이야기해줍니다. 그 애는 하루 종일 떨어져 있다가 아빠와 같이 있게 되었을 때, 떠오르는 이런저런 생각과 느낌을 말로 나타내는 것입니다.

얼마 전 토크쇼에서 한 부인이 "우리 남편은 하찮은 세상 이야기나 별로 중요하지 않은 이야기를 해 짜증스러울 때가 많아요"라고 했습니다.

같이 보던 아내는 "저렇다면 어떻게 서로 진정으로 신뢰하고 사랑할 수가 있겠어요?"라고 말했습니다.

하나님과 나누는 대화도 마찬가지라고 생각합니다. 하나님은 우리가 말씀드리는 것이 하찮은 것처럼 보이고 '영적이 아닌 것'으로 보이는 그런 것도 이야기해주기를 얼마나 원하시는지 모릅니다.

내가 평안히 눕고 자기도 하리니 나를 안전히 살게 하시는 이는 오직 여호와이시니이다 _시 4:8

I will lie down and sleep in peace, for you alone, O LORD, make me dwell in safety.
- Ps 4:8

02
25

---- 오늘의 묵상 ----

예전에 『런던 타임스』에서 '가장 행복한 사람에 대한 정의'를 공모한 적이 있습니다.

1위 모래성을 막 완성한 어린이
2위 아기의 목욕을 다 시키고 난 어머니
3위 세밀한 공예품을 만족스럽게 완성하고 휘파람을 부는 목공
4위 어려운 수술을 성공하고 막 한 생명을 구한 의사

행복에 관해 곰곰이 생각하다 보면 우리는 행복이 생각보다 가까운 곳에 있음을 깨닫게 됩니다. 인간은 끊임없이 행복을 추구하며 삽니다. 그러나 행복한 사람보다 행복하지 않은 사람들이 더 많은 것은 혹시 우리가 너무 먼 곳에서 또는 다른 곳에서 행복을 찾고 있기 때문이 아닐까요. 행복을 찾을 수 있는 가장 가깝고도 정확한 주소는 예수 그리스도입니다. 예수 그리스도 없이 누리는 기쁨은 지옥으로 가는 고속도로일 뿐입니다.

11 / 04

내 백성이 지식이 없으므로 망하는도다 네가 지식을 버렸으니 나도 너를 버려 내 제사장이 되지 못하게 할 것이요 네가 네 하나님의 율법을 잊었으니 나도 네 자녀들을 잊어버리리라 _호 4:6

my people are destroyed from lack of knowledge. "Because you have rejected knowledge, I also reject you as my priests; because you have ignored the law of your God, I also will ignore your children. - Ho 4:6

오늘의 묵상

토저 목사는 오늘날 교회의 심각한 문제 몇 가지를 지적하면서, "이것을 해결할 수 있는 길은 오직 하나, '하나님을 알 때'만이 가능하다"라고 말합니다.

하나님의 자녀는 하나님께서 앞으로 하고자 하시는 계획을 알아야 합니다. 나이가 들수록 더 많은 사람을 품을 줄 알고, 더 많은 사람을 세워줄 수 있는 힘이 있어야 합니다. 이것이 영적 성숙입니다. 이러한 일은 우리의 초점을 그리스도에게만 고정할 때 가능합니다.

이것은 주를 알기 원하는 사람이라면 누구에게나 주께서 주시는 성장의 길, 즉 은혜인 것입니다. 주님께서는 성장하도록 도와주실 것입니다. 영적 성장의 기반은 하나님을 아는 것에 있습니다.

사랑은 여기 있으니 우리가 하나님을 사랑한 것이 아니요
하나님이 우리를 사랑하사 우리 죄를 속하기 위하여
화목 제물로 그 아들을 보내셨음이라 _요일 4:10

This is love: not that we loved God, but that he loved us and sent his Son as an atoning sacrifice for our sins.
-1 Jn 4:10

02

26

—— 오늘의 묵상 ——

어느 춥디추운 겨울날 어느 아파트에서 있었던 일입니다. 이 아파트 주인 아주머니는 어미 새와 예쁜 새끼 새 두 마리를 새 초롱에 같이 넣어 키웠습니다. 그런데 어느 날 저녁 새들의 보금자리인 새 초롱을 차가운 아파트 베란다에 둔 것을 깜박 잊어버리고 영하의 날씨에 밤을 그냥 보내버렸습니다. 아주머니는 아침에서야 새 초롱을 생각하고 허둥지둥 나가보니, 어미 새는 둥지에 몸을 덮은 채로 이미 얼어 죽어 있었습니다.

인간의 실수로 인해 귀한 생명을 잃게 한 것을 가슴 아프게 생각하며 아픈 마음으로 죽은 어미 새를 집어 들었더니, 아! 거기 얼어 죽은 어미 새 밑에 두 마리의 새끼 새가 그대로 살아 있는 것이 아니겠습니까? 어미 새의 지극한 사랑이 자신은 얼어 죽어가면서까지 남은 어린 생명들을 살린 것입니다. 이것이 예수 그리스도의 십자가 사랑입니다. 이것이 하나님의 사랑인 아가페 사랑입니다.

11 / 03

복 있는 사람은 악인들의 꾀를 따르지 아니하며 죄인들의 길에 서지 아니하며 오만한 자들의 자리에 앉지 아니하고 오직 여호와의 율법을 즐거워하여 그의 율법을 주야로 묵상하는도다 _시 1:1-2

Blessed is the man who does not walk in the counsel of the wicked or stand in the way of sinners or sit in the seat of mockers. But his delight is in the law of the LORD, and on his law he meditates day and night. - Ps 1:1-2

오늘의 묵상

행복을 얻는 것이 중요할수록 참된 행복의 기준이 무엇이며 그것을 얻는 방법이 무엇인지 아는 일은 더욱 중요합니다. 참된 복은 죄와 더불어 사는 삶에서 결단코 얻을 수 없습니다.
"악인, 죄인, 오만한 자" 등의 개념은 도덕적으로 악행을 일삼는 자를 의미할 뿐 아니라 하나님을 하나님으로 인정하지 않는 자의 삶' 전체를 가리킵니다.
진정 복 있는 삶은 "오직 여호와의 율법을 즐거워하고 그것을 주야로 묵상하는 삶"입니다. 그 삶 속에는 생명이 있고 견고함과 풍성함이 있습니다. 이러한 삶을 살기 원한다면 여호와의 말씀을 더욱 가까이해야 합니다.
하나님의 말씀은 생명의 근원이요 삶을 뿌리내릴 견고한 터전입니다.

02 / 27

눈물을 흘리며 씨를 뿌리는 자는 기쁨으로 거두리로다
울며 씨를 뿌리러 나가는 자는 반드시 기쁨으로 그 곡식 단을 가지고 돌아오리로다 _시 126:5-6

Those who sow in tears will reap with songs of joy.
He who goes out weeping, carrying seed to sow, will return with songs of joy, carrying sheaves with him.
- Ps 126:5-6

오늘의 묵상

마틴 루터 킹 목사님은 그의 마지막 설교에서 이렇게 말했습니다.
"만일 여러분이 나의 마지막 날에 나와 함께 있게 된다면 장례식을 길게 하지 마십시오. 노벨상을 받았다는 이야기 따위도 할 필요가 없습니다. 다만 킹 목사는 남에게 봉사하는 일을 애썼다고만 말해 주십시오. 생명을 주려고, 먹을 것을 주려고, 입을 것을 주려고, 돌보아주려고, 봉사하려고 노력했다고 말해 주십시오. 그것으로 족합니다."

11
02

한번 죽는 것은 사람에게 정해진 것이요
그 후에는 심판이 있으리니 _히 9:27

Just as man is destined to die once, and after that to face judgment,
- Heb 9:27

―――― 오늘의 묵상 ――――

날 때가 있고 죽을 때가 있다. 눈앞에 어떤 일이 일어났는지 모르는 것이 인생이 아닌가 싶습니다. 오늘이 나의 최초의 날, '날 때'라고 생각합시다. 큰 희망과 많은 기대와 진지한 계획과 더할 수 없는 충실함 속에서 오늘 하루를 시작할 것입니다. 모든 것이 새롭고 중요한 의미를 갖겠지요. 실수하지 않으려고 조심할 것이며, 잘해 보려고 무척 애를 쓸 것입니다.

오늘이 나의 최후의 날, '죽을 때'라고 생각합시다. 빈틈없는 마음과 진실한 감정과 최선의 노력을 다해서 하루를 살 것입니다. 모든 일에 의미를 찾고 1분 1초를 헛되이 낭비하지 않으려 할 것입니다.

02 / 28

내가 진실로 진실로 너희에게 이르노니 내 말을 듣고 또 나 보내신 이를 믿는 자는 영생을 얻었고 심판에 이르지 아니하나니 사망에서 생명으로 옮겼느니라 _요 5:24

I tell you the truth, whoever hears my word and believes him who sent me has eternal life and will not be condemned; he has crossed over from death to life. - Jn 5:24

--- 오늘의 묵상 ---

삶의 마지막까지 최선을 다해 살고자 했던 민족 청년 시인 윤동주의 이야기입니다. 그는 1943년 7월 14일 일본에서 일본 유학생 사상범으로 체포되어 1945년 2월에 해방을 보지 못하고 감옥에서 일생을 마쳤습니다. 그의 인생에 관심이 많았던 사람들은 그의 생애를 추적하면서 그가 어떻게 2년 동안의 감옥생활을 했는지 알아보았습니다. 그가 있었던 일본의 규수 후쿠오카 형무소에 남아있는 기록을 보면 그가 최후의 순간을 앞두고 한 가지 일에 몰두했다는 사실을 알 수 있습니다. "윤동주는 고향 집에 편지해서 차입한 신약 성서를 옥중에서 읽고 있다. 그는 날마다 이 책에 빠져 있다." 하나님의 말씀을 붙들고 인생의 최후를 마무리하고 있었던 그에게 시는 그의 신앙고백이라고 할 수 있습니다. 죽는 날까지 하늘을 우러러 한 점 부끄럼이 없는 삶을 산 그는 진정 최선의 삶을 산 사람입니다.

11/01

네 모든 자녀는 여호와의 교훈을 받을 것이니
네 자녀에게는 큰 평안이 있을 것이며 _사 54:13

All your sons will be taught by the LORD, and great will be your children's peace.
- Isa 54:13

--- 오늘의 묵상 ---

뉴욕시 교육위원회에서 흥미로운 통계를 내놓았습니다. 뉴욕에 있는 두 집안을 택하여 그 후손 5대를 조사했습니다. 하나는 에드워드 요나단 목사의 집안이었고, 다른 하나는 맨해튼의 유흥가 술집주인 마크 슐츠의 집안이었습니다.

요나단의 후손은 896명이었는데 목사와 선교사가 116명, 대학교수와 선생이 86명, 시인이나 문인이 75명, 상하원 의원이 4명, 부통령이 1명, 사업가가 73명, 발명가가 21명, 교회 장로와 집사가 286명이 나온 반면, 슐츠의 후손은 형무소에서 5년 이상의 형을 받은 이가 96명, 술주정뱅이와 마약 중독자 정신병자가 58명, 매춘부가 65명, 극빈자가 286명, 무식 불량자가 460명이었다는 것입니다.

02 / 29

그가 너로 말미암아 기쁨을 이기지 못하시며 너를 잠잠히 사랑하시며 너로 말미암아 즐거이 부르며 기뻐하시리라 하리라 _습 3:17하

He will take great delight in you, he will quiet you with his love,
he will rejoice over you with singing.
- Zep, 3:17

오늘의 묵상

어느 시골의 한 가정에서 딸이 가출을 했습니다. 이제부터 자기 마음대로 살겠다고 했습니다. 결국 돌이킬 수 없는 처지에까지 이르게 되자 소녀는 자살하려고 하였습니다. 그러나 죽기 전에 아버지, 어머니가 계시는 고향이 그리워 고향 집에 내려갔습니다. 밤중에 가보니 자신이 가꾸던 장미꽃도 보이고 뛰어놀던 잔디밭도 보였습니다. 달밤에 자기 집을 바라보니 담장 옆 대문이 활짝 열려 있었습니다. 그 소녀는 문 가까이 가, 조용한 음성으로 말했습니다.
"아버지!" 그러자 아버지가 벌떡 일어나 뛰어나왔습니다.
"어디에 있다가 이제 오느냐? 네가 집을 나간 뒤 대문을 닫아보지 못했단다. 네가 꼭 돌아올 거라고 믿었단다."

가난한 새의 기도

이해인

꼭 필요한 만큼만 먹고
필요한 만큼만 둥지를 틀며
욕심을 부리지 않는 새처럼
당신의 하늘을 날게 해주십시오

가진 것 없어도
맑고 밝은 웃음으로
기쁨의 깃을 치며
오늘을 살게 해주십시오

예측할 수 없는 위험을 무릅쓰고
먼 길을 떠나는 철새의 당당함으로
텅 빈 하늘을 나는
고독과 자유를 맛보게 해주십시오

오직 사랑 하나로
눈물 속에도 기쁨이 넘쳐날
서원의 삶에
햇살로 넘 쳐오는 축복

나의 선택은
가난을 위한 가난이 아니라
사랑을 위한 가난이기에
모든 것 버리고도
넉넉할 수 있음이니

내 삶의 하늘에 떠 다니는
흰 구름의 평화여

날마다 새가 되어
새로이 떠나려는 내게
더이상
무게가 주는 슬픔은 없습니다

마음이 가난한 자의 기도 1

용혜원

오 주님!
한 잔의 커피를 마시며 쉴 수 있다는 것이
더없이 행복합니다
사랑이 식어가는 때에
사랑을 좀 더 많이 타서 마셔야겠습니다
모두들 어찌나 바쁘게 살아가는지
정신이 나간 사람들 같습니다
때론 아픔만 가득 안고 돌아옵니다
단내나도록 뛰고 또 뛰어야 살 수 있는 세상이지만
잠시라도
나 자신을 바라볼 수 있는 시간이 있음을 감사드립니다

밀리고 밀려서 목적도 없이 살아가는
어리석음에 빠지지 않게 하시고
분명한 목적과 확신을 가지고 살아가게 해주소서
희망을 찾아 희망을 만들고 희망을 이루게 해주소서

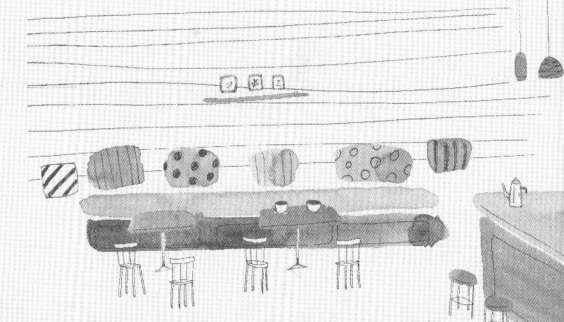

기도

이성진

세상이 아무리 변해가도
진실과 예쁨을 갈망하게 하시고
아주 작은 것에도 감동할 수 있는
그런 따뜻한 가슴을 주소서

어떤 일에든 누구에게든 소중히 여기며
섬길 수 있는 마음물 주시고
욕심을 내지 않으며
조금씩 앞을 향해 나감에
늘 감사하게 하소서

사람의 외모보단
그 사람 마음에 중심을 보게 하시고
다른 모든 이에게도 배려하고 존중하는
마음을
늘 소원하게 하소서

03/01

이제 내가 육체 가운데 사는 것은 나를 사랑하사 나를 위하여 자기 자신을 버리신 하나님의 아들을 믿는 믿음 안에서 사는 것이라 _갈 2:20하

The life I live in the body, I live by faith in the Son of God, who loved me and gave himself for me. - Gal 2:20

오늘의 묵상

영국의 선교사인 허드슨 테일러가 중국 대륙의 전도 책임자로 있을 때 선교사를 희망하는 후보자를 면접하였습니다. 한번은 봉사하기로 결심한 한 사람을 만나 "왜 당신은 해외 선교사로 가기를 원합니까?" 하고 물었습니다. 선교사 후보자는 대답하기를 "나는 예수 그리스도께서 우리에게 전 세계에 나가서 복음을 전하라고 명령하셨기 때문에 가기를 원합니다"라고 대답하였습니다. 또 다른 한 명은 수백만의 사람들이 그리스도 밖에서 타락하고 있기 때문에 선교사로 나가기를 원한다고 대답하였습니다.

그때 허드슨 테일러는 말하기를 "그 모든 동기들은 좋지만 시험과 시련 그리고 고생, 심지어 죽음의 순간을 당할 때, 그것은 당신을 구하지 못합니다. 단지 한 가지 동기가 당신을 어려운 시험과 시련에서 견디게 해 줄 것입니다. 그것은 그리스도의 사랑입니다"라고 대답했다고 합니다.

구하라 그리하면 너희에게 주실 것이요
찾으라 그리하면 찾아낼 것이요
문을 두드리라 그리하면 너희에게 열릴 것이니 _마 7:7

Ask and it will be given to you; seek and you will find; knock and the door will be opened to you.
- Mt 7:7

10—31

—— 오늘의 묵상 ——

미국의 한 실업자가 이 회사, 저 회사를 다니면서 직장을 구하고 있었습니다. 어느 회사 문 앞에 'PUSH(미시오)'라고 써 붙인 것을 보고 문을 밀고 들어갔습니다.

그때 그 회사 지배인이 "왜 들어오셨습니까?"라고 물었습니다. 그래서 이 젊은이는 "저 문에 밀고 들어오라고 해서 그렇게 했습니다."라고 대답하였습니다. 그랬더니 그 지배인이 "당기지 말라고 주의를 주기 위해 '미시오'라고 써 붙인 것일 뿐입니다."라고 하였습니다.

"그렇습니까? 그렇지만 나는 직장을 구하고 있습니다. 저 문에 쓰여 있는 '미시오'라는 글을 보는 순간, 내 인생을 맡길 만한 문이라고 생각되어서 문을 밀고 들어온 것입니다. 그러니 제게 일자리를 주십시오."

젊은이의 말에 감동한 지배인은 이 젊은이를 그 자리에서 채용하였다고 합니다.

무엇보다도 뜨겁게 서로 사랑할지니
사랑은 허다한 죄를 덮느니라 _벧전 4:8

Above all, love each other deeply, because love covers over a multitude of sins.
-1 Pe 4:8

03 / 02

오늘의 묵상

아프리카에 있는 선교사가 한번은 이런 질문을 받았다고 합니다.
"당신은 당신이 하고 있는 일을 진실로 좋아해서 하십니까?"
그의 대답은 충격적이었습니다.
"아닙니다. 나와 처는 이 고생을 좋아하지 않습니다. 우리는 초라하고 냄새나는 우리의 오두막 집에서 사는 것을 좋아하지 않습니다. 그러나 우리가 좋아하지 않는다고 그리스도를 위하여 아무것도 하지 않으면 되겠습니까? 우리는 가라는 명령을 받았고, 그리스도의 사랑이 우리를 강권하시기 때문에 하는 것입니다."라고 대답했다고 합니다.
오직 그리스도의 사랑만이 진정한 봉사를 하게 합니다.
- 배훈 『인생을 다시 한번』

10–30

이같이 너희 빛이 사람 앞에 비치게 하여
그들로 너희 착한 행실을 보고
하늘에 계신 너희 아버지께 영광을 돌리게 하라 _마 5:16

In the same way, let your light shine before men, that they may see your good deeds
and praise your Father in heaven.
- Mt 5:16

―――― 오늘의 묵상 ――――

어떤 사람이 하루는 아침에 일어나서 동네가 더러워진 것을 보고는 팔을 걷어붙이고 온 동네를 다 쓸었습니다. 마을을 위해 무언가 해야 할 것 같았는데, 빚을 갚은 것 같아 후련하기까지 했습니다.

누구나 한두 번은 이런 일을 할 수 있습니다. 그런데 평생 하루도 빠짐없이 자기 집 앞 골목을 쓰는 일은 아무나 할 수 있는 일이 아닙니다. 평생 작은 일을 지속하는 것이야말로 '큰 일'입니다. 그런데 우리는 '작은 일'을 별것 아닌 것으로 여기면서 '큰일'만 찾습니다.

03 — 03

그리스도의 평강이 너희 마음을 주장하게 하라 너희는 평강을 위하여 한 몸으로 부르심을 받았나니 너희는 또한 감사하는 자가 되라 _골 3:15

Let the peace of Christ rule in your hearts, since as members of one body you were called to peace. And be thankful. - Col 3:15

---- 오늘의 묵상 ----

6.25 직후 나병 환자 수용소를 미국 로터리 클럽의 회원들이 방문했던 적이 있었습니다. 그곳에 미국에서 파견 나온 간호 선교사 한 사람이 나병 환자의 고름이 흐르고 있는 상처를 간호하고 있던 모습을 보았습니다. 한 사업가가 그 장면을 카메라에 담기 위해 사진을 찍으면서 이러한 말을 했습니다.

"이것은 백만 불짜리 가치가 있는 사진이다. 그러나 나는 누가 나에게 백만 불을 주어도 이 일을 못할 것이다."

간호사 자매는 이 사업가를 바라보면서 이렇게 대답했다고 합니다.

"저도 그 일을 못 합니다."

이 대답을 듣고 사업가가 당황하면서 말하기를 "그렇다면 당신은 어떻게 그 일을 할 수 있소?"라고 물었습니다. "그리스도의 사랑이 저를 강권하기 때문입니다."

아버지께 참되게 예배하는 자들은
영과 진리로 예배할 때가 오나니 곧 이 때라
아버지께서는 자기에게 이렇게 예배하는 자들을 찾으시느니라 _요 4:23

Yet a time is coming and has now come when the true worshipers will worship the Father in spirit and truth, for they are the kind of worshipers the Father seeks.
- Jn 4:23

10/29

—— 오늘의 묵상 ——

기독교 철학자 프란시스 쉐퍼는 "오늘 이 시대에 기독교인들을 혼란스럽게 만드는 가장 큰 이단은 여호와의 증인, 몰몬교, 안식교가 아니라 바로 세속적 휴머니즘"이라고 했습니다. 여기서 세속적 휴머니즘이란 사람들이 인생의 주인을 자신이라고 생각하는 것입니다.

인생의 주인이 우리 자신입니까? 아닙니다. 하나님이십니다. 우리가 참으로 하나님을 주인으로 인정하고 하나님 앞에 나를 드리는 삶의 자세로 돌아갈 때 하나님의 역사는 펼쳐질 것입니다. 이 길이 바로 복 받는 길이요, 문제를 해결하는 길입니다.

새 계명을 너희에게 주노니 서로 사랑하라
내가 너희를 사랑한 것 같이 너희도 서로 사랑하라 _요 13:34

A new command I give you: Love one another. As I have loved you,
so you must love one another. - Jn 13:34

―――― 오늘의 묵상 ――――

세계적으로 유명한 신학자이면서 설교가인 미국의 아이언사이드 박사가 교회에서 회의를 진행하고 있을 때였습니다. 갑자기 청년 하나가 손을 들더니 큰 소리로 고함을 질렀습니다. "법대로 합시다!" 이 말을 듣던 아이언사이드 박사가 아주 놀라운 얘기를 했습니다.

"여보게 젊은이, 법대로 자네를 다루었다면 자네는 어떻게 될 것인가? 자네는 벌써 지옥에 가 있어야 마땅할 것일세." 우리는 법보다 위대한 원리에 의해서 사는 사람들입니다. 그것은 은총의 원리입니다. 다시 말하면 "주께서 나를 다루신 것처럼 다른 사람을 대하겠다."는 것이 바로 그리스도인의 인간관계를 지배하는 은총의 원리입니다. 성경은 우리가 옳고 그름의 원리(율법적인 원리)가 아닌 은총의 원리에 의해서 삶을 살아야 할 것을 강조하고 있습니다. 이 사실을 깨달은 사람들이 순종할 수 있는 명령이 무엇입니까?

"네 원수를 사랑하라."

03
―
04

365일
날마다
예수님과 함께

혀는 능히 길들일 사람이 없나니
쉬지 아니하는 악이요 죽이는 독이 가득한 것이라 _약 3:8

But no man can tame the tongue. It is a restless evil, full of deadly poison.
- Jas 3:8

10 — 28

―――― 오늘의 묵상 ――――

이 지구상에는 수많은 뱀이 살고 있습니다. 그중에서 가장 무서운 것이 부시 매스터라는 독사입니다. 이 뱀에 물리면 천하장사라 할지라도 10분 이내에 숨을 거둔다고 합니다.
그러나 부시 매스터는 가장 아름다운 뱀이기도 합니다. 이 뱀이 햇빛을 받아 오색찬란한 자태를 반짝이며 숲속을 거닐 때에는 '숲속의 귀족'처럼 보여 많은 동물이 넋을 잃고 쳐다본다는 것입니다. 쥐나 새들은 이 뱀의 아름다움에 접근했다가 뱀의 먹이가 되고 맙니다.
유혹은 항상 아름답고 달콤합니다. 그러나 유혹의 본체는 항상 죽음과 절망뿐입니다.

03 — 05

나는 목마른 자에게 물을 주며 마른 땅에 시내가 흐르게 하며 나의 영을 네 자손에게, 나의 복을 네 후손에게 부어 주리니 그들이 풀 가운데에서 솟아나기를 시냇가의 버들 같이 할 것이라 _사 44:3-4

For I will pour water on the thirsty land, and streams on the dry ground; I will pour out my Spirit on your offspring, and my blessing on your descendants. They will spring up like grass in a meadow, like poplar trees by flowing streams. - Isa 44:3-4

—— 오늘의 묵상 ——

아이버 포웰은 『성경의 유리창』이라는 그의 훌륭한 책 속에서 유산을 남기지 않고 죽은 부자에 관한 이야기를 했습니다. 부자가 죽었을 때 그 집의 가구 경매에서 그의 죽은 아들의 초상화를 산 사람은 남루한 옷을 걸친 늙은 여인이었습니다. 그 아들은 어린 시절에 죽었기 때문에 그 부자는 그 그림을 무척이나 아꼈습니다. 그러나 모여든 경매자들은 그 그림에 대한 관심이 전혀 없었습니다. 왜 그 그림을 샀느냐는 질문에, 그 여인은 수년 전에 소년의 유모였고 그 소년을 무척 사랑했다고 대답했습니다.

후에 그 초상화를 자세히 살펴보다가 그림 뒤에 있는 두꺼운 서류뭉치를 발견했습니다. 봉투를 열어 보니 그 속에는 유서가 들어 있었습니다. 그의 사랑스러운 아들에 대한 기억을 고이 간직한 사람에게 모든 재산을 물려주겠다는 내용이 쓰여 있었습니다.

그는 늙어도 여전히 결실하며 진액이 풍족하고 빛이 청청하니
여호와의 정직하심과 나의 바위 되심과 그에게는 불의가 없음이
선포되리로다 _시 92:14-15

They will still bear fruit in old age, they will stay fresh and green, proclaiming,
"The LORD is upright; he is my Rock, and there is no wickedness in him."
- Ps 92:14-15

---- 오늘의 묵상 ----

21세기 경영학을 연구하는 분들도 21세기에 살아남을 기업은 오직 양심적인 기업이라고 합니다. 양심, 열심, 합심이 있을 때에만 불황도 면하고 기업도 살릴 수 있습니다. 더욱이 기독교인인 우리는 궤휼 가운데 행하지 않고 하나님이 주신 양심을 따라 살아갈 때 나도 살고 이웃도 살릴 수 있습니다. 직분을 받은 자는 하나님의 말씀을 혼잡하게 하지 말아야 합니다. 오직 순수한 마음으로 말씀을 받고 말씀대로 행하여 본을 보여야 합니다.

이같이 너희 빛이 사람 앞에 비치게 하여 그들로 너희 착한 행실을 보고 하늘에 계신 너희 아버지께 영광을 돌리게 하라 _마 5:16

In the same way, let your light shine before men,
that they may see your good deeds and praise your Father in heaven.
- Mt 5:16

―――― 오늘의 묵상 ――――

어두움을 몰아내는 데 과연 얼마만큼의 빛이 필요할까요? 아주 작은 빛이면 됩니다. 그것은 등화관제를 할 때 여실히 드러납니다. 온 동네가 칠흑 같은 어둠 속에 있을 때 어느 집에서 TV를 켰다고 합시다. 그 빛은 어김없이 밖으로 새어 나와 어두움의 적막을 깨고 맙니다. 또한 칠흑같이 어두운 밤에 조그만 손전등 하나가 아주 훌륭한 길 안내자가 되어줍니다.

당신의 주변을 살펴보십시오. 영적인 암흑이 존재하는 곳은 없습니까? 어두움은 아주 작은 빛으로도 물리칠 수 있습니다. 예수님은 눈이 달빛을 반사해서 빛을 발하듯이, 예수님의 빛을 반사해서 내는 그 빛을 당신에게 요구하십니다. 당신은 조용히 예수님을 따르는 삶으로 그 빛의 삶을 살 수 있습니다.

내 사랑하는 형제들아 너희가 알지니 사람마다 듣기는 속히 하고 말하기는 더디 하며 성내기도 더디 하라 _약 1:19

My dear brothers, take note of this: Everyone should be quick to listen,
slow to speak and slow to become angry,
- Jas 1:19

10
—
26

---- 오늘의 묵상 ----

우리가 예수님을 믿는다고 할 때 제일 먼저 배워야 하는 것이 있다면 남의 말을 잘 귀담아듣는 것입니다. 말 없는 사람의 말을 들으며, 여러 말 중에서도 사랑과 위로를 갈망하고 영생을 목말라하는 이의 마음의 소리를 들어 주어야 합니다.
이것이 우리가 해야 할 전도이며 이웃 사랑입니다.

365일
날마다
예수님과 함께

03 — 07

그러므로 모든 육체는 풀과 같고 그 모든 영광은 풀의 꽃과 같으니
풀은 마르고 꽃은 떨어지되 오직 주의 말씀은 세세토록 있도다
하였으니 너희에게 전한 복음이 곧 이 말씀이니라 _벧전 1:24-25

For, "All men are like grass, and all their glory is like the flowers of the field;
the grass withers and the flowers fall, but the word of the Lord stands forever."
And this is the word that was preached to you. - 1 Pe 1:24-25

---- 오늘의 묵상 ----

한 영국 귀족이 부모로부터 엄청난 유산을 물려받았습니다. 그 귀족은 그 돈을 가지고 무엇이든지 할 수가 있었습니다. 그런데 그는 그 많은 돈을 점박이 쥐를 만드는 일에 투자하였습니다. 그리고 마침내 점박이 쥐를 만들어냈습니다. 그러나 그 일은 어느 면에서 보더라도 무익한 일이었습니다. 귀족은 수많은 돈과 시간과 노력과 재능을 점박이 쥐를 위해 바쳤지만, 점박이 쥐는 귀족이나 인류에게 아무런 유익도 가져다주지 않았습니다.
우리도 자신의 만족만을 위해 일하다 보면 이 귀족과 같은 어리석음을 범할 때가 있습니다. 당신은 무엇을 위해 그렇게 열심히 일하고 있습니까? 당신이 열심히 하고 있는 일은 진정 가치 있는 일입니까?

어리석은 자는 그의 마음에 이르기를 하나님이 없다 하도다
그들은 부패하며 가증한 악을 행함이여 선을 행하는 자가 없도다 _시 53:1

The fool says in his heart, "There is no God." They are corrupt, and their ways are vile;
there is no one who does good.
- Ps 53:1

10/25

오늘의 묵상

깨달음을 중심으로 다양한 사람들의 유형을 생각해 볼 수 있습니다. 즉, 보고 깨닫는 사람이 있는가 하면, 듣고 깨닫는 사람이 있고, 매를 맞고 깨닫는 사람이 있습니다. 또 잃어버리고서야 깨닫는 사람이 있습니다.

대체로 미련한 사람은 가졌을 때는 모르고 잃어버린 다음에야 알게 됩니다. 더욱 어리석은 사람은 죽을 지경이 되어서야 깨닫기도 하고, 또 끝내 깨닫지 못하고 죽는 사람도 있습니다.

정말로 답답한 인생, 지옥까지 가서야 깨달을 사람이 요즘도 많이 있습니다.

우리는 어떤 부류에 속합니까?

03 — 08

내가 너와 함께 있어 네가 어디로 가든지 너를 지키며 너를 이끌어 이 땅으로 돌아오게 할지라 내가 네게 허락한 것을 다 이루기까지 너를 떠나지 아니하리라 하신지라 _창 28:15

I am with you and will watch over you wherever you go, and I will bring you back to this land. I will not leave you until I have done what I have promised you. - Gen 28:15

---- 오늘의 묵상 ----

어느 날 마귀가 야시장을 열어 정욕, 기만, 자람, 시기 등과 같은 도구에 가격표를 붙여 팔았습니다. 그런데 그 시장에서 가장 비싸게 팔린 것은 '좌절'이었다고 합니다.

좌절감은 목표와 욕구가 성취되지 않을 때나 혹은 하기 싫은 일을 강요당할 때 생기는 인간의 감정입니다. 그러나 우리가 좌절하게 되는 더 근본적인 이유는 믿음의 방패를 버리고 두려움과 불신앙과 자기연민이라는 창의 공격을 허락했기 때문입니다.

마귀는 온갖 수단을 다 동원해도 사람이 자기 말을 듣지 않을 때 마지막으로 좌절이란 도구를 쓴다고 합니다.

내가 너를 모태에 짓기 전에 너를 알았고
네가 배에서 나오기 전에 너를 성별하였고
너를 여러 나라의 선지자로 세웠노라 하시기로 _렘 1:5

"Before I formed you in the womb I knew you, before you were born I set you apart;
I appointed you as a prophet to the nations."
- Jer 1:5

―― 오늘의 묵상 ――

삭개오는 뽕나무 위에서, 소경 바디매오는 길가에서, 나인성 과부의 외아들은 죽음의 행렬 속에서 예수님을 만나 죽음에서 새로운 삶으로 운명이 바뀌었습니다.
스승을 바로 만날 때 인생의 길을 바로 갈 수 있듯이, 우리가 주님을 바로 만날 때 하나님의 복이 우리에게 있게 됩니다.

10
―
24

사람이 마땅히 우리를 그리스도의 일꾼이요 하나님의 비밀을 맡은 자로 여길지어다 그리고 맡은 자들에게 구할 것은 충성이니라 _고전 4:1-2

So then, men ought to regard us as servants of Christ and as those entrusted with the secret things of God. Now it is required that those who have been given a trust must prove faithful.
- 1 Co 4:1-2

—— 오늘의 묵상 ——

어느 부잣집에 머슴이 필요하다는 소문을 듣고 어떤 사람이 자기를 써 달라고 부탁하러 왔습니다. 그때 주인은 "너는 무얼 가장 잘하느냐?"고 물었습니다. 그러자 그 사람은 잠자는 것을 가장 잘한다고 대답했습니다. 대답이 마음에 들지 않았지만 마땅한 사람도 없고 해서 주인은 그 사람을 머슴으로 삼았습니다.

그리고 며칠이 지났습니다. 그날은 유달리 천둥과 번개가 심한 밤이었습니다. 심란해진 주인은 집 안 구석구석 비가 새는 데는 없나 살피다가 머슴이 자기 방에서 코를 골며 자는 것을 보았습니다. 천둥 번개가 요란했지만 머슴은 낮 동안 힘을 다해 모든 일을 해 놓았기 때문에 피곤해서 깊이 잠들 수 있었던 것입니다. 그제야 주인은 잠자는 것을 제일 잘한다고 한 머슴의 말을 이해하게 되었습니다.

그러므로 사랑을 받는 자녀 같이 너희는 하나님을 본받는 자가 되고
그리스도께서 너희를 사랑하신 것 같이 너희도 사랑 가운데서 행하라

_엡 5:1-2상

Be imitators of God, therefore, as dearly loved children and live a life of love, just as Christ loved us. - Eph 5:1-2

10
—
23

―――― 오늘의 묵상 ――――

어느 가정의 아버지가 숨을 거두었습니다. 말 열일곱 마리를 유산으로 남겼는데 장남은 반, 차남은 1/3, 막내는 1/9을 가지라고 유언했습니다. 그 유언대로 따르자니 장남은 8과 1/2필이요, 차남은 5와 2/3필, 막내는 1과 8/9필이 되어, 도저히 산 채로는 나눌 수가 없었습니다. 옥신각신하다가 어느 선교사에게 해결해 달라고 요청했습니다. 선교사는 자기 말을 내주어 모두 열여덟 마리를 원래의 비율대로 나누어 갖게 했습니다. 그리하여 장남은 아홉 필, 차남은 여섯 필, 막내는 두 필을 가졌습니다. 그런데 이렇게 나눈 모든 말을 합하니 신기하게도 열일곱 필이 되었고, 선교사가 내놓은 한 필은 그대로 남았습니다. 더욱이 열일곱 필을 가지고 싸우면서 나누려던 때보다 장남은 1/2필, 차남은 1/3필, 막내는 1/9필을 더 가지게 되었습니다. "내가 당신들에게 드린 말 한 필은 사랑의 한 필입니다. 이렇게 사랑이 있는 곳에서는 모든 일이 원만하게 해결될 뿐만 아니라 더욱 풍성해진답니다." 선교사는 사랑의 근원이신 예수님을 전했으며, 그들은 회개하고 주님을 영접했답니다.

그들에게 이르시되 삼가 모든 탐심을 물리치라
사람의 생명이 그 소유의 넉넉한 데 있지 아니하니라 하시고 _눅 12:15

Then he said to them, "Watch out! Be on your guard against all kinds of greed;
a man's life does not consist in the abundance of his possessions."
- Lk 12:15

03 / 10

―――― 오늘의 묵상 ――――

알렉산더 왕이 이끄는 군대가 페르시아를 정복하기 위해 전진하고 있었을 때의 일입니다. 군인들은 패전을 결심이라도 한 듯 힘없이 행군하고 있었습니다. 그때 알렉산더왕은 그 이유를 재빠르게 알아차렸습니다. 군인들이 여러 전투에서 얻은 노획물들을 몸에 잔뜩 지니고 있었던 것입니다. 이에 군인들의 행군을 잠깐 멈추게 한 알렉산더는 노획물을 모두 모아 불태울 것을 명령했습니다. 이 명령에 군인들은 심한 불평을 늘어놓았지만, 결국 그렇게 함으로써 페르시아와의 전투에서 승리할 수 있었습니다.

우리는 모두 그리스도의 군사입니다. 그렇지만 군사로서의 역할을 잘 감당하지 못할 때가 많습니다. 그 이유는 세속적인 욕심을 잔뜩 짊어진 채 군사 노릇을 하려고 하기 때문입니다.

나의 영혼아 잠잠히 하나님만 바라라
무릇 나의 소망이 그로부터 나오는도다 _시 62:5

Find rest, O my soul, in God alone; my hope comes from him.
- Ps 62:5

10/22

―――― 오늘의 묵상 ――――

하나님을 바라보고 사는 것을 잊을 때가 있습니다. 이것이 인간의 타락입니다.
"나의 영혼아, 잠잠히 하나님만 바라라."
성경은 우리에게 가르쳐줍니다. 살다 보면 가정의 문제, 자녀의 문제, 경제적인 위기와 고난을 만날 때가 있습니다. 시련과 역경을 당할 때 우리는 하나님을 바라보아야 합니다.
야곱은 형 에서를 속이고 홀로 광야 길로 피신하여 걸어가다 밤에 돌베개를 베고 잠을 자던 중, 꿈에서 하나님의 사자를 보았습니다. 그 사자가 하늘로 이어진 사닥다리 위를 오르락내리락하는 모습을 보았고, 하나님의 음성을 들었습니다. 인간은 외로울 때 하나님을 만나게 되는 것입니다.

03 — 11

그가 아들이시면서도 받으신 고난으로 순종함을 배워서
온전하게 되셨은즉 자기에게 순종하는 모든 자에게
영원한 구원의 근원이 되시고 _히 5:8-9

Although he was a son, he learned obedience from what he suffered and, once made perfect,
he became the source of eternal salvation for all who obey him
- Heb 5:8-9

—— 오늘의 묵상 ——

하나님께 맡길 때 우리는 하나님의 손에 들린 진흙과 같은 존재가 됩니다. 하나님께서 은혜 가운데 우리의 인생을 형성하시도록 맡기는 것은 우리의 삶을 그분의 손에 올려놓고 "주의 뜻대로 나를 만드소서"라고 말하는 것과 같습니다. 이렇게 하기 위해서는 순종하는 마음이 필요합니다.

15세기의 작가 토마스 아 캠피스는 그의 삶을 주님의 손에 맡기면서 이렇게 말했습니다.

"무슨 일에서든 주께서 기뻐하시는 대로 나를 사용하소서. 주께서 나로 더불어 하시는 일은 무슨 일이든지 선하신 일이 되기 때문입니다. 주께서 나에게 편안함을 주시든 고난을 주시든 모두가 주의 뜻이니이다."

수고하고 무거운 짐 진 자들아 다 내게로 오라
내가 너희를 쉬게 하리라 _마 11:28

Come to me, all you who are weary and burdened, and I will give you rest.
- Mt 11:28

10/21

—— 오늘의 묵상 ——

하루 일과를 마치고 저녁에 단잠을 잘 수 있으면, 그 사람은 행복한 사람입니다. 그런데 분주한 삶 가운데 해결하지 못한 어떤 일 때문에 개운치 않고 근심과 불안이 있다면 단잠을 잘 수가 없습니다.
철야기도 하느라 밤을 새운 것이 아니라 괜한 염려와 불안으로 잠을 못 이루는 경우가 있습니다. 이는 밤새워 고민하고 염려한 만큼 하나님을 의지하지 못하는 불신 때문임을 깨닫고 참회하여야 합니다.

365일
날마다
예수님과 함께

03 — 12

네 짐을 여호와께 맡기라 그가 너를 붙드시고 의인의 요동함을 영원히 허락하지 아니하시리로다 _시 55:22

Cast your cares on the LORD and he will sustain you; he will never let the righteous fall.
- Ps 55:22

―――― 오늘의 묵상 ――――

성 프란체스코가 자기 고향에 있을 때, 하루는 자기 집 하인이 우물에서 물을 긷는 것을 보았습니다. 그 하인은 물통을 내려 물을 가득히 담은 후 끌어올릴 때마다 조그마한 나무토막 하나를 그 물통 안에 던져넣는 것이었습니다.

그 이유를 물었더니 이렇게 하면 물이 요동치지 않아 물이 밖으로 흘러넘치는 것을 최대한 막을 수 있다는 것이었습니다.

그 설명을 들은 프란체스코는 친구에게 이런 내용의 편지를 썼습니다.

"우리는 얼마나 자주 흔들리는 마음의 물통을 가지고 있는가? 두려움으로 흔들리는 마음, 고통과 절망으로 부서지는 마음, 이것은 마치 심하게 흔들리고 출렁거리는 물통과 같은 것이지. 그러나 거기에 십자가라는 막대기를 던져보게."

365일
날마다
예수님과 함께

10/20

내가 내게 있는 모든 것으로 구제하고 또 내 몸을 불사르게 내줄지라도 사랑이 없으면 내게 아무 유익이 없느니라 _고전 13:3

If I give all I possess to the poor and surrender my body to the flames, but have not love, I gain nothing.
-1 Co 13:3

오늘의 묵상

미국의 제4대 대통령 부인이었던 돌리 메디슨 여사는 미국 역사상 가장 인기 있는 여인 중의 한 사람이었습니다. 어디를 가나 여사는 사람들을 사랑하였습니다.
여사에게는 유명, 무명인의 구분이 없었습니다.
부자와 거지의 구분이 없고 남자와 여자의 구분이 없었습니다. 언젠가 여사는 사람들을 거느리는 힘의 비결이 무엇이냐는 질문을 받은 일이 있었습니다.
깜짝 놀란 메디슨 부인은 "내게는 국민을 거느리는 힘의 비결 같은 것이 없습니다. 그런 것은 바라지도 않습니다. 오직 모든 사람을 사랑할 뿐이지요" 하고 대답했습니다.
티끌만큼 예외도 없이 모든 사람을 사랑하는 사람은 그 사랑으로 인하여 언제나 후한 상급을 받게 됩니다.

365일
날마다
예수님과 함께

03 — 13

모든 기도와 간구를 하되 항상 성령 안에서 기도하고 이를 위하여 깨어 구하기를 항상 힘쓰며 여러 성도를 위하여 구하라 _엡 6:18

And pray in the Spirit on all occasions with all kinds of prayers and requests.
With this in mind, be alert and always keep on praying for all the saints.
- Eph 6:18

―――― 오늘의 묵상 ――――

만유인력의 법칙을 발견한 아이작 뉴턴은 아름다운 본을 보인 위대한 하나님의 사람입니다. 그는 이런 고백을 했습니다.

"나는 과학자로서 늘 천체 망원경을 통해서 하늘의 별들을 관찰합니다. 그러나 동시에 나는 자주 골방에 들어가 천지를 지으신 하나님 앞에 무릎을 꿇습니다. 그러면 세상 그 어떤 망원경으로도 볼 수 없는 하늘의 영광을 보게 됩니다. 기도는 보이지 않는 세계를 보게 하는 내 영혼의 망원경입니다."

사랑하는 이여, 역경을 만날 때에 그 역경만을 보지 말기 바랍니다. 그 역경을 통해서 우리의 인격을 다듬어 가시는 하나님 섭리의 손길을 보십시오. 기도의 망원경으로 하늘의 영광을 바라보십시오.

내가 또 주의 목소리를 들으니 주께서 이르시되 내가 누구를 보내며
누가 우리를 위하여 갈꼬 하시니 그 때에 내가 이르되
내가 여기 있나이다 나를 보내소서 하였더니 _사 6:8

Then I heard the voice of the Lord saying, "Whom shall I send? And who will go for us?"
And I said, "Here am I. Send me!" - Isa 6:8

10−19

---- 오늘의 묵상 ----

한 불우한 소녀가 있었습니다. 그녀는 너무 가난했으며 아사 직전 이웃에게 발견돼 겨우 목숨을 건진 적도 있습니다. 설상가상으로 제2차 세계대전이 발발하여 굶주림에 허덕였습니다. 그때 한 구호단체가 그녀에게 구호품을 전달했습니다. 그 단체는 국제 연합아동구호기금(UNICEF) 이었습니다.

소녀는 구호 빵을 먹으며 위기를 극복했습니다. 그리고 장성해 세계적인 영화배우가 됐습니다. 그 소녀의 이름은 오드리 헵번(Audrey Hepburn)으로 그녀는 세상에 사는 날 동안 이 단체의 홍보대사로서 전 세계를 다니며 굶주린 어린이들을 도왔습니다.

그녀는 "절망의 늪에서 나를 구해 준 분들을 위해 이제 내가 봉사할 차례다."라고 늘 말했습니다.

너희는 이 세대를 본받지 말고 오직 마음을 새롭게 함으로 변화를 받아 하나님의 선하시고 기뻐하시고 온전하신 뜻이 무엇인지 분별하도록 하라 _롬 12:2

Do not conform any longer to the pattern of this world, but be transformed by the renewing of your mind. Then you will be able to test and approve what God's will is--his good, pleasing and perfect will.
- Ro 12:2

03
14

오늘의 묵상

"누구나 위대한 사람이 될 수 있다. 왜냐하면 누구나 남에게 필요한 존재가 될 수 있으니까. 대학을 가고 학위를 따야만 남에게 필요한 존재가 되는 것은 아니다. 학식 있고 잘나야만 그렇게 할 수 있는 것이 아니다. 사랑으로 가득한 가슴만 있으면 된다. 영혼은 사랑으로 성장하는 것이니까."

- 마틴 루터 킹 2세

그가 찔림은 우리의 허물 때문이요 그가 상함은 우리의 죄악 때문이라 그가 징계를 받으므로 우리는 평화를 누리고 그가 채찍에 맞으므로 우리는 나음을 받았도다 _사 53:5

But he was pierced for our transgressions, he was crushed for our iniquities; the punishment that brought us peace was upon him, and by his wounds we are healed.
- Isa 53:5

10-18

—— 오늘의 묵상 ——

성 프란체스코가 울며 길을 걷고 있었습니다. 제자가 왜 우느냐고 물었을 때 그는 예수님의 십자가 고난을 생각하며 울고 있노라"고 대답했습니다.
성 프란체스코는 이런 기도를 드렸습니다.
"주 예수여, 내가 죽기 전에 두 가지 은총을 내려주옵소서! 첫째, 내 영혼과 육체가 괴로움을 겪어서 주님의 십자가 고난을 맛보게 하옵소서. 둘째, 주님이 우리 죄인들을 위하여 그처럼 참으실 수 있었던 그 타는 듯한 사랑을 가질 수 있게 하옵소서."
예수님께서 우리의 죄 때문에 십자가를 지고 하나님께 가까이 나아가 통곡하며 울듯이, 이제 우리도 우리의 죄를 가지고 예수님의 십자가 밑으로 나아가 통곡해야겠습니다.

생각하건대 현재의 고난은
장차 우리에게 나타날 영광과 비교할 수 없도다 _롬 8:18

I consider that our present sufferings are not worth comparing with the glory that will be revealed in us.
- Ro 8:18

03 _ 15

---- 오늘의 묵상 ----

그의 어머니는 사생아로서 마을에서 손가락질을 당했습니다. 그는 네 살 때 동생의 죽음을 보았습니다. 아홉 살 때 어머니, 열여덟 살 때 사랑하는 여동생의 죽음을 보았습니다. 그의 아내는 거의 정신이상자였으며 두 아들도 그의 품에서 죽었습니다.

그는 연거푸 낙선의 고통을 겪었으며 그의 인생은 온통 실패의 연속이었습니다. 그러나 고난의 세월을 통해 생명의 소중함과 인간의 존엄성을 깨달았습니다. 그는 항상 청중을 향해 이렇게 말했습니다.

"나는 노예가 되고 싶지 않다. 또한 주인이 되고 싶지도 않다. 인간은 누구나 평등한 존재다."

이 사람의 이름은 에이브러햄 링컨.

햇볕이 과일의 단맛을 내게 하듯이 역경은 인생의 단맛을 만들어냅니다.

10–17

이기기를 다투는 자마다 모든 일에 절제하나니
그들은 썩을 승리자의 관을 얻고자 하되
우리는 썩지 아니할 것을 얻고자 하노라 _고전 9:25

Everyone who competes in the games goes into strict training. They do it to get a crown that will not last; but we do it to get a crown that will last forever.
- I Co 9:25

오늘의 묵상

아리스토텔레스는 자기 관리를 '가장 얻기 어려운 승리'라고 했습니다.
많은 사람이 교회에 헌금으로 입장료를 지불하고, 예배를 운동경기 보듯 관람하고, 설교가 근사하면 경기에 감탄하듯 반응합니다. 관람하며 환성을 지르는 것 이상을 하는 하나님의 자녀가 되기를 원합니까? 그렇다면 그리스도인 삶의 훈련이 무엇인지 배워야 합니다.
주님의 제자가 되어야 합니다. 우리의 목표는 경건함이지 사역의 성공이 아닙니다. 하나님 중심의 헌신과 경건한 성품이 목표인 것입니다. 경건에 이르기 위해서는 말씀을 통한 성령의 가르침과 함께 우리 편에서의 연습이 필요합니다.

03–16

아버지가 자식을 긍휼히 여김 같이 여호와께서는 자기를 경외하는 자를 긍휼히 여기시나니 이는 그가 우리의 체질을 아시며 우리가 단지 먼지뿐임을 기억하심이로다 _시 103:13-14

As a father has compassion on his children, so the LORD has compassion on those who fear him;
for he knows how we are formed, he remembers that we are dust.
- Ps 103:13-14

---- 오늘의 묵상 ----

강아지를 파는 가게에 한 어린 소녀가 찾아와서 강아지의 값을 물었습니다. 그 소녀가 가리킨 강아지는 다리를 저는 강아지였습니다. 가게주인은 이상하다는 듯이 "왜 하필이면 다리를 저는 개를 사려고 하니?"

"저도 다리를 절어요. 이 강아지에게는 많은 사랑과 도움이 필요할 거예요. 저 역시 많은 도움과 사랑을 받았어요. 불구의 몸으로 자라는 것이 보통 힘든 것이 아니거든요."

주인은 그 이야기를 듣고 그 개를 그 소녀에게 거저 주었습니다. 그 소녀가 그 강아지를 가장 잘 보살펴 줄 주인이라는 것을 알았기 때문입니다.

365일
날마다
예수님과 함께

10–16

나 여호와가 의로 너를 불렀은즉 내가 네 손을 잡아 너를 보호하며
너를 세워 백성의 언약과 이방의 빛이 되게 하리니 _사 42:6

I, the LORD, have called you in righteousness; I will take hold of your hand.
I will keep you and will make you to be a covenant for the people and a light for the Gentiles.
- Isa 42:6

오늘의 묵상

"걱정 말아요. 나에게 계획이 있으니까." 고장 난 차 안에서 한 남자가 그 아내에게 말했습니다. 그들은 길옆에 차를 몇 시간이나 세워두고, 도와줄 사람이 나타나길 기다렸습니다.
인간의 계획은 이런 식이나 하나님의 계획은 정반대입니다. 그분은 결코 실패하지 않으시며 하려고 하신 것들을 이루시고야 맙니다. 하나님의 계획은 모든 것을 다 포함하고 있음을 주목하십시오. 어떤 특정한 일뿐 아니라 모든 사건이 우리의 유익을 위해서 주어진 것입니다. 하나님은 영원히 함께 계시겠다는 언약대로 우리에게 성령을 주시며, 또한 그의 완전한 계획을 일깨워주십니다.
우리 눈앞에 있는 이 격려를 잘 받으면 목적지에 이르기까지 잘 견딜 수 있을 것입니다.

365일
날마다
예수님과 함께

은혜와 궁휼과 평강이 하나님 아버지와 아버지의 아들 예수 그리스도께로부터 진리와 사랑 가운데서 우리와 함께 있으리라 _요이 1:3

Grace, mercy and peace from God the Father and from Jesus Christ, the Father's Son, will be with us in truth and love. - 2 Jn 1:3

—————— 오늘의 묵상 ——————

어떤 집에 강도가 들었습니다. 강도는 집주인에게 권총을 겨누며 고함을 질렀습니다.
"손 들어!"
집주인은 왼손을 번쩍 들었습니다.
"왜 오른손은 들지 않는 거야?"
집주인은 몹시 괴로운 표정을 지으며 말했습니다.
"신경통 때문에 오른팔을 들 수가 없어요."
"뭐, 신경통이라구? 사실은 나도 신경통 때문에 고생하고 있는데…"
두 사람은 신경통 증세와 치료 방법에 관해 이야기를 나누었습니다. 강도는 본래의 목적을 망각한 채 신경통에 좋다는 약을 설명하기 시작했습니다. 긴장과 공포가 풀린 채 신바람 나는 대화를 나누었습니다. 이것은 오 헨리(O Henry)의 단편소설에 나오는 내용입니다.

03
—
17

진실로 너희에게 이르노니 만일 너희에게 믿음이 겨자씨 한 알 만큼만 있어도 이 산을 명하여 여기서 저기로 옮겨지라 하면 옮겨질 것이요 또 너희가 못할 것이 없으리라 _마 17:20하

I tell you the truth, if you have faith as small as a mustard seed, you can say to this mountain, "Move from here to there" and it will move. Nothing will be impossible for you.
- Mt 17:20

10-15

---- 오늘의 묵상 ----

바리새인들은 십계명을 풀어 613개 조의 법을 만들 정도로 하나님의 말씀을 복잡하고 애매하게 만드는 데 굉장히 유능했습니다. 그러나 예수님은 단지 "하나님을 사랑하고 이웃을 사랑하라"고 말씀하셨습니다.

훌륭한 믿음을 가진 사람들은 대개가 아주 단순한 사람들입니다. 생각이 많고 까다로운 사람들은 너무 조심스럽기 때문에 믿음이 자라기 힘들고, 믿음의 행동을 하기가 어렵다는 것입니다. 율법이 쓸데없다고 주장하는 게 아닙니다. 어떤 때 율법은 나 자신의 삶을 돌아보게 하는 도구가 됩니다. 성경에 보면 백부장의 믿음은 아주 단순하고 진지했습니다. 그리고 예수님은 그의 믿음을 칭찬하셨습니다.

03
18

주께서 택하시고 가까이 오게 하사
주의 뜰에 살게 하신 사람은 복이 있나이다
우리가 주의 집 곧 주의 성전의 아름다움으로 만족하리이다 _사 65:4

Blessed are those you choose and bring near to live in your courts!
We are filled with the good things of your house, of your holy temple.
- Isa 65:4

── 오늘의 묵상 ──

헬렌 켈러가 쓴 『3일 동안만 볼 수 있다면』이라는 책에는 "만약 내가 사흘간 볼 수 있다면 첫날에는 나를 가르쳐준 설리번 선생님을 찾아가 그분의 얼굴을 보겠습니다. 그리고 산으로 가서 아름다운 꽃과 풀과 빛나는 노을을 보고 싶습니다. 둘째 날에는 새벽에 일찍 일어나 먼동이 터 오는 모습을 보고 싶습니다. 저녁에는 영롱하게 빛나는 하늘의 별을 보겠습니다. 셋째 날은 아침 일찍 큰길로 나가 부지런히 출근하는 사람들의 활기찬 표정을 보고 싶습니다. 점심때는 아름다운 영화를 보고 집에 돌아와 사흘간 눈을 뜨게 해주신 하나님께 감사의 기도를 드리고 싶습니다"라는 글이 있습니다.

우리가 받은 복이 얼마나 많습니까. 감사의 잔이 차고 넘칩니다.

풀은 마르고 꽃은 시드나
우리 하나님의 말씀은 영원히 서리라 하라 _사 40:8

The grass withers and the flowers fall, but the word of our God stands forever.
- Isa 40:8

10
14

—————— 오늘의 묵상 ——————

사실, 신앙 그리고 감정이 셋은 친한 친구였습니다. 어느 날 셋이 좁은 외길을 나란히 서서 걸어가고 있었습니다. 그런데 맨 뒤에서 가던 감정이 갑자기 균형 감각을 잃어버리더니 길 아래로 굴러떨어졌습니다. 그러고는 땅바닥에 축 늘어져 신음하는 것이었습니다.

친구를 잃어버린 슬픔으로 인하여 신앙도 그만 미끄러져 길 아래로 떨어졌습니다. 이제는 사실만 남았습니다. 그러나 그는 쉽사리 흔들리지 않았으며 바위와 같이 단단히 버티어 섰습니다. 그렇게 함으로써 그는 신앙으로 하여금 다시 올라오도록 도울 수 있었습니다.

마침내 사실과 신앙은 힘을 합쳐 깨져버린 감정을 길 위로 다시 끌어올려 회복시킬 수 있었고 그들은 여행을 계속할 수 있었습니다.

365일
날마다
예수님과 함께

03
19

너는 그리스도 예수 안에 있는 믿음과 사랑으로써 내게 들은 바 바른 말을 본받아 지키고 우리 안에 거하시는 성령으로 말미암아 네게 부탁한 아름다운 것을 지키라 _딤후 1:13-14

What you heard from me, keep as the pattern of sound teaching, with faith and love in Christ Jesus.
Guard the good deposit that was entrusted to you--guard it with the help of the Holy Spirit who lives in us.
- 2 Ti 1:13-14

—— 오늘의 묵상 ——

유명한 찬송인도자였던 생키가 여객선을 타고 여행하고 있었습니다. 사람들이 그를 알아보고 '선한 목자 되신 주여'를 불러달라고 졸랐습니다. 생키가 그 찬송 부르기를 마치자 한 사람이 다가왔습니다.

"선생님, 남북전쟁 당시 북군으로 참전한 일이 있습니까?"

"네, 있었습니다."

"저는 그때 남군으로 참전했는데 당신은 북군의 파란 군복을 입고 있었죠. 하늘엔 보름달이 떠 있었고 당신은 제 사정거리 안에 있었습니다. 제가 방아쇠를 막 당기려고 하는데 당신이 노래를 부르기 시작했습니다. 오늘 밤에 부른 바로 그 찬송이었지요. 당신이 예수 믿는 사람이라는 것을 알게 된 이상 저는 도저히 당신을 쏠 수 없었답니다."

너는 진리의 말씀을 옳게 분별하며 부끄러울 것이 없는 일꾼으로 인정된 자로 자신을 하나님 앞에 드리기를 힘쓰라 _딤후 2:15

Do your best to present yourself to God as one approved, a workman who does not need to be ashamed and who correctly handles the word of truth.
- 2 Ti 2:15

10-13

—— 오늘의 묵상 ——

청교도 벤자민 니들러는 이렇게 말했습니다.
"친구들을 다시 만나기로 기약하고 작별하듯이 죄와 작별해서는 안 된다. 또 이전과 같은 친근함을 지닌 채 작별해서는 안 된다. 우리는 바울이 손에 붙은 독사를 불 가운데 털어버리듯 손에서 죄를 털어내야 한다."
우리는 우리가 건너온 다리를 태워버려야 합니다. 뒤로 돌아서지 못하도록 말입니다. 고대 유대인들이 촛불을 들고 집안에 누룩이 남아 있는지 찾았듯이 죄가 한 조각이라도 남아 우리 삶을 못 쓰게 만들지나 않을까 염려하며 자세히 살펴보아야 합니다.

네가 물 가운데로 지날 때에 내가 너와 함께 할 것이라 강을 건널 때에 물이 너를 침몰하지 못할 것이며 네가 불 가운데로 지날 때에 타지도 아니할 것이요 불꽃이 너를 사르지도 못하리니 _사 43:2

When you pass through the waters, I will be with you; and when you pass through the rivers,
they will not sweep over you. When you walk through the fire, you will not be burned;
the flames will not set you ablaze. - Isa 43:2

03
—
20

―――― 오늘의 묵상 ――――

옛날 옛적 얼핏 보아서는 사랑스럽게 생겼고 모양새 있고 건장하며 강한 것 같은 나무가 한 그루 있었습니다. 그런데 심한 바람이 불면 나무는 심하게 흔들렸습니다. 그래서 나무는 새로운 나뭇가지를 자라게 하여 훨씬 강하고 안전하게 보이도록 스스로를 만들었습니다. 그러나 강한 비바람과 함께 태풍이 몰아쳤을 때 뿌리까지 흔들려서, 옆에 있는 나무의 도움이 없었더라면 땅에 꺾일 뻔하였습니다. 나무가 충격으로부터 되살아났을 때, 자기를 도와주었던 옆의 나무에게 어떻게 그렇게 튼튼하게 서 있을 수 있는지 물었습니다. "아, 그것은 아주 간단하다네. 자네가 새로운 가지를 내기에 여념이 없는 동안, 나는 뿌리를 깊게 내렸다네."

일어나라 빛을 발하라 이는 네 빛이 이르렀고
여호와의 영광이 네 위에 임하였음이니라 _사 60:1

Arise, shine, for your light has come, and the glory of the LORD rises upon you.
- Isa 60:1

---- 오늘의 묵상 ----

세계적인 자동차 회사인 미국의 '제너럴 모터스'사 최고의 엔지니어 찰스 케터링은 빈틈없는 기술을 가지고 있어 업계에서는 물론 사회적으로도 널리 알려져 있었습니다.
어느 날 한 모임에서 사회자가 그의 '신화의 손'을 높이 쳐들며 "케터링 씨, 이 손으로 한 일 중에서 가장 중요한 일은 무엇이었습니까?"라고 물었습니다.
사회자는 물론 모임에 참석한 사람들은 모두 '자동차 탄생!'이라는 말을 예상했습니다. 그러나 그는 이렇게 말했습니다.
"이 손으로 한 일 중 가장 중요한 일은 두 손을 잡고 기도한 일이었습니다."

03 — 21

너희는 믿음 안에 있는가 너희 자신을 시험하고 너희 자신을 확증하라 예수 그리스도께서 너희 안에 계신 줄을 너희가 스스로 알지 못하느냐 그렇지 않으면 너희는 버림 받은 자니라 _고후 13:5

Examine yourselves to see whether you are in the faith; test yourselves.
Do you not realize that Christ Jesus is in you--unless, of course, you fail the test?
- I Co 13:5

―――― 오늘의 묵상 ――――

어린이들은 밤하늘을 보며 어른들보다 쉽게 상상과 공상에 빠집니다. 별을 그리는 동심에는 어느덧 상상의 나래가 펼쳐지고, 세상은 온통 아름다움과 신비함으로 가득 차게 됩니다. 하나님은 하늘을 바라볼 줄 아는 믿음의 사람들에게 미래에 대한 꿈과 새로운 가능성의 문을 열어주십니다. 그리고 진정한 믿음의 사람들은 오늘도 별이 있는 밤하늘을 바라보며, 언제나 우리와 함께하시는 하나님의 위대하심과 높으심을 끊임없이 찬양하는 사람들입니다.

10-11

그러나 이 모든 일에 우리를 사랑하시는 이로 말미암아 우리가 넉넉히 이기느니라 _롬 8:37

No, in all these things we are more than conquerors through him who loved us.
- Ro 8:37

—————— 오늘의 묵상 ——————

독일에서 한 중년의 성도가 대학병원의 수술실에서 혀의 암 때문에 혀를 절단하는 수술을 받게 되었습니다. 마취 주사를 손에 든 의사가 잠시 머뭇거리며 "마지막 남길 말씀은 없습니까?"라고 했습니다. 글로 쓸 수는 있겠지만 혀를 사용하는 언어는 이것이 마지막입니다. 간호사, 조수, 견습 의사들… 둘러선 사람들의 표정과 분위기는 심각했고 잠시 침묵과 긴장의 시간이 흐르고 있었습니다.

저마다 만일 나라면, 만일 내가 한마디 언어만 남아 있다면 누구의 이름을 부를 것인가 생각해 봅니다. 드디어 입이 움직거리고 두 줄기 눈물이 흐르더니 "주 예수여, 감사합니다."라고 세 번 되풀이했습니다.

이것이 사랑하는 사람끼리만 아는 비밀인 것입니다.

03/22

> 믿음은 바라는 것들의 실상이요 보이지 않는 것들의 증거니
> 선진들이 이로써 증거를 얻었느니라 _히 11:1-2
>
> Now faith is being sure of what we hope for and certain of what we do not see.
> This is what the ancients were commended for.
> - Heb 11:1-2

---- 오늘의 묵상 ----

더운 여름날 어느 농부가 호두나무 아래서 땀을 식히고 있었습니다. 그러다가 이 농부는 '하나님도 무심하시다. 어찌하여 튼튼한 나무에는 쥐방울만 한 호두가 열리게 하시고, 저 연약한 덩굴에는 커다란 호박이 열리게 하셨는고. 참 불공평하시구나.'라고 생각하다 그만 깜빡 잠이 들었습니다.

그런데 갑자기 '딱!' 하는 소리와 함께 이마에 불이 번쩍하여 눈을 떴습니다. 호두가 머리에 떨어진 것입니다. 잠에서 깬 농부는 옆에 있는 호박을 쳐다보며 만약 저 호박이 이 튼튼한 나무에 달렸다가 머리에 떨어졌으면 어땠을까 생각하니 아찔했습니다. 그래서 농부는 하나님께 감사했답니다.

분을 내어도 죄를 짓지 말며 해가 지도록 분을 품지 말고 마귀에게 틈을 주지 말라 _엡 4:26-27

In your anger do not sin": Do not let the sun go down while you are still angry,
and do not give the devil a foothold.
- Eph 4:26-27

10/10

—— 오늘의 묵상 ——

어느 날 한 목사님이 분노에 대해서 설교했습니다. 예배가 끝나자 한 부인이 목사님께 다가갔습니다. 그 부인은 자기가 성질이 너무 급해서 고민이라며 목사님에게 자기 문제를 고백했습니다.

"목사님, 저는 작은 일에 가끔 폭발하지만, 그러고 나서는 뒤가 없습니다. 금방 풀어버립니다. 마음에 두고 꿍하고 있지는 않지요. 1분도 안 걸려 그 사람하고 그 자리에서 다 툭툭 털어 버립니다."

그러자 목사님께서 그 부인의 눈을 들여다보면서 정중히 말했습니다.

"엽총도 그렇습니다. 한 방이면 끝나지요. 그러나 한 방만 쏘아도 그 결과는 엄청납니다. 다 박살 나지요."

03 — 23

너희는 세상의 소금이니 소금이 만일 그 맛을 잃으면
무엇으로 짜게 하리요 후에는 아무 쓸 데 없어
다만 밖에 버려져 사람에게 밟힐 뿐이니라 _마 5:13

You are the salt of the earth. But if the salt loses its saltiness, how can it be made salty again?
It is no longer good for anything, except to be thrown out and trampled by men.
- Mt 5:13

---- 오늘의 묵상 ----

시골에서는 잔칫날에 돼지를 잡았습니다. 그런데 돼지를 잡는 데는 그만한 이유가 있습니다. 주인이 소를 잡으려고 하니 소가 하는 말이 "주인님, 내가 죽으면 밭농사는 누가 합니까?" 하고, 개에게로 갔더니 개가 하는 말이 "주인님, 내가 죽으면 집은 누가 지킵니까?" 하였습니다. 그래서 주인은 고양이에게로 갔습니다. 그랬더니 고양이도 "주인님, 내가 죽으면 쥐는 누가 잡지요?" 하고 말하였습니다. 그 말도 그럴듯해서 주인은 돼지에게로 갔습니다. 돼지는 말도 없이 잠만 자고 있었습니다.
결국 주인은 잔치를 위해서 사명 없는 돼지를 잡습니다.

그러므로 우리는 긍휼하심을 받고 때를 따라 돕는 은혜를 얻기 위하여 은혜의 보좌 앞에 담대히 나아갈 것이니라 _히 4:16

Let us then approach the throne of grace with confidence, so that we may receive mercy and find grace to help us in our time of need.
- Heb 4:16

10/09

—— 오늘의 묵상 ——

『천로역정』을 쓴 존 번연은 어느 날 우연히 할머니 몇 사람이 양지에서 햇볕을 쬐며 이야기하는 것을 듣게 되었습니다.

할머니들은 기쁨이 가득 찬 얼굴로 하나님께서 자기에게 얼마나 은혜를 베풀어주셨는지 이야기하고 있었습니다.

존 번연은 그 순간 가슴이 뜨거워져 그 자리에 엎드려 기도했으며 새사람이 되는 확실한 경험을 하였다고 합니다. 그의 위대한 신앙의 문학은 바로 그 기쁨에서부터 비롯되었다고 할 수 있습니다.

우리가 하나님의 은혜를 알고 그 기쁨 가운데 있을 때 하나님의 위대한 도구가 될 것입니다.

03—24

여호와께서 너를 지켜 모든 환난을 면하게 하시며
또 네 영혼을 지키시리로다
여호와께서 너의 출입을 지금부터 영원까지 지키시리로다

_시 121:7-8

The LORD will keep you from all harm-- he will watch over your life;
the LORD will watch over your coming and going both now and forevermore.
- Ps 121:7-8

—— 오늘의 묵상 ——

한 소년이 예수님의 모습을 정성껏 그렸습니다. 어머니가 "야! 우리 아들, 정말 잘 그렸는데! 그런데 왜 예수님의 손을 그렇게 길게 그렸니?" 하고 묻자, 그 소년은 이렇게 대답했습니다.
"엄마는 그것도 모르세요? 그것은요, 예수님의 손은 세상의 구석구석까지 미칠 만큼 길고요, 또 제가 풍선을 잡아끌 듯이 우리를 이끌기에 충분할 만큼 강하거든요."

10 — 08

오직 그만이 나의 반석이시요 나의 구원이시요 나의 요새이시니 내가 흔들리지 아니하리로다 나의 구원과 영광이 하나님께 있음이여 내 힘의 반석과 피난처도 하나님께 있도다 _시 62:6-7

He alone is my rock and my salvation; he is my fortress, I will not be shaken. My salvation and my honor depend on God ; he is my mighty rock, my refuge.
- Ps 62:6-7

―――― 오늘의 묵상 ――――

'수재'로 불린 한 영국 대학생이 있었습니다. 그는 명석한 두뇌로 주위로부터 부러움을 한 몸에 받았습니다.

청년은 철저한 무신론자였습니다. 어느 날 그는 사고를 당해 두 눈을 잃고 말았습니다. 청년은 절망 속에서 울부짖었습니다. 통한의 눈물을 흘리던 중에 문득 떠오르는 얼굴이 있었습니다. 실명하기 전 거리에서 만났던 맹인들이었습니다.

그는 "저 사람들을 위한 일이 무엇일까?"를 생각하다가 맹인들을 위한 점자 연구를 시작해 '문 타이프(Moon Type)'를 개발했습니다.

이 사람이 바로 시각 장애인들을 위한 점자 성경을 편찬한 윌리엄 문입니다. 한순간의 시련과 고통은 삶의 불순물을 제거하는 인생의 용광로가 됩니다.

그리하면 여호와 그가 네 앞에서 가시며 너와 함께 하사
너를 떠나지 아니하시며 버리지 아니하시리니 _신 31:8상

The LORD himself goes before you and will be with you; he will never leave you nor forsake you.
- Dt 31:8

---- 오늘의 묵상 ----

03

25

어느 날 한 초등학생이 어머니와 함께, 아버지를 위해 새벽기도를 하다가 귀한 체험을 하였습니다. 그 아이는 아버지의 일이 잘되게 해주실 것을 약속해 달라며 하나님께 간절히 기도하였습니다.

"하나님, 약속해 주세요, 하나님, 꼭 이루게 하시겠다고 약속해 주세요."

그 순간 아이의 눈앞에 커다란 손이 나타났습니다. 그것은 하나님의 손이었습니다. 아이는 앞에 보이는 하나님의 손에 새끼손가락을 걸고 약속을 받아냈습니다.

하나님의 손은 능력의 손입니다. 그 손으로 천지를 창조하셨습니다. 그 손으로 우리를 보호해주십니다. 우리가 어려울 때 손잡아주십니다. 하나님의 손은 그를 찾는 모든 사람에게 선을 베푸십니다. 세상이 아무리 어려워도 하나님의 손을 잡고 나아가 승리하는 삶을 삽시다.

10—07

여호와가 너를 항상 인도하여 메마른 곳에서도 네 영혼을 만족하게 하며 네 뼈를 견고하게 하리니 너는 물 댄 동산 같겠고 물이 끊어지지 아니하는 샘 같을 것이라 _사 58:11

The LORD will guide you always; he will satisfy your needs in a sun-scorched land and will strengthen your frame. You will be like a well-watered garden, like a spring whose waters never fail.
- Isa 58:11

오늘의 묵상

빌리 그래함 목사님과 복음전도사역을 함께 했던 김 윅스라는 성악가가 있습니다. 이 여자분은 6.25 전쟁 때 실명하였고 고아원에서 자랐습니다. 하나님의 은혜로 미국으로 건너가 미국과 오스트리아에서 성악을 전공하였습니다. 그녀는 이런 간증을 하였습니다.

"사람들이 나를 인도할 때 백미터 앞에 무엇이 있다고 말하지 않습니다. 단지 바로 앞에 물이 있으니 건너뛰라고 하고, 층계가 있으니 발을 올려놓으라고 말합니다. 이렇게 한 걸음, 한 걸음씩 걸음을 옮기다 보면 목적지에 도착합니다. 나는 하나님의 인도하심도 이와 같다고 생각합니다."

우리를 인도하시는 하나님께 순종하여 오늘을 살면, 하나님은 우리의 내일도 인도하십니다.

오직 위로부터 난 지혜는 첫째 성결하고 다음에 화평하고 관용하고 양순하며 긍휼과 선한 열매가 가득하고 편견과 거짓이 없나니 _약 3:17

But the wisdom that comes from heaven is first of all pure; then peace-loving, considerate, submissive, full of mercy and good fruit, impartial and sincere. - Jas 3:17

03
26

------ 오늘의 묵상 ------

한 젊은이가 조그마한 회사에 다니고 있었는데, 쥐꼬리만 한 봉급을 받아 늘 아내에게 미안한 생각을 가졌습니다. 그러던 어느 날 사장에게 봉급에 대해 항의하기로 마음먹고 아내에게 그 사실을 알린 후 출근했습니다. 그러나 회사 일이 무척 바빠 말도 못 하고 맥없이 돌아왔습니다. 그런데 아내의 서랍 속에서 두 장의 카드를 발견하였습니다. 한쪽 카드에는 "여보, 봉급 인상을 축하해요."라고 적혀 있었고, 다른 쪽 카드에는 "봉급 인상은 안 되었지만 난 당신의 능력을 믿어요."라고 적혀 있었습니다.

젊은 남편은 카드를 읽는 순간, 큰 감동을 받았습니다. 그 젊은이는 순경과 역경을 지혜롭게 대처하는 아내의 지혜와 큰 격려로 그 회사에서 가장 유능한 사원이 되었습니다.

어느 누가 믿음의 길에서 낭패할 때에 그를 향해 비판자가 되지 말고 격려자가 되어 봅시다. 격려의 말 한마디가 그 사람의 성공과 실패를 좌우한다는 사실을 늘 명심합시다.

고운 것도 거짓되고 아름다운 것도 헛되나 오직 여호와를 경외하는 여자는 칭찬을 받을 것이라 그 손의 열매가 그에게로 돌아갈 것이요 그 행한 일로 말미암아 성문에서 칭찬을 받으리라 _잠 31:30-31

Charm is deceptive, and beauty is fleeting; but a woman who fears the LORD is to be praised. Give her the reward she has earned, and let her works bring herpraise at the city gate.
- Pr 31:30-31

10
06

오늘의 묵상

1517년 '95개 조항의 항의문'을 부착하면서 종교개혁을 시작한 마틴 루터는 강력한 도전과 위협을 받고서 수심에 잠겨 고민했던 일이 있었습니다. 실망에 빠져 있는 루터를 본 그의 아내는 아무 말 없이 검은 상복을 입고 루터 앞에 나타났습니다.

루터는 "누가 죽었기에 상복을 입었소?" 하고 아내에게 물었습니다. 그러자 아내 카타리나는 "하나님이 죽지 않고서야 당신이 그렇게 실망할 리가 없지 않아요?"라고 했습니다.

이렇게 상징적인 행동으로 루터의 아내는 남편의 영적 시련을 격려했습니다.

03–27

우리가 소망으로 구원을 얻었으매 보이는 소망이 소망이 아니니 보는 것을 누가 바라리요 만일 우리가 보지 못하는 것을 바라면 참음으로 기다릴지니라 _롬 8:24-25

For in this hope we were saved. But hope that is seen is no hope at all. Who hopes for what he already has? But if we hope for what we do not yet have, we wait for it patiently. - Ro 8:24-25

오늘의 묵상

결핵 3기에 접어들어 죽을 날만 기다리던 한 청년이 있었습니다. 하루는 그가 실의에 빠져 누워 있는데 나비 한 마리가 우연히 방안으로 날아 들어왔습니다. 이 나비는 밖으로 나가려고 사방을 날아다니면서 이리 부딪히고 저리 부딪혔습니다. 죽지 않고 살겠다는 몸부림이었습니다. 이 장면을 물끄러미 바라보던 청년은 불쌍한 생각이 들어 그 나비를 내보내 주려고 잡으려 하자, 그 나비는 기겁하고 도망쳐 버렸습니다. 바로 그때 젊은이의 머릿속을 스치고 지나가는 것이 있었습니다.

'미물인 저 나비도 삶의 의지를 가지고 저렇게 살려고 최선을 다하는데, 영생을 믿는다는 내가 어찌 이럴 수 있단 말인가?' 그 순간 그는 소망을 가지게 되었으며, 그 후 하나님의 능력을 체험하고 결핵을 극복하여 건강한 몸으로 새로운 인생을 살게 되었습니다.

만일 누가 말하려면 하나님의 말씀을 하는 것 같이 하고
누가 봉사하려면 하나님이 공급하시는 힘으로 하는 것 같이 하라 _벧전 4:11

If anyone speaks, he should do it as one speaking the very words of God.
If anyone serves, he should do it with the strength God provides. - 1 Pe 4:11

10/05

―――― 오늘의 묵상 ――――

4년간의 남북전쟁이 북군의 승리로 끝나고, 링컨 대통령과 스토 부인이 만났습니다. 한 사람은 노예해방을 위해 싸웠고, 다른 한 사람은 '톰 아저씨의 오두막'이라는 작품을 통해 인간 평등을 주장했습니다.
"선생님이 정말 스토 부인입니까? 위대한 소설을 쓴 부인의 용모는 강인할 줄 알았습니다."
스토 부인은 잔잔한 미소를 지으며 말했습니다.
"사실은 그 소설을 쓴 사람은 제가 아니었습니다. 노예제도를 보고 노여워하신 하나님이 쓰신 것입니다. 저는 단지 그분의 도구였을 뿐이지요. 각하의 모습도 제가 상상한 것과는 너무 다릅니다. 의외로 인자한 표정이군요."
"저도 작은 도구였을 뿐입니다."
겸손한 지도자가 역사를 창조합니다.

너희가 내 말에 거하면 참으로 내 제자가 되고 진리를 알지니
진리가 너희를 자유롭게 하리라 _요 8:31-32

To the Jews who had believed him, Jesus said, "If you hold to my teaching, you are really my disciples.
Then you will know the truth, and the truth will set you free."
- Jn 8:31-32

03
—
28

—————— 오늘의 묵상 ——————

장기수 한 분을 만났습니다. 그분의 나이 칠십이었는데, 40년 동안 감옥에서 지냈습니다. 그는 전향에 대해 많은 권고를 받았습니다. 그러나 그는 전향하지 않았습니다. 그는 40년 동안 0.75평의 감옥에서 살았습니다. 옥살이를 한 이유는 오직 한 가지, "자신이 가지고 있는 사상과 삶이 옳았다는 양심을 지키기 위해서"라고 힘주어 말했습니다. 그는 양심 하나를 지키기 위해 40년의 세월을 감옥에서 지냈습니다. 그리고 기독교 신자가 되었습니다.
예수님이야말로 하나님 앞에서 가장 양심적인 분이었다고 그는 힘주어 말했습니다. 나의 가슴은 선한 감동으로 저렸고, 눈물이 났습니다.

사망아 너의 승리가 어디 있느냐 사망아 네가 쏘는 것이 어디 있느냐 사망이 쏘는 것은 죄요 죄의 권능은 율법이라 _고전 15:55-56

"Where, O death, is your victory? Where, O death, is your sting?"
The sting of death is sin, and the power of sin is the law.
- 1 Co 15:55-56

10_04

오늘의 묵상

노년기의 '노벨'은 어느 날 신문을 펼쳐 들고 깜짝 놀랐습니다. 조간신문의 1면에 '알프레드 노벨이 사망하다'라고 쓴 큰 기사가 나와 있었습니다. 게다가 기사의 내용인즉슨 '죽음의 사업가, 파괴의 발명가, 다이너마이트의 왕이 죽다'라고 기록되어 있었던 것입니다. 물론 그 보도는 프랑스의 한 기자가 동명이인의 죽음을 잘못 알고 보도한 것이었습니다.

그러나 노벨은 큰 충격을 받았습니다. 자기가 세상을 떠나고 나면 사람들이 자신을 어떻게 평가할 것인가를 알았기 때문입니다. 그는 '죽음의 사업가, 파괴의 발명가'로 자신의 일생을 끝내고 싶지 않았습니다.

결국 그는 자신의 거대한 재산을 바쳐 '평화와 번영을 목적으로 하는 노벨상'을 마련하였습니다.

내가 아버지께 구하겠으니 그가 또 다른 보혜사를 너희에게 주사 영원토록 너희와 함께 있게 하리니 _요 14:16

And I will ask the Father, and he will give you another Counselor to be with you forever.
- Jn 14:16

03
29

오늘의 묵상

일본 아동문학가 고베의 작품 중에 「너의 둥지는 너무 낮았어」라는 글이 있습니다. 고베 씨는 정원의 새들이 너무 낮은 나뭇가지에 둥지를 만드는 것을 보고 새들이 다른 동물의 습격을 받을 것을 걱정했는데, 실제로 도둑고양이 한 마리가 새 둥지를 습격해 새들을 다 잡아먹어 버렸다는 것입니다. 그래서 그는 낮은 둥지로 인한 비극을 안타까워하는 마음으로 이 작품을 쓰게 되었다고 합니다.

사람들은 돈이나 권력 등 낮은 것에 관심을 두고, 거기에서 어떤 힘을 얻으려고 합니다. 그러나 성경은, 사람이 이런 물질이나 권력의 힘으로 살아가는 존재가 아니라고 말합니다. 하나님의 사람은 오직 높은 차원의 신령한 것에 관심을 두고 성령의 능력에 힘입어 살아야 한다고 말합니다. 성령의 능력은 사랑과 평안이 합력해서 선을 이루게 합니다.

10 — 03

내가 진실로 진실로 너희에게 이르노니
한 알의 밀이 땅에 떨어져 죽지 아니하면 한 알 그대로 있고
죽으면 많은 열매를 맺느니라 _요 12:24

I tell you the truth, unless a kernel of wheat falls to the ground and dies, it remains only a single seed.
But if it dies, it produces many seeds. - Jn 12:24

―― 오늘의 묵상 ――

영국의 청교도인들은 신앙의 자유를 찾아 네덜란드로 갔다가 그곳에서 신앙의 자유를 찾지 못하자 아메리카 대륙을 향하여 출발하였습니다. 이들은 67일 동안 항해하는 대서양 바다 위에서도 주일을 성수했습니다. 그리고 이들이 아메리카 대륙에 도착하자마자 제일 먼저 한 일은 땅에 입을 맞추며 '나의 하나님, 나의 하나님'하고 찬양을 드린 일이었습니다. 이들은 먼저 교회를 세웠고, 그다음에는 학교를 세웠고, 그다음에는 공회당을 지었습니다. 바다 가운데서도 닻을 내리고 주일을 지키는 신앙이 청교도의 신앙이요, 오늘의 미국의 번영을 가져온 것입니다.

365일
날마다
예수님과 함께

03 — 30

또한 모든 것을 해로 여김은 내 주 그리스도 예수를 아는 지식이 가장 고상하기 때문이라 내가 그를 위하여 모든 것을 잃어버리고 배설물로 여김은 그리스도를 얻고 _빌 3:8

What is more, I consider everything a loss compared to the surpassing greatness of knowing Christ Jesus my Lord, for whose sake I have lost all things. I consider them rubbish, that I may gain Christ - Php 3:8

―― 오늘의 묵상 ――

1997년에 있었던 세기의 권투 시합, 타이슨과 홀리필드의 경기를 기억하실 것입니다. 권투 시합을 하다가 도무지 정상적으로 싸워서는 이길 수 없다고 생각한 타이슨이 자신을 통제하지 못하고 홀리필드의 귀를 물어뜯은 일 말입니다.

이 기사를 보면서 '황금알을 낳는 거위'라는 동화가 생각났습니다. 우리는 타이슨 혹은 황금 거위의 주인처럼 내가 지금 무엇을 가지고 있는지, 또 지금 내가 어떤 모습을 하고 있는지에 지대한 관심을 가지지만 중요한 것은 거기에 있지 않습니다.

주님의 제자란 지금 위대하고 학식이 많고 무엇인가를 가지고 있는 사람이 아닙니다.

10/02

악인은 그의 길을, 불의한 자는 그의 생각을 버리고 여호와께로 돌아오라 그리하면 그가 긍휼히 여기시리라 우리 하나님께로 돌아오라 그가 너그럽게 용서하시리라 _사 55:7

Let the wicked forsake his way and the evil man his thoughts. Let him turn to the LORD, and he will have mercy on him, and to our God, for he will freely pardon. - Isa 55:7

—— 오늘의 묵상 ——

한적하고 평화로운 마을에 술집이 들어섰습니다. 마을이 시끄러워지고 타락할 것이 뻔했기 때문에 그 동네 교인들은 철야기도를 했습니다. 극성스러운 사람들은 "하나님, 이 술집을 불태워 주십시오"라고 기도했습니다.

그런데 얼마 후 정말 벼락이 쳐서 술집이 불타버리고 말았습니다. 술집 주인은 교회를 고소했고 법정에서 기도 때문에 술집이 불탔다고 손해 배상을 요구했습니다. 그런데 교인들은 기도 때문에 불탔다고 하는 것은 말도 안 된다고 맞섰습니다. 한참 양쪽의 이야기를 듣던 재판장이 말했습니다.

"분명한 것은 술집 주인은 기도의 능력을 믿고 있고, 교인들은 믿지 않고 있다는 것입니다. 술집 주인의 믿음이 교인들의 믿음보다 훌륭합니다."

03-31

내가 주는 물을 마시는 자는 영원히 목마르지 아니하리니
내가 주는 물은 그 속에서 영생하도록 솟아나는 샘물이 되리라 _요 4:14

But whoever drinks the water I give him will never thirst.
Indeed, the water I give him will become in him a spring of water welling up to eternal life.
- Jn 4:14

―――― 오늘의 묵상 ――――

세계를 정복했던 알렉산더 대왕은 세계를 정복한 그날 밤 막사에서 한없이 울었다고 합니다. 이제 더는 정복할 땅이 없다는 이유에서였다고 합니다.

인간은 끝없는 욕망 속에서 살아가는 존재인가 봅니다. 마셔도 마셔도 자꾸 목이 마릅니다. 마실수록 더욱더 갈증에 시달립니다. 죄로 말미암아 에덴동산에서 추방당한 인간은 목표와 존재의 가치를 상실하고 절망하고 슬퍼하는 중에 늘 무언가를 목말라 하는 인간인가 봅니다.

10/01

오직 부르심을 받은 자들에게는 유대인이나 헬라인이나 그리스도는 하나님의 능력이요 하나님의 지혜니라 _고전 1:24

But to those whom God has called, both Jews and Greeks, Christ the power of God and the wisdom of God.
- 1 Co 1:24

오늘의 묵상

제시는 그의 영웅 찰리 패독의 "꿈을 갖고 하나님께 기도하라"는 말에 감동받고 그의 스포츠 코치를 찾아갔습니다.

"코치님, 나는 꿈을 가졌어요."

스포츠 코치는 바짝 여윈 어린 흑인 소년 제시를 내려다보며 말했습니다.

"제시야, 꿈을 가지는 것은 훌륭하지만 그것을 이루기 위해 너는 꿈에다 사닥다리를 놓아야 해. 사닥다리의 첫 번째 단은 인내이며, 두 번째 단은 헌신이고, 세 번째 단은 훈련이며, 네 번째 단은 태도란다."

그 후 제시는 마침내 100m와 200m 경주에서 가장 빠른 사람이 되었으며 올림픽 경기에서 네 개의 금메달을 땄고, 그의 이름은 '미국 체육의 명예의 전당'에 새겨지게 되었습니다.

가장 귀한 선물

어느 선생님이 자기가 가장 아끼는 귀한 시계를 아이들에게 주고 싶었습니다.
제일 키가 큰 아이에게 먼저 시계를 꺼내 보이며 말했습니다.
"네가 이것을 갖고 싶으면 내가 주겠다."
그러자 이 어린이는 선생님이 농담한다고 생각했는지 생글생글 웃기만 했습니다.
선생님은 다음 어린이에게도 똑같이 말했습니다.
그 아이도 손을 내밀면 남들의 웃음거리가 될 것 같아 웃기만 했습니다.
선생님은 제일 키가 작은 아이에게도 그렇게 말했습니다.
그러자 그 어린이는 얼른 그 시계를 받아 제 주머니에 넣으면서 꾸벅 인사를 했습니다.
선생님은 말했습니다.

"참 고맙다. 네가 내 말을 믿어 주었구나.
이제 그 시계는 네 것이니 잘 보관하여라. 태엽 감는 것 잊지 말고…"
그제야 두 아이는 "정말 주는 거예요? 그럴 줄 알았으면 내가 가졌을 것을…"이라며 후회했습니다.
하나님은 가장 값진 선물을 우리에게 주셨습니다.
당신 자신을 주셨습니다.
우리는 받을 자격 없지만 값없이 받기만 하면 됩니다.
롯의 사위는 하나님의 말씀을 농담으로 여겼고 에서는 장자의 축복을 팥죽 한 그릇에 팔았습니다.
뒤늦게 후회해도 소용없습니다.
귀한 선물을 잘 보관하고 그것을 잃어버리지 않도록 해야 합니다.

-보루

가을이 오면

용혜원

가을이 오면
가을빛 사랑을 하고 싶습니다

가을비에 젖어
가을색으로 물든
가을사랑을 하고 싶습니다

사랑한다는 말은 없었어도
좋아한 사람
좋아한다는 말은 없었어도
사랑한 사람

그리움은
그리움일 때
더욱 아름답습니다

가을이 오면
내마음은
진실을 말하고 싶어집니다

가을이 오면
가을빛 사랑을 하고 싶어집니다

04 — 01

믿음의 주요 또 온전하게 하시는 이인 예수를 바라보자
그는 그 앞에 있는 기쁨을 위하여 십자가를 참으사 부끄러움을 개의치 아니하시더니 하나님 보좌 우편에 앉으셨느니라 _히 12:2

Let us fix our eyes on Jesus, the author and perfecter of our faith, who for the joy set before him endured the cross, scorning its shame, and sat down at the right hand of the throne of God.
- Heb 12:2

오늘의 묵상

독일의 작가 한스카로사는 "인생은 만남에서 시작된다."고 말했습니다. 진정으로 인생은 만남을 통해 그 운명이 결정되는 것 같습니다. 만남의 연속 속에서 인생을 살아가는 것 같습니다.
태어날 때부터 숨질 때까지 인생은 줄기차게 만남을 계속합니다. 인간은 사회적 존재이기에 만남이란 회피할 수 없는 하나의 숙명입니다.
하나님은 오늘도 우리 삶 속에서 우리를 사랑으로 만나기를 원하십니다.

내게 능력 주시는 자 안에서 내가 모든 것을 할 수 있느니라 _빌 4:13

I can do everything through him who gives me strength. - Php 4:13

09
30

—— 오늘의 묵상 ——

『 활력을 되찾는 5가지 방법 』

1. 깨끗한 양심을 가지라!
죄책감은 언제나 감정적인 에너지를 약화시킵니다. 대책은 간단합니다. 하나님께 돌아와 용서를 구하십시오.

2. 새로운 관점으로 보라!
다른 관점으로 당신의 일을 보려고 노력하십시오. 당신이 주변 환경을 항상 통제할 수는 없지만, 어떤 관점으로 그것을 바라보고 어떻게 반응할 것인지는 통제할 수 있습니다.

3. 도전적인 목표를 가지라!
새로운 꿈을 발견하십시오. 그러면 많은 에너지를 얻게 될 것입니다.

4. 힘이 되어 주는 팀을 구성해 일하라!
에너지가 넘치는 사람, 만나면 격려가 되는 사람들과 함께 모이십시오.

5. 하나님의 능력을 의지하라!
영적으로 재충전할 수 있는 좋은 교회를 찾으십시오.

04 — 02

그의 성호를 자랑하라 여호와를 구하는 자마다 마음이 즐거울지로다 여호와와 그의 능력을 구할지어다 항상 그의 얼굴을 찾을지어다 _대상 16:10-11

Glory in his holy name; let the hearts of those who seek the LORD rejoice.
Look to the LORD and his strength; seek his face always.
- 1 Ch 16:10-11

―――― 오늘의 묵상 ――――

독수리는 바람을 타게 될 때 더욱 높이 비상합니다. 독수리에게 바람은 방해 요소가 아닌 비상할 수 있는 힘입니다. 그래서 독수리는 날짐승의 왕으로 일컬어집니다.

우리가 사는 세상의 어려움을 가리켜 '풍파'라고 하지만 독수리와 같은 힘과 지혜가 있다면 문제 될 것이 없습니다.

하나님의 은혜를 잊지 않고 찬양하며 사는 삶이 바로 이런 삶을 누리게 되는 비결입니다.

09 / 29

소망의 하나님이 모든 기쁨과 평강을 믿음 안에서 너희에게 충만하게 하사 성령의 능력으로 소망이 넘치게 하시기를 원하노라 _롬 15:13

May the God of hope fill you with all joy and peace as you trust in him,
so that you may overflow with hope by the power of the Holy Spirit.
- Ro 15:13

―――― 오늘의 묵상 ――――

비교의식은 언제나 사람을 불행하게 만듭니다. 사역에서도 마찬가지입니다. 진정한 자존심이 회복되어야 합니다. 밟히는 것이 사람인 도심에서 수천 명이 모이는 목회를 하는 것이나 산간 오지에서 50여 명을 이끌고 목회하는 것이나 다를 것이 뭐가 있습니까? 오히려 오지의 목회가 더 힘들고 고된 사역이 아니겠습니까? 주님 앞에서 어떤 사역이 더 크게 칭찬 들을지는 아무도 모를 일입니다. 우리는 '성공'을 위해서 부르심을 입은 것이 아니라 '충성'을 위해서 부르심을 입은 종들입니다. 이것이 사역의 기초이자 출발이 되어야 합니다.

- 전병욱 『기적이 상식이 되는 교회』 규장출판사

04 / 03

> 내 이름을 경외하는 너희에게는 공의로운 해가 떠올라서 치료하는 광선을 비추리니 너희가 나가서 외양간에서 나온 송아지 같이 뛰리라 _말 4:2

But for you who revere my name, the sun of righteousness will rise with healing in its wings. And you will go out and leap like calves released from the stall. - Mal 4:2

―――― 오늘의 묵상 ――――

아침 출근길에 쓰러져 혼수상태로 병원 응급실에 실려 온 60세가 넘는 할머니가 있었습니다. 의사들의 응급처치가 있고 난 후 얼마 지나서 의식이 겨우 돌아온 할머니는 원목을 찾았습니다. 겨우 말하게 된 그와 이야기를 나누면서 알게 된 것은 자식이나 남편의 돌봄 없이 혼자 지내고 있으며, 현재 어느 회사의 비서 일을 한다는 것이었습니다. 또 교회를 다니다가 그만둔 지 여러 해가 되었다고 했습니다. 자신의 상태에 대해 몹시 불안해하며 절망하고 있는 그 할머니와 이야기를 나누다가 성경을 읽어주고 싶다고 했습니다.

천천히 시편 23편을 읽자 그의 눈에 눈물이 흐르며 더듬더듬 시편을 따라 읽는 것이었습니다. 그러는 동안 그의 얼굴은 그야말로 '해처럼' 환하게 변했습니다. 다 읽고 나자, 그 할머니는 내 손을 꼭 잡으며 "잊고 지냈던 목자를 다시 만나게 해 주어 고맙다."고 했습니다. 얼마 안 있어 그 할머니는 밝은 모습으로 건강을 회복하였습니다.

09—28

여호와의 법도 진실하여 다 의로우니
금 곧 많은 순금보다 더 사모할 것이며 꿀과 송이꿀보다 더 달도다

_시 19:9하-10

The ordinances of the LORD are sure and altogether righteous.
They are more precious than gold, than much pure gold;
they are sweeter than honey, than honey from the comb.
- Ps 19:9-10

―― 오늘의 묵상 ――

1971년 7월 아폴로 15호를 타고 달에 갔다 온 우주비행사 제임스 어윈은 이런 말을 했습니다.
"미국 공군사관학교 솔개상에는 '한 인간의 생애에 걸친 비행은 그의 지식의 힘에 의존한다'는 글이 있는데 나는 달에 가서야 그 말의 의미를 실감하게 되었다. '그의 지식'이란 예수 그리스도를 아는 지식이며 이 지식이야말로 인생을 지탱하는 힘이다. 나는 하나님께서 살아계신다는 것을 지구에 있을 때보다 달에서 훨씬 더 강하게 깨달을 수 있었다."
이러한 지식이 삶을 이끌어가고 지탱하여 주는 힘이 되어야 합니다.

평안을 너희에게 끼치노니 곧 나의 평안을 너희에게 주노라
내가 너희에게 주는 것은 세상이 주는 것과 같지 아니하니라
너희는 마음에 근심하지도 말고 두려워하지도 말라 _요 14:27

Peace I leave with you; my peace I give you. I do not give to you as the world gives.
Do not let your hearts be troubled and do not be afraid.
- Jn 14:27

04 — 04

―――― 오늘의 묵상 ――――

예수님은 "오른뺨을 때리거든 왼편도 돌려대어라. 너를 고소하여 네 속옷을 가지려는 사람에게 네 겉옷까지도 내어주어라. 누가 너더러 억지로 오 리를 가자고 하거든 십 리를 가주라."고 하십니다.

보복의 법이 아닌 사랑의 법, 평화의 법을 따라 살라고 하십니다. 보복의 법을 따라 사는 것은 그리스도인의 삶이 아닙니다. 그리스도인은 평화를 지키며 사는 이들입니다.

09/27

우리가 이것을 말하거니와 사람의 지혜가 가르친 말로 아니하고 오직 성령께서 가르치신 것으로 하니 영적인 일은 영적인 것으로 분별하느니라 _고전 2:13

This is what we speak, not in words taught us by human wisdom but in words taught by the Spirit, expressing spiritual truths in spiritual words. - 1 Co 2:13

오늘의 묵상

정신병원에서 환자가 정말 퇴원할 만큼 좋아졌는지를 테스트하는 방법을 어떤 의사가 개발했습니다.

그 방에는 수도가 있습니다. 미리 수돗물이 조금씩 흐르게 수도꼭지가 풀려 있고 넘친 물이 바닥에 고여 있습니다. 의사는 환자에게 걸레를 주고 물을 닦으라고 합니다. 생각이 정상적인 사람은 수돗물이 새고 있는 것 즉, 방바닥에 물이 고인 근원적인 문제를 알고 먼저 수도꼭지를 잠근 후 바닥의 물을 닦습니다. 퇴원해도 좋은 환자입니다.

그러나 어떤 환자는 수도꼭지는 내버려 두고 방바닥만 부지런히 닦습니다. 바쁘게 움직이지만 무엇이 중요하고 무엇이 정말 근본적으로 할 일인지를 분별하지 못하는 것입니다. 치료가 더 필요한 환자입니다.

04 — 05

고난 당한 것이 내게 유익이라 이로 말미암아
내가 주의 율례들을 배우게 되었나이다 _시 119:71

It was good for me to be afflicted so that I might learn your decrees.
- Ps 119:71

―――― 오늘의 묵상 ――――

정신과 전문의 에릭 린드맨 박사가 위기를 당했던 사람들을 대상으로 연구를 했습니다. 그 결과 85%의 사람들이 위기를 당함으로써 나쁜 습관을 고치고, 부부관계를 회복하고, 신앙생활을 하게 되고, 시간과 물질을 절약하게 되는 등 새로운 전기를 맞았다는 사실을 알아냈습니다.
인생을 아름답게, 그리고 성공적으로 살았던 사람들은 고난 없는 평탄한 삶을 살았던 사람들이 아닙니다. 오히려 남들보다 더 많은 위기와 온갖 어려움을 겪었지만, 결코 포기하지 않고 그 위기를 새로운 도약의 기회로 삼았던 지혜로운 사람들입니다.

09 — 26

> 여호와의 인자하심은 자기를 경외하는 자에게 영원부터 영원까지 이르며 그의 의는 자손의 자손에게 이르리니 _시 103:17
>
> But from everlasting to everlasting the LORD's love is with those who fear him, and his righteousness with their children's children. - Ps 103:17

---- 오늘의 묵상 ----

노벨 평화상을 수상한 테레사 수녀는 죽기까지 기아에 허덕이고 있는 에티오피아 난민을 구하기 위해서 70세의 노구를 이끌고 동분서주하였습니다. 다른 사람 같으면 이미 일선에서 은퇴하여 조용히 인생의 마지막을 장식할 나이에 말입니다.

무엇이 그로 하여금 그와 같은 일을 할 수 있게 밀어주고 끌어주는 힘으로 작용하였을까요? 테레사 수녀는 우리 기독교의 위대한 성자인 성 어거스틴의 고백록을 번역하면서 그의 책 서문에 다음과 같은 기도를 했다고 합니다.

"하나님, 저와 함께 계시옵소서, 주님 말씀이 아닌 것은 입으로 내뱉지 않게 하옵소서. 주님의 생각이 아닌 것은 머리에 담지 않게 하옵소서. 주님의 뜻이 아닌 것은 애당초 시작도 말게 하옵소서." 복 있는 사람은 그 마음 중심에서 늘 생명의 말씀이 흘러나온다.

순종이 제사보다 낫고 듣는 것이 숫양의 기름보다 나으니 - 삼상 15:22하

To obey is better than sacrifice, and to heed is better than the fat of rams. - 1 Sam 15:22

―――― 오늘의 묵상 ――――

뉴질랜드에 갔을 때 양을 본 적이 있습니다. 양털 깎는 것을 구경하였는데, 이때 양은 마른 바닥에 뒷다리를 앞으로 하여 엉덩이로 앉혀진 채, 양털 깎는 사람이 두 앞다리를 잡고 끌면 앉은 채로 끌리고, 고개를 옆으로 젖히면 옆으로 젖힌 채로, 뒤로 하면 뒤로 젖힌 채로, 앞다리를 위로 하면 위로 한 채로, 그 사람이 하는 대로 순하게 가만히 있는 것입니다.

이처럼 내가 양이 되면 하나님이 친히 목자가 되어 주십니다. 전능하신 하나님이 나의 목자 되실 때 모든 좋은 것으로 채워 주시니 부족함이 없을 뿐 아니라 죽음의 골짜기에서도 보호받고, 원수 앞에서는 나의 기쁨과 행복의 잔이 넘치는 잔칫상을 받습니다.

지혜 있는 자는 궁창의 빛과 같이 빛날 것이요 많은 사람을 옳은 데로 돌아오게 한 자는 별과 같이 영원토록 빛나리라 _단 12:3

Those who are wise will shine like the brightness of the heavens,
and those who lead many to righteousness, like the stars for ever and ever.
- Dan 12:3

09 — 25

---- 오늘의 묵상 ----

수년 전 한 절도범이 붙잡혀 감옥에 갇혔습니다. 수감되어 있는 동안 그는 예수를 믿고 기독교인이 되어 그의 생은 완전히 변화되었습니다. 몇 년 후 그가 감옥에서 풀려나오던 날 교도관 목사님이 다른 죄수가 보낸 편지 하나를 전해주었습니다.

"나는 이곳에 들어와서도 목사는 물론 성경까지도 미워했다. 당신이 예수 믿고 구원받았다는 말을 들었을 때 나는 속으로 이렇게 생각했다. '이 영리한 친구는 예수를 빙자해서 집행유예라도 받고 풀려나가려는 심산일 거야.' 그런데 나는 2년 동안 당신을 지켜보았습니다. 식당에서, 작업장에서 그리고 감방 안 한쪽 구석에서…. 당신은 정말 한결같은 사람이었습니다. 지금 내가 당신에게 알리고 싶은 건 당신을 지켜 보아왔기 때문에 내가 크리스천이 되었다는 사실입니다."

그러나 하나님께서 세상의 미련한 것들을 택하사 지혜 있는 자들을 부끄럽게 하려 하시고 세상의 약한 것들을 택하사 강한 것들을 부끄럽게 하려 하시며 _고전 1:27

But God chose the foolish things of the world to shame the wise;
God chose the weak things of the world to shame the strong. - 1 Co 1:27

04_07

오늘의 묵상

21세기는 자기 시대입니다. 개성 있게 자기 길을 가는 사람이 성공합니다. 과거에는 시대나 가문이나 부모덕을 보고 기관이나 집단의 힘으로 득세하던 시대였지만, 21세기는 철저히 스스로 만들어가는 개인의 시대입니다.

세계 10대 재벌에 드는 마이크로소프트사의 빌 게이츠는 가문이나 명문 학교나 그가 속한 회사로 성공한 것이 아닙니다. 개인의 뛰어난 두뇌와 노력으로 성공하였습니다. 21세기 정보 산업 시대는 개개인의 우수한 능력과 실력을 필요로 합니다.

신앙도 마찬가집니다. 분명한 자기 신앙을 가진 사람이 승리합니다. 남들이 뭐라 하든지 흔들리지 않는 자기 신앙이 필요합니다.

365일
날마다
예수님과 함께

두려워하지 말라 내가 너를 구속하였고
내가 너를 지명하여 불렀나니 너는 내 것이라 _사 43:1하

Fear not, for I have redeemed you;
I have summoned you by name; you are mine.
- Isa 43:1

09
24

—— 오늘의 묵상 ——

언젠가 리더스 다이제스트에 다음과 같은 이야기가 실렸습니다. 미국 뉴욕주에 사는 당수 사범인 하이디 오찌아이는 특이한 방법으로 자신의 집중력을 시범합니다. 지원자를 반듯이 뉘어놓고 그의 목 위에 사과를 하나 올려놓은 다음 오찌아이는 자신의 눈을 가리고 면도날처럼 예리한 장검을 높이 쳐듭니다. 그러다가 시속 80km나 되는 속도로 칼을 내리치고는 다시 같은 속도로 치켜올립니다. 목을 베지 않고 사과를 두 동강 내려면 사과의 아래쪽 껍질까지 칼로 잘라야 하지만 더 내려가선 안 됩니다.

오찌아이의 말입니다. "집중력 이상의 문제지요. 자신을 다스릴 줄 알아야 합니다. 내 마음을 다스리면 내 팔을 지배하게 되고 내 팔을 지배하면 내 칼도 지배할 수 있지요. 이것은 결코 곡마단이 부리는 속임수가 아닙니다. 내 제자들은 모두 나를 믿지요."

한 사람이면 패하겠거니와 두 사람이면 맞설 수 있나니
세 겹 줄은 쉽게 끊어지지 아니하느니라 _전 4:12

Though one may be overpowered, two can defend themselves.
A cord of three strands is not quickly broken.
- Ecc 4:12

04_08

―――― 오늘의 묵상 ――――

아간 한 사람의 탐욕 때문에 이스라엘 민족이 아이 성 싸움에서 졌습니다. 요나 한 사람의 불순종 때문에 배가 풍랑을 만나고 생명의 위기가 닥쳐왔습니다.

한 사람이 이처럼 중요합니다. '나 한 사람 정도야 빠져도 되겠지' 하는 이기적인 마음 때문에 교회와 국가에 위기가 옵니다. 한 사람 한 사람, 마음과 힘을 모아야 위기에서 벗어날 수 있습니다. 마음을 모으고, 기도를 모으고, 힘을 하나로 모으면 우리의 삶과 미래는 분명히 달라질 것입니다.

365일 날마다 예수님과 함께

09 — 23

비판을 받지 아니하려거든 비판하지 말라 너희가 비판하는 그 비판으로 너희가 비판을 받을 것이요 너희가 헤아리는 그 헤아림으로 너희가 헤아림을 받을 것이니라 _마 7:1-2

Do not judge, or you too will be judged. For in the same way you judge others, you will be judged, and with the measure you use, it will be measured to you. - Mt 7:1-2

―――― 오늘의 묵상 ――――

어느 날 예일대학의 총장이 어느 존경받는 단과 대학의 학장에게 이렇게 충고하였습니다.
"A와 B 학점을 받은 학생에게 항상 친절하게 대해야 합니다. 왜냐하면 언젠가 그들은 교수가 되어서 우리 대학에 다시 돌아오기 때문입니다. 그리고 C와 D 학점을 딴 학생들에게도 온정으로 대해야 합니다. 왜냐하면 그들은 언젠가 후배들을 위한 과학관을 지을 때 많은 돈을 헌납할 수 있기 때문입니다."
겉으로 보기에 뛰어난 사람만 필요한 것이 아닙니다. 사람은 언제, 어디서, 어떻게 필요할지 모르는 존재이기 때문입니다. 교회도 마찬가지입니다. 직분이 높은 사람, 큰 역할을 하고 있는 사람만이 하나님께 귀히 쓰임을 받는 자들이 아닙니다. 하나님께서는 사람들의 성격과 취향에 맞게 골고루 선택하셔서 알맞게 조절하시는 분입니다.

04–09

육신을 따르는 자는 육신의 일을, 영을 따르는 자는 영의 일을 생각하나니
육신의 생각은 사망이요 영의 생각은 생명과 평안이니라 _롬 8:5-6

Those who live according to the sinful nature have their minds set on what that nature desires;
but those who live in accordance with the Spirit have their minds set on what the Spirit desires.
The mind of sinful man is death, but the mind controlled by the Spirit is life and peace; - Ro 8:5-6

------ 오늘의 묵상 ------

영화 '타이타닉'은 새로운 기록들을 세웠습니다. 아카데미상 11개 부문 석권, 골든 글로브상 4개 부문 수상, 제작비 2억 8천만 달러짜리 실물 크기의 세트, 또 3,773m의 깊은 바다 밑에 두 동강 나서 가라앉아 있는 잔해 촬영 등 제작 기간이 7년이나 걸렸다고 합니다.

승객 1,500여 명과 승무원 700여 명이 승선할 수 있는 273m의 타이타닉호를 제작한 선박 회사 책임자는 "절대로 가라앉지 않는다."고 말했습니다. 그래서 구명보트도 정원의 절반밖에 준비하지 않았습니다. 그러나 바다 위의 육지 같은 46,728톤의 이 육중한 배는 항해한 지 불과 나흘 만에 빙산에 부딪혀 북대서양의 차가운 바닷속으로 가라앉고 말았습니다. 3시간 14분 동안 잠시도 눈을 떼지 못하게 만드는 이 영화의 교훈은 '인간 교만의 말로', 인간의 무모한 교만과 허상으로 가득 찬 탐욕을 고발하고 있습니다.

곧 우리가 원수 되었을 때에 그의 아들의 죽으심으로 말미암아
하나님과 화목하게 되었은즉 화목하게 된 자로서는
더욱 그의 살아나심으로 말미암아 구원을 받을 것이니라 _롬 5:10

For if, when we were God's enemies, we were reconciled to him through the death of his Son,
how much more, having been reconciled, shall we be saved through his life! - Ro 5:10

09-22

────── 오늘의 묵상 ──────

어느 날 아침 한 소년이 학교에 가기 위해 기찻길 옆으로 걸어가다가 지난밤 폭우로 인해 다리 위의 철로가 무너져 내린 것을 발견했습니다. 그런데 그때 멀리서 울리는 기차의 경적을 들었습니다. 당황한 소년은 기차를 멈추게 하기 위하여 자신의 하얀 셔츠를 벗어 기차를 향해 멈추라고 소리를 지르며 셔츠를 흔들었습니다. 그러나 불행하게도 기관사가 소년을 발견했을 때는 소년과 기차와의 간격이 너무 가까웠습니다. 기차가 비록 급정거는 했지만 소년은 이미 철길 위에 쓰러진 뒤였습니다. 놀라서 밖으로 나온 기관사와 기차 안에 탔던 2천여 명의 승객들은 끊어진 철로와 온몸이 피로 범벅이 된 쓰러진 소년의 모습을 보고 눈물을 감출 수 없었습니다. 그들은 그 자리에 소년의 동상을 세웠습니다.

우리가 영생을 얻을 수 있었던 기적은 주님의 십자가 보혈에 대한 대가요, 오천 명 이상이 배부를 수 있었던 것은 한 어린아이의 헌신이 있었기 때문입니다.

04 — 10

내 형질이 이루어지기 전에 주의 눈이 보셨으며 나를 위하여 정한 날이 하루도 되기 전에 주의 책에 다 기록이 되었나이다 _시 139:16

your eyes saw my unformed body.
All the days ordained for me were written in your book before one of them came to be.
- Ps 139:16

―― 오늘의 묵상 ――

퇴계 이황 선생은 일생 동안 벼슬을 열한 번 했는데, 벼슬을 그만둘 때마다 고향인 토계리로 돌아가서 살았습니다. 그래서 아호를 퇴계(退溪)라 했는데, 그는 늘 고향을 그리워하여, 집무실에는 항상 고향의 풍물이 담긴 그림이 걸려 있었다고 합니다.

만주에서 온 말은 언제나 북쪽 바람을 향해 서고, 남쪽에서 온 새는 나무에 앉아도 남쪽으로 향한 가지에 앉는다고 합니다. 사람은 누구나 태어난 고향이 있고, 언제나 어디서나 고향을 잊지 못합니다.

09—21

하나님은 사람이 아니시니 거짓말을 하지 않으시고 인생이 아니시니 후회가 없으시도다 어찌 그 말씀하신 바를 행하지 않으시며 하신 말씀을 실행하지 않으시랴 _민 23:19

God is not a man, that he should lie, nor a son of man, that he should change his mind.
Does he speak and then not act? Does he promise and not fulfill? - Num 23:19

—— 오늘의 묵상 ——

못생긴 전복은 친구인 조개가 아름다운 진주를 만들어내는 것을 보고 부러웠습니다. 그러나 전복은 진주를 만들 수 없었습니다. 어느 날 전복은 하나님께 기도했습니다. "하나님 저도 조개처럼 진주를 만들 수 있게 해 주세요." 하나님은 전복에게 말씀하셨습니다.
"진주를 만드는 것은 오직 조개만이 할 수 있는 일이다. 뼈를 깎는 아픔으로 자기 일에 정성을 다하는 조개만이 아름다운 진주를 만들어내는 것이다." 전복은 깨달은 바가 있어서 그 뒤로는 조개를 부러워하지 않았습니다. 그리고 날마다 햇볕을 거르는 일을 소홀히 하지 않고 열심히 살았습니다. 세월이 많이 흘러서 전복은 나이를 먹었습니다. 그래도 전복은 자신의 일을 멈추지 않았습니다. 나이가 많이 든 전복은 조용히 숨을 거두었습니다. 얼마 뒤 많은 사람이 아름다운 가구를 보고 감탄을 금치 못했습니다. 그 가구는 바로 죽은 전복의 껍질로 만들어졌고, 찬란한 빛으로 가득 차 있었습니다.

04—11

우리 주 예수 그리스도의 은혜를 너희가 알거니와 부요하신 이로서
너희를 위하여 가난하게 되심은 그의 가난함으로 말미암아
너희를 부요하게 하려 하심이라 _고후 8:9

For you know the grace of our Lord Jesus Christ, that though he was rich,
yet for your sakes he became poor, so that you through his poverty might become rich.
- 2 Co 8:9

------ 오늘의 묵상 ------

어느 초등학교에 '가와사키'란 병으로 대소변도 못 가리고 말도 제대로 못 하며, 손에 힘이 없어 연필도 잡지 못하는 한 어린이가 있었습니다. 아이들은 그 아이를 놀려댔고, 아무도 그 아이와 짝을 하려 하지 않았습니다.

그러나 담임 선생님들의 관심 어린 사랑이 있었습니다. 학년이 세 번 바뀔 때마다 세 분의 선생님들은 그 학생의 특징과 그 밖의 것들을 꼼꼼히 적어 인계하면서 보살펴주셨고, 그 덕분에 아이는 밝은 모습으로 학교생활에 적응할 수 있었습니다. 짐을 서로 나눈 교사들의 '릴레이 사랑' 덕분입니다.

이 모든 일에 전심 전력하여
너의 성숙함을 모든 사람에게 나타나게 하라 _딤전 4:15

Be diligent in these matters; give yourself wholly to them, so that everyone may see your progress. - 1 Ti 4:15

09 — 20

—— 오늘의 묵상 ——

평소에 불평이 너무 많은 사나이가 주위 사람들의 권고로 수도원에 들어갔습니다. 수도원장은 사나이의 불평하는 습관을 고치기 위하여 침묵을 명령하였습니다. 단 3년 만에 한 마디는 할 수 있도록 허락하였습니다. 3년째 되는 날 그 사나이는 이렇게 말하였습니다.

"원장님, 제가 있는 방이 너무 춥습니다."

수도원장은 다시 3년 동안의 침묵을 명령하였습니다. 3년 후 그 사나이는 또 입을 열었습니다.

"원장님, 잠자리가 너무 불편합니다."

수도원장은 혀를 끌끌 차며 또 다시 3년 동안의 침묵을 명령했습니다. 이렇게 해서 총 9년이 되는 날, 사나이는 이렇게 말했습니다.

"원장님, 음식이 너무 맛이 없습니다."

그 다음날 이 사나이는 쫓겨났습니다.

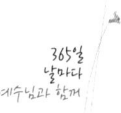

04 — 12

주께서 생명의 길을 내게 보이시리니 주의 앞에는 충만한 기쁨이 있고 주의 오른쪽에는 영원한 즐거움이 있나이다 _시 16:11

You have made known to me the path of life;
you will fill me with joy in your presence, with eternal pleasures at your right hand.
- Ps 16:11

―――― 오늘의 묵상 ――――

기쁜 일이 있습니까? 찬송하십시오. 기쁜 일이 몇 배로 커집니다. 슬픈 일이 있습니까? 찬송하십시오. 기쁜 일로 바꿉니다. 찬송은 경건하게, 크게 불러야 합니다. 또 내 찬송이 있어야 합니다. 자나 깨나, 길에서든 차 안에서든 말씀을 묵상하듯 찬송을 하십시오. 하루를 찬송으로 시작하십시오. 하나님이 하루를 책임지십니다.

성령의 아홉 가지 열매가 있듯(갈 5:22-23), 빛의 세 가지 열매가 있듯(엡 5:9), 입술에는 찬송의 열매가 있습니다(히 13:15).

너는 마음을 다하고 뜻을 다하고 힘을 다하여
네 하나님 여호와를 사랑하라 _신 6:5

Love the LORD your God with all your heart and with all your soul and with all your strength.
- Dt 6:5

09
—
19

―――― 오늘의 묵상 ――――

정신과 의사인 이시형 박사의 환자 중에 청소원으로 일하는 박 씨라는 사람이 있었습니다. 그는 기억이 왔다 갔다 하는 증상이 있는 기억 착각증 환자였습니다. 그는 처음에 입원을 권했을 때, 하루만 청소하지 않아도 길거리가 엉망이 되기 때문에 안 된다고 하였습니다. 그러나 어쩔 수 없이 입원한 그는 항상 청소하지 않은 것에 대하여 걱정했습니다.
눈이 오던 어느 날이었습니다. 박 씨의 얼굴은 너무나 어두웠고 수심이 가득했습니다. 이시형 박사가 무슨 일이냐고 묻자 박 씨는 눈을 보며 이렇게 말했습니다.
"이런 낭패가… 눈이 오는 날에는 하루 종일 눈을 쓸어야 하는데 여기에서 내가 한가하게 주사나 맞고 있다니…"

04–13

여호와께서 우리를 기뻐하시면 우리를 그 땅으로 인도하여 들이시고 그 땅을 우리에게 주시리라 이는 과연 젖과 꿀이 흐르는 땅이니라 _민 14:8

If the LORD is pleased with us, he will lead us into that land,
a land flowing with milk and honey, and will give it to us. - Num 14:8

—— 오늘의 묵상 ——

강철왕 카네기의 사무실에는 늘 커다란 그림 하나가 걸려 있었다고 합니다. 하지만 그 그림은 유명한 화가의 그림도, 예술적 가치가 있는 그림은 아니었습니다. 단지 썰물이 질 때 함께 밀려나가 갯벌에 아무렇게나 놓여있는 나룻배 한 척과 노가 그려진 무척 어둡고 처량한 느낌마저 드는 그림이었습니다. 그 그림에는 '밀물은 반드시 온다'라는 글귀가 적혀 있었습니다. 그의 사무실을 방문하는 사람마다 그 그림을 특별히 아끼는 사연을 물었습니다. "나는 젊을 때 이집 저집 돌아다니면서 물건을 팔았지요. 하루는 물건을 팔러 갔다가 어떤 노인의 집에서 이 그림을 보았습니다. 그림이 인상적이었고 글귀가 감동을 주었습니다. 그래서 노인에게 그림을 줄 수 없겠느냐고 하였더니 제게 주었습니다. 인생살이를 하다가 어려움이 밀려와 내게서 무엇인가를 휩쓸어 갈 때마다 이 그림을 보면서 나 자신에게 다짐합니다. '밀물은 반드시 온다.'"

항상 기뻐하라 쉬지 말고 기도하라 범사에 감사하라 이것이 그리스도 예수 안에서 너희를 향하신 하나님의 뜻이니라 _살전 5:16-18

Be joyful always; pray continually; give thanks in all circumstances,
for this is God's will for you in Christ Jesus. - 1 Th 5:16-18

09
18

―――― 오늘의 묵상 ――――

코리 텐 붐 여사는 제2차 세계대전 후 많은 사람에게 영감과 도전을 주었던 분이었습니다. 나치의 포로수용소에 수감되어 있을 때도 하나님께서 그녀의 필요한 것들을 어떻게 충족시키셨는지를 코리가 간단한 말로 감동적인 이야기를 들려줄 때마다 수많은 사람의 마음을 흔들고 삶을 변화시켰습니다.

수용소는 매우 더러운데다 어디에나 벼룩이 있었습니다. 코리와 같이 수감되었던 언니 벳시는 "범사에 감사하라"고 한 데살로니가전서 5장 18절의 말씀이 그들을 향한 하나님의 뜻이라고 하였습니다. 그러나 벼룩투성이인 곳에서 감사하는 것을 코리는 현실로 받아들일 수 없었습니다. 그러나 나중에 코리는 왜 간수들이 자기의 막사에 와서 기도와 찬송을 못 하게 하지 않았는지를 알게 되었습니다. 간수들이 벼룩을 피하려 했던 것입니다. 그래서 수감자들은 자유롭게 예배드리고 성경 공부할 수 있었습니다. 그렇습니다. 하찮은 벼룩도 은혜의 도구로 쓰였고 감사할 이유가 되었던 것입니다.

여호와는 내 편이시라
내가 두려워하지 아니하리니 사람이 내게 어찌할까 _시 118:6

The LORD is with me; I will not be afraid. What can man do to me?
- Ps 118:6

―――― 오늘의 묵상 ――――

미국 남북전쟁 때 링컨 대통령이 이끄는 북군이 계속 수세에 몰리자, 작전회의에서 한 참모가 하나님이 우리 편이 되시도록 기도하자고 제안하였습니다.
그러자 링컨 대통령은 "하나님께 우리 편이 되어 달라고 할 것이 아니라 우리가 하나님 편이 되어야 한다."고 기도 제목을 수정해서 제안했고, 이후 북군은 전세를 뒤집어 남북전쟁에서 승리할 수 있었습니다.
링컨의 말은 하나님께 모든 것을 맡기는 신뢰를 표현한 것입니다. 하나님의 복과 은혜 가운데 살았던 사람들은 모든 것을 하나님께 맡기고 하나님만 경외하였습니다.

09-17

돈을 사랑함이 일만 악의 뿌리가 되나니 이것을 탐내는 자들은 미혹을 받아 믿음에서 떠나 많은 근심으로써 자기를 찔렀도다 _딤전 6:10

For the love of money is a root of all kinds of evil. Some people, eager for money, have wandered from the faith and pierced themselves with many griefs. - 1 Ti 6:10

---- 오늘의 묵상 ----

돈에 대해 흔히 볼 수 있는 두 가지 오해가 있습니다. 첫 번째 오해는 돈은 악하다는 것입니다. 사실 돈이란 좋은 것도 나쁜 것도 아닌 중립적인 것입니다. 성경에서 실제 말하고 있는 것은 "돈을 사랑함이 일만 악의 뿌리가 되나니"(딤전 6:10)입니다. 중요한 것은 재물을 사용하여 사람을 사랑해야 한다는 것입니다.

돈 자체가 악하다기보다는 그것을 어떻게 대하며 어떻게 사용하느냐가 중요하다는 말입니다. 우리가 사람을 이용하여 재물을 얻고자 할 때 우리는 문제에 빠지게 됩니다. 하나님은 사람이 재물보다 더 중요하다고 말씀하십니다.

둘째 오해는 돈이 행복의 열쇠라는 것입니다. 그러나 이것은 사실이 아닙니다. 만약 돈만 있으면 행복해지는 것이 사실이라면 돈이 가장 많은 사람이 가장 행복해야 할 것입니다. 그러나 신문을 읽어보십시오. 뉴스를 들어보십시오. 이런 생각은 사라질 것입니다.

365일 날마다 예수님과 함께

여호와는 나의 빛이요 나의 구원이시니 내가 누구를 두려워하리요
여호와는 내 생명의 능력이시니 내가 누구를 무서워하리요 _시 27:1

The LORD is my light and my salvation-- whom shall I fear?
The LORD is the stronghold of my life-- of whom shall I be afraid?
- Ps 27:1

04
—
15

―――― 오늘의 묵상 ――――

인도에 이런 설화가 있습니다. 어떤 마술사가 고양이한테 잡아먹힐까 봐 두려움에 떨고 있는 쥐 한 마리를 발견했습니다. 이를 안쓰럽게 생각한 마술사는 쥐를 고양이로 만들어 주었습니다. 그러나 고양이가 된 쥐가 이번엔 개에게 공격당할까 봐 두려워하고 있었습니다. 마술사는 다시 고양이가 된 쥐를 개로 만들어 주었습니다. 하지만 개가 된 쥐는 아직도 두려움에 떨고 있었는데, 이번에는 뒷산의 호랑이를 두려워하고 있었던 것입니다. 그래서 마술사는 그 개를 호랑이로 만들어 주었습니다. 그랬더니 이제는 사냥꾼의 총을 두려워하더랍니다.
이처럼 우리 인간도 두려움은 끝이 없는 것 같습니다.

주 안에서 항상 기뻐하라 내가 다시 말하노니 기뻐하라
너희 관용을 모든 사람에게 알게 하라 주께서 가까우시니라 _빌 4:4-5

Rejoice in the Lord always. I will say it again: Rejoice! Let your gentleness be evident to all. The Lord is near.
- Php 4:4-5

09 — 16

―― 오늘의 묵상 ――

『행복의 5가지 법칙』

하나, 오늘만은 행복하게 살자. 사람은 자신이 결심한 만큼 행복해지는 것이다
둘, 오늘만은 유쾌하게 보내자.
셋, 오늘만은 세 가지 방법을 실행해 보자. 남들에게 친절히 대하자. 다른 사람에게 유익한 일을 해 보자. 자신이 하기 싫은 일을 자진해서 해 보자.
넷, 오늘만은 오늘 하루로써 살아보자. 오늘 하루만의 골치 아픈 문제를 마무리해 보자.
다섯, 오늘만은 조용히 혼자서 사색해 보자.

- 시빌 F. 패트리지

04 / 16

모든 것이 가하나 모든 것이 유익한 것은 아니요
모든 것이 가하나 모든 것이 덕을 세우는 것은 아니니
누구든지 자기의 유익을 구하지 말고 남의 유익을 구하라 _고전 10:23-24

"Everything is permissible"-but not everything is beneficial. "Everything is permissible"-but not everything is constructive. Nobody should seek his own good, but the good of others. - 1 Co 10:23-24

── 오늘의 묵상 ──

교회에는 여러 모임이 있습니다. 그런데 그 모임을 이상한 방향으로 이끌어가는 사람들을 종종 봅니다. 모이자마자 험담으로 시작해서 험담으로 끝을 맺습니다.

당신이 속해 있는 모임은 어떻습니까? 혹, 험담이 난무하지는 않습니까? 그렇다면 모임의 목적과 의의를 다시 한번 생각해야 할 것입니다.

그리스도의 이름으로 모인 모임은 오직 그리스도의 이름을 높이기 위해서만 존재해야 합니다. 험담은 그리스도인의 모임에서는 절대로 있어서는 안 될 요소입니다. 헐뜯을 만한 사람이 있다면 오히려 그 사람을 놓고 애통하는 심정으로 함께 기도해야 할 것입니다. 그것이 서로가 잘되는 길입니다.

09 — 15

다만 이뿐 아니라 우리가 환난 중에도 즐거워하나니
이는 환난은 인내를, 인내는 연단을, 연단은 소망을
이루는 줄 앎이로다 _롬 5:3-4

Not only so, but we also rejoice in our sufferings, because we know that suffering produces perseverance; perseverance, character; and character, hope. - Ro 5:3-4

―――― 오늘의 묵상 ――――

사람에게 아픔의 자각은 꼭 필요합니다. 데이비드 브린클리라는 사람은 "신은 가끔 빵 대신 벽돌을 던져주시는데, 어떤 사람은 원망하면서 그 벽돌을 차다가 발가락 하나가 더 부러지기도 하고, 어떤 사람은 그 벽돌을 주춧돌로 삼아 기막힌 집을 짓기도 한다"는 명언을 했습니다.

태평양 전쟁 때 일본인 귀족 세 가족이 가장 안전한 곳을 연구한 결과 오키나와섬으로 결정짓고 그리로 피신했습니다. 그러나 그곳은 가장 위험한 격전지가 되고 말았습니다. 어둠이나 아픔이나 고통을 피해 다니기만 하려는 사람이 있는데, 그런 사람들은 대부분 도리어 그것에 삼킴을 당하고 맙니다.

서양 속담에 "고난은 맞서서 이기고 죄는 피해서 이기라"는 말이 있습니다.

04–17

내가 산을 향하여 눈을 들리라 나의 도움이 어디서 올까
나의 도움은 천지를 지으신 여호와에게서로다 _시 121:1-2

I lift up my eyes to the hills- where does my help come from?
My help comes from the LORD, the Maker of heaven and earth.
- Ps 121:1-2

―― 오늘의 묵상 ――

어떤 사람이 다니엘 웹스터에게 물었습니다. "이제까지 당신의 마음에 품었던 생각들 가운데 가장 중요한 것이 무엇이었습니까?"
미국 역사상 훌륭한 지성 가운데 한 사람인 웹스터는 간단하게 대답하였습니다.
"하나님에 대한 나의 신뢰입니다."

09—14

창세로부터 그의 보이지 아니하는 것들 곧 그의 영원하신 능력과 신성이 그가 만드신 만물에 분명히 보여 알려졌나니 그러므로 그들이 핑계하지 못할지니라 _롬 1:20

For since the creation of the world God's invisible qualities--his eternal power and divine nature--have been clearly seen, being understood from what has been made, so that men are without excuse. - Ro 1:20

---- 오늘의 묵상 ----

미국 독립기념일에 가장 많은 관광 인파가 모이는 곳은 사우스 다코다의 러시모어산입니다. 여기에는 60피트 높이로 화강암에 조각된 워싱턴, 제퍼슨, 루즈벨트, 링컨의 얼굴이 있습니다. 조각가 보그럼 (Gutzon Borglum)이 1927년에 착공하여 14년 걸린 대작입니다. 당시 사람들은 작업이 너무 느리다고 불평했습니다. 보그럼 씨는 이 대작을 완성하고 불과 몇 달 후에 죽었습니다. 죽기 전 그가 말했습니다.

"적어도 10만 년 동안 사람들이 저 위인들을 바라보며 배울 것입니다. 내 이름도 저기에 함께 있을 텐데 14년은 그렇게 긴 세월은 아닙니다."

그는 10만 년을 내다보고 인류의 가슴에 위인들의 정신을 새겨주려고 자기의 전 생애를 바쳤던 것입니다.

사람이 마음으로 믿어 의에 이르고
입으로 시인하여 구원에 이르느니라 _롬 10:10

For it is with your heart that you believe and are justified,
and it is with your mouth that you confess and are saved.
- Ro 10:10

04_18

—————— 오늘의 묵상 ——————

프린스턴 대학에 짐 윌슨이라는 구약 교수가 있었습니다. 하루는 학생들이 이 노교수에게 성경을 토론하러 왔습니다. 교수는 말했습니다.
"성경 토론도 좋지만 성경을 몇 번이나 읽었습니까?"
학생들은 한 번도 제대로 읽지 못했다고 솔직하게 말했습니다. 그러자 짐 윌슨이 자못 놀라는 표정으로 말했습니다.
"나는 적어도 40년을 밤잠 못 자면서 연구하며 수백 번을 읽어도 믿지 못할 것이 없으니 우선 몇 번이나 읽고 나서 성경 토론을 해봅시다."

09 — 13

너희는 귀를 기울이고 내게로 나아와 들으라 그리하면 너희의 영혼이 살리라 내가 너희를 위하여 영원한 언약을 맺으리니 곧 다윗에게 허락한 확실한 은혜이니라 _사 55:3

Give ear and come to me; hear me, that your soul may live.
I will make an everlasting covenant with you, my faithful love promised to David.
- Isa 55:3

---- 오늘의 묵상 ----

영국의 계관시인 테니슨은 자연에 나타난 하나님의 섭리를 아름다운 언어로 찬양한 시인이었습니다. 어느 날 그는 시골길을 가다가 행복한 얼굴로 열심히 일하는 중년 부인을 보았습니다.
"오늘 아침에 좋은 소식이 있나 보죠?" 테니슨이 묻자 부인은 미소를 띠며 대답했습니다.
"선생님, 저는 한 가지 소식밖에 모른답니다. 그것은 예수 그리스도께서 온 인류를 위해 죽으셨다가 부활하셨다는 소식입니다."
테니슨도 말했습니다.
"부인, 그것은 오래된 소식이자 새로운 소식이며 정말 좋은 소식이군요."

04_19

내가 그리스도와 함께 십자가에 못 박혔나니 그런즉 이제는 내가 사는 것이 아니요 오직 내 안에 그리스도께서 사시는 것이라 _갈 2:20상

I have been crucified with Christ and I no longer live, but Christ lives in me.
- Gal 2:20

―――― 오늘의 묵상 ――――

미국의 유명한 정치인이요, 학자요, 언론인이었던 다니엘 웹스터라는 사람이 워싱턴에 살고 있었습니다. 그런데 이분은 같은 시에 있는 큰 교회에 나가지 않았다고 합니다. 언제나 시골의 작은 교회만 찾아 다녔다고 합니다. 어떤 사람이 물었습니다.
"웹스터 씨, 왜 그렇게 하십니까?"
웹스터는 이렇게 대답하였습니다.
"내가 시내의 내 얼굴을 아는 교회에 나가면 목사들이 정치인 웹스터한테 설교한단 말입니다. 그런데 나를 모르는 곳에 가면 내게 필요한 소리, 죄인 웹스터가 어떻게 변화되어야 하는가를 들려줍니다. 이것이 제가 듣고 싶은 설교입니다."

09 — 12

내가 이르노니 너희는 성령을 따라 행하라
그리하면 육체의 욕심을 이루지 아니하리라 _갈 5:16

So I say, live by the Spirit, and you will not gratify the desires of the sinful nature.
- Gal 5:16

―――― 오늘의 묵상 ――――

몇몇 목사들이 모여 자신들이 사는 도시에 무디를 초청해야 할지 말아야 할지를 의논하고 있었습니다. 이 유명한 복음 전도자의 성공은 세간 사람들의 관심을 끌기에 충분한 것이었습니다. 무디를 별로 좋게 생각지 않는 목사가 비양조로 물었습니다.
"아니 뭐. 무디가 성령의 독점권을 갖고 있답니까?"
그러자 다른 한 사람이 조용히 이렇게 말했습니다.
"그게 아니라 성령께서 무디에 대해 독점권을 갖고 계신 것입니다."

365일
날마다
예수님과 함께

04
20

또 어려서부터 성경을 알았나니 성경은 능히 너로 하여금
그리스도 예수 안에 있는 믿음으로 말미암아
구원에 이르는 지혜가 있게 하느니라 _딤후 3:15

And how from infancy you have known the holy Scriptures,
which are able to make you wise for salvation through faith in Christ Jesus. - 2 Ti 3:15

―― 오늘의 묵상 ――

어떤 분이 한 회사의 이사회에 참석한 일이 있었습니다. 거기에 모인 여러 사람의 소리를 듣고 있으니까 주님께서 이 사업체를 떠나셨구나 하는 것을 알 수 있었습니다. 모인 사람들이 하는 대화는 모두가 다 어두운 미래에 대한 것이었습니다. 그 사람은 이렇게 물어보았습니다.
"여기 모인 분들, 최근에 여러분들이 읽은 책은 무엇입니까?"
참석한 사람의 대답은 무슨 잡지, 무슨 신문, 소설 등이었습니다. 그때 그 사람이 말했습니다.
"여러분은 잘못된 책만을 읽었습니다. 우리 마음속에 환경에 구애됨이 없이 항상 기쁨을 불어넣어 주는 책은 오직 하나님의 말씀입니다."

이것은 죄 사함을 얻게 하려고 많은 사람을 위하여 흘리는 바 나의 피 곧 언약의 피니라 _마 26:28

This is my blood of the covenant, which is poured out for many for the forgiveness of sins.
- Mt 26:28

09 — 11

—— 오늘의 묵상 ——

아이작 왓츠의 키는 서양인으로서는 난쟁이를 겨우 면할 정도인 150센티미터에 불과하였습니다. 게다가 눈도 작고, 피부도 창백했다고 합니다. 그는 자기가 벌레 같은 존재라고 늘 생각했던 것 같습니다. 그러나 자기를 대신해서 십자가에서 피 흘리신 예수 그리스도를 만나자마자 그 은혜와 그 사랑에 감격해서 감동적인 찬송을 썼습니다.

웬 말인가 날 위하여주 돌아가셨나/ 이 벌레 같은 날 위해 큰 해 받으셨나/ 내 지은 죄 다 지시고 못 박히셨으니/ 웬일인가 웬 은혠가 그 사랑 크셔라/ 나 십자가 대할 때에 그 일이 고마워/ 내 얼굴 감히 못 들고 눈물 흘리도다/

이런 감격과 고백을 일컬어서 예수의 살을 먹고 피를 마시는 믿음이라고 말합니다. 이것이 주님께서 무리에게 원하시는 믿음입니다.

04 / 21

깊도다 하나님의 지혜와 지식의 풍성함이여, 그의 판단은 헤아리지 못할 것이며 그의 길은 찾지 못할 것이로다 _롬 11:33

Oh, the depth of the riches of the wisdom and knowledge of God!
How unsearchable his judgments, and his paths beyond tracing out!
- Ro 11:33

오늘의 묵상

플라톤은 아테네의 한 젊은 철학도에게 어느 날 참된 시작이 무엇인가를 설명했습니다. 철학도는 지금까지 자기가 진정으로 배울 만한 철학자나 시인을 만나 보지 못했으나, 드디어 플라톤을 만났다고 자기 스승에게 털어놓기 시작했습니다. 얘기를 다 듣고 난 후 플라톤이 이 젊은 철학도에게 이렇게 물었습니다.

"당신이 이제까지 섬겨왔던 그 모든 스승을 진정으로 사랑했습니까?"

이어서 플라톤은 이렇게 말합니다.

"당신에게 사랑하는 마음이 없다면 참된 지식을 얻을 수 없습니다. 지식은 참된 사랑의 관계를 통해서만 얻어질 수가 있는 것입니다."

09 — 10

너는 구제할 때에 오른손이 하는 것을 왼손이 모르게 하여
네 구제함을 은밀하게 하라
은밀한 중에 보시는 너의 아버지께서 갚으시리라 _마 6:3-4

But when you give to the needy, do not let your left hand know what your right hand is doing,
so that your giving may be in secret. Then your Father, who sees what is done in secret, will reward you.
- Mt 6:3-4

―――― 오늘의 묵상 ――――

한 부자가 가난한 아이들을 모으고 빵을 나눠줬습니다. "꼭 한 개씩만 가져가고 내일 또 오면 빵을 주마." 아이들은 그 말을 듣기가 무섭게 자루에 달려들어 큰 빵을 골라 들고 정신없이 집으로 뛰어갔습니다.

그레첸이란 소녀는 한쪽에 서 있다가 마지막 남은 제일 작은 빵을 집어들고 "할아버지, 감사합니다." 라며 인사하고 돌아갔습니다. 다음날도 그레첸은 맨 나중에 남은 제일 작은 빵을 들고 고맙다는 인사를 하고 집으로 돌아와 어머니와 먹으려고 보니 그 속에 50센트 은화 6개가 들어 있었습니다.

그레첸이 빵 속에 들어 있던 은화를 노인에게 가지고 갔을 때 그가 말했습니다.

"감사할 줄 아는 착한 사람에게 상으로 주는 것이란다."

아버지께서 나를 사랑하신 것 같이
나도 너희를 사랑하였으니
나의 사랑 안에 거하라 _요 15: 9

As the Father has loved me, so have I loved you.
Now remain in my love.
- Jn 15:9

---- 오늘의 묵상 ----

다른 사람을 존경한다는 것은
첫째, 그들의 관심을 존중해주며, 그들의 입장에 서서
그들의 관점에서 인생을 바라보는 것입니다.
둘째, 그들에게 감사함을 나타내는 것입니다.
셋째, 그를 믿고 이해하고 함께한다는 것입니다.

04
22

우리는 그가 만드신 바라
그리스도 예수 안에서 선한 일을 위하여 지으심을 받은 자니
이 일은 하나님이 전에 예비하사
우리로 그 가운데서 행하게 하려 하심이니라 _엡 2:10

For we are God's workmanship, created in Christ Jesus to do good works, which God prepared in advance for us to do. - Eph 2:10

09
—
09

―― 오늘의 묵상 ――

하나님께서 우리를 만드실 때, 상품으로 만드셨는가, 작품으로 만드셨는가? 물을 필요도 없이 '작품'으로 만드셨습니다. 우리는 하나님의 작품이기 때문에 결코 비교해서는 안 됩니다. 우리는 하나님의 독특한 창조물입니다. 독특한 존재라는 말입니다. 에베소서 2장 10절을 보면, '우리는 그의 만드신 바라'는 구절이 나옵니다. 여기서 '만드신 바라'는 말의 헬라어는 '포이에마'입니다. 이 포이에마라는 단어에서 파생된 영어 단어가 'poem'입니다. 무슨 뜻인가요? 우리는 하나님의 '시'라는 말입니다. 그래서 예수를 잘 믿으면 시 같은 인생을 살아갑니다.
10명이 시를 지으면, 10가지 시가 나와야 합니다.

너는 내게 부르짖으라 내가 네게 응답하겠고
네가 알지 못하는 크고 은밀한 일을 네게 보이리라 _렘 33:3

Call to me and I will answer you and tell you great and unsearchable things you do not know.
- Jer 33:3

—————— 오늘의 묵상 ——————

가장 좋은 기도 응답은 기도를 통하여 더 큰 믿음과 확신을 갖고 용기와 능력이 있는 그리스도인이 되는 것입니다. 조지 메레디스는 말했습니다.
"기도한 후에 더 나은 사람으로 일어서는 사람은 기도 응답을 받은 사람이다."
인생의 절정기에 느닷없이 가시의 공격을 받아 쓰러졌던 니버 목사는 오랫동안 인고의 기도 끝에 다음과 같은 위대한 기도로 일어섰습니다.
"오, 하나님! 우리가 바꿀 수 없는 것이라면 이를 침착히 받아들일 수 있는 우아함을, 우리가 바꿀 수 있는 것이라면 이를 변화시킬 용기를, 또한 우리가 이 두 가지를 구별할 수 있는 지혜를 주옵소서. 아멘!"
우리 모든 그리스도인은 예수, 그 놀라운 구원의 이름으로 지상에서부터 하늘나라 아버지께로 위대한 기도를 드릴 수 있습니다.

04
23

09 — 08

너는 마음을 다하여 여호와를 신뢰하고 네 명철을 의지하지 말라
너는 범사에 그를 인정하라 그리하면 네 길을 지도하시리라 _잠 3:5-6

Trust in the LORD with all your heart and lean not on your own understanding;
in all your ways acknowledge him, and he will make your paths straight.
- Pr 3:5-6

───── 오늘의 묵상 ─────

스코틀랜드 출신의 에릭 리델은 영국의 100m 육상선수로 올림픽에 출전했습니다. 그는 금메달 획득이 확실한 선수였기에 많은 기대를 걸고 있었습니다. 그러나 독실한 크리스천인 에릭 리델은 "주일에는 달릴 수 없습니다." 하고 불참을 선언했습니다. 갖가지 비난 여론이 쏟아졌습니다. 그럼에도 불구하고 리델은 주일예배에 참석했습니다.

며칠 후 새로운 제안이 들어왔습니다. 400m 달리기 선수에게 사고가 생겨 대신 출전했으면 좋겠다는 것이었습니다. 그것은 불가능한 제안이었습니다. 그러나 그는 출전했고, 보기 좋게 금메달의 영광을 안았습니다. 승리의 비결을 물었을 때 리델은 이렇게 말했습니다.

"처음 200m는 제 힘으로 달렸고 다음 200m는 하나님이 주시는 힘으로 달렸습니다."

04-24

이와 같이 성령도 우리의 연약함을 도우시나니 우리는 마땅히 기도할 바를 알지 못하나 오직 성령이 말할 수 없는 탄식으로 우리를 위하여 친히 간구하시느니라 _롬 8:26

In the same way, the Spirit helps us in our weakness. We do not know what we ought to pray for, but the Spirit himself intercedes for us with groans that words cannot express.
- Ro 8:26

---- 오늘의 묵상 ----

영국 런던에 위치한 메트로폴리탄 교회는 스펄전 목사님이 목회하던 교회였습니다. 1866년에 소속 성도가 4천3백66명으로 그 당시 세계에서 제일 큰 교회로 알려져 있었습니다. 하루는 스펄전 목사님이 성도들에게 이런 말을 하였습니다.

"사랑하는 형제자매 여러분! 주님을 향해서 가슴이 뜨거운 사람, 열두 명만 있다면 이 런던의 삭막하고 고독한 환경을 기쁨이 충만한 곳으로 바꿀 수 있습니다. 그러나 4천3백66명이 있다고 할지라도 전부가 다 미지근한 성도라면 아무것도 할 수가 없을 것입니다."

너희는 우리로 말미암아 나타난 그리스도의 편지니 이는 먹으로 쓴 것이 아니요 오직 살아 계신 하나님의 영으로 쓴 것이며 또 돌판에 쓴 것이 아니요 오직 육의 마음판에 쓴 것이라 _고후 3:3

You show that you are a letter from Christ, the result of our ministry, written not with ink but with the Spirit of the living God, not on tablets of stone but on tablets of human hearts. - 2 Co 3:3

오늘의 묵상

어떤 미국인이 프랑스 시골의 어느 장터에서 싸구려 목걸이를 하나 사왔는데, 세관에서 높은 세금을 매기는 것이었습니다. 이 사람이 이상하게 여겨서 그 목걸이를 가지고 보석 감정 전문가에게 그 목걸이를 보였습니다. 가만히 확대경을 통해 들여다보니 거기에 글자가 새겨져 있었습니다. "조세핀에게 보나파르트 나폴레옹이."
한 세기를 지배하던 나폴레옹의 사인 때문에 그 목걸이가 그렇게 고가품으로 인정될 수 있었던 것입니다.
우리에게는 하나님의 사인과 하나님의 기대가 들어 있습니다. 하나님의 형상, 하나님의 놀라운 기술과 계획, 하나님의 인치심 속에서 만들어진 인생으로 우리는 얼마나 소중한 인생입니까!

예수께서 이르시되 네 마음을 다하고 목숨을 다하고 뜻을 다하여 주 너의 하나님을 사랑하라 하셨으니 _마 22:37

Jesus replied: Love the Lord your God with all your heart and with all your soul and with all your mind.
- Mt 22:37

04/25

—— 오늘의 묵상 ——

엘리엇은 남미의 키치와 인디언 전도를 위해서 선교회관을 건축하고 있었습니다. 이 회관에서 키치와 인디언을 위한 병원과 학교 시설을 중심으로 여러 가지 선교를 위한 필수적인 시설이 함께 건축되고 있었습니다. 엘리엇 선교사는 이를 위해 일 년 이상 일했고 이제 거의 완성단계에 이를 때였습니다. 어느 날 갑자기 큰 홍수가 나서 이 모든 시설이 하루아침에 떠내려가 버리고 말았습니다. 엘리엇은 얼마 후 그가 사랑하는 사람에게 이렇게 편지를 보냈습니다.

"나는 그날 아침 나의 모든 수고와 땀과 기도가 들어 있는 선교회관을 휩쓸어 가는 홍수 속에서 하나님의 미세한 음성을 들었습니다. '나는 아직도 너의 하나님이다. 지금도 너는 나를 신뢰할 수 있느냐?' 이제 나의 수고는 물거품이 되었습니다만, 하나님께서 다시 시작하실 것입니다."

여호와여 내 입에 파수꾼을 세우시고
내 입술의 문을 지키소서 _시 141:3

Set a guard over my mouth, O LORD; keep watch over the door of my lips.
- Ps 141:3

09
—
06

─── 오늘의 묵상 ───

"혀는 뼈가 없지만 뼈를 부서뜨릴 수 있다"(J. 위클리프)는 말처럼 혀의 영향력과 파괴력은 엄청납니다. 말 한마디에 한 삶의 인생이 세워지기도 하고 무너지기도 합니다.

흰개미는 아주 무서운 곤충입니다. 그들은 작고 잘 보이지 않지만 날카로운 입을 통해 집안의 많은 목재 가구들을 갉아 부숩니다.

야고보는 혀가 비록 작은 것이지만 중요한 것이라고 말합니다. 불이란 작은 영향력의 하나이지만 돌이킬 수 없는 손상을 입히는 것처럼 불같이 격렬한 말은 종종 사람들과의 관계를 파괴합니다.

오늘 하루도 좋은 말, 격려의 말, 감사의 말을 많이 하십시오.

365일
날마다
예수님과 함께

04—26

오직 우리 주 곧 구주 예수 그리스도의 은혜와 그를 아는 지식에서
자라 가라 영광이 이제와 영원한 날까지 그에게 있을지어다 _벧후 3:18

But grow in the grace and knowledge of our Lord and Savior Jesus Christ.
To him be glory both now and forever! Amen.
- 2 Pe 3:18

―――― 오늘의 묵상 ――――

어느 날 아침 내 아들과 나는 하나님을 기쁘시게 하는 멋진 경험을 가졌습니다. 그날의 하늘은 높고 푸르며 맑고, 보석 같은 햇살이 창공을 아름답게 수놓고 있었습니다. 우리는 마당에 나가 있었는데 아들은 "저것 좀 보세요!" 하고 하늘을 가리켰습니다. 하늘에는 다섯 개의 작은 구름 조각이 떠 있었습니다. 그들 중의 하나가 갑자기 자기 몸을 감추더니 완전히 다른 공간에서 다시 나타나는 것이 아닙니까! 그 광경이 하도 놀라워서 우린 계속 지켜보려고 벤치에 앉았습니다. 그러한 현상은 다시 나타났습니다. 그리고는 그런 현상이 몇 번이고 되풀이되었습니다. 하늘에서 누군가가 진기한 구름 쇼를 연출하고 있는 동안에 우린 이십 분 이상이나 감탄과 찬사를 아끼지 않았습니다.

우리는 구원 받는 자들에게나 망하는 자들에게나 하나님 앞에서 그리스도의 향기니 _고후 2:15

For we are to God the aroma of Christ among those who are being saved and those who are perishing.
- 2 Co 2:15

09
05

―――― 오늘의 묵상 ――――

미국 볼티모어에 있는 존 홉킨즈 대학의 외과 의사요, 교수인 켈리 박사는 언제든지 그의 양복에다 좋은 장미꽃을 꽂고 다녔는데 그가 꽂고 다니는 장미는 항상 시들지 아니하고 금방 꽂은 장미 같았습니다.

그는 양복 안에 조그맣게 옆 주머니를 달고 그 속에 물병을 두었습니다. 꽃이 항상 물병에 꽂혀 있었기 때문에 시들지 아니하고 언제나 청청하게 보였던 것입니다.

켈리 박사는 이런 말을 하였습니다.

"우리가 이 세상에 다니면서 언제나 신선하고, 아름답고, 항상 향기를 내는 그리스도인이 되려면 우리 생활의 뿌리가 이 장미꽃과 같이 그리스도의 생수 속에 담겨 있어야 합니다."

우리 주 예수 그리스도로 말미암아
우리에게 승리를 주시는 하나님께 감사하노니 _고전 15:57

But thanks be to God! He gives us the victory through our Lord Jesus Christ.
- 1 Co 15:57

04 — 27

—— 오늘의 묵상 ——

어떤 마을에 온천과 냉천이 함께 솟아나는 신기한 곳이 있었습니다. 한쪽에서는 부글부글 끓어오르는 온천이 솟고 그 옆에서는 얼음같이 차가운 냉천이 솟아올라 동네 여인들은 빨랫감을 가지고 와 온천에서는 빨래를 삶고 냉천에서는 헹구어 집으로 가져가곤 했습니다. 그 모습을 본 관광객이 안내하던 사람에게 물었습니다.

"여기 사람들은 찬물과 더운물을 마음대로 쓸 수 있어서 참 좋겠습니다. 이 마을 사람들은 하나님께 감사하는 마음이 많겠죠?"

그러자 안내원은 "천만에요. 이 마을 사람들은 불평이 더 많습니다. 더운물과 찬물이 나오는 것은 좋은데 빨랫비누까지 나오지 않는다고 불평이 많습니다"라고 대답했습니다.

09 04

주신 이도 여호와시요 거두신 이도 여호와시오니
여호와의 이름이 찬송을 받으실지니이다 _욥 1:21하

The LORD gave and the LORD has taken away; may the name of the LORD be praised.
- Job 1:21

---- 오늘의 묵상 ----

동방의 의인 욥은 하루아침에 수많은 재물의 상실, 10남매와 종들의 비명횡사, 불치병으로 인한 건강의 상실 그리고 친구들의 불신과 외면으로 인생의 위기와 신앙의 위기를 만났습니다. 욥의 아내마저도 욥이 기왓장으로 온몸을 긁으며 괴로워하고 있을 때 원망하며 말하기를 "차라리 하나님을 욕하고 죽으라."고 하였습니다. 욥의 아내는 이 위기를 극복하지 못하고 배신의 길로 갔습니다. 그러나 욥은 하나님을 향한 사랑의 관계를 굳게 지켜 위대한 신앙고백을 했던 것입니다.

나의 힘이신 여호와여 내가 주를 사랑하나이다 _시 18:1

I love you, O LORD, my strength.
- Ps 18:1

04
28

―――― 오늘의 묵상 ――――

남편 해롤드는 알츠하이머에 걸렸습니다. 2월 14일, 성인 데이 케어 센터로 남편을 데리러 갔는데 한 간호사가 카드를 건네주었습니다. 그 발렌타인 카드를 펼치자 그 안에는 빨간색 크레용으로 꼬불꼬불 어지럽게 그린 그림이 있었습니다. 처음에는 이 그림이 아무런 의미도 없는 듯했지만 찬찬히 들여다보자 그것은 "당신을 사랑하오"라는 의미의 독일어였습니다.
남편 해롤드는 30년 동안 "나는 당신을 이 세상의 그 무엇보다도 사랑하오. 영원히, 영원토록"이라는 독일어로 편지의 끝을 맺곤 했습니다. 이 카드는 그중에서도 가장 아름다웠습니다.
사랑은 빛이 바래지 않는 천과 같아서 아무리 여러 번 재난과 슬픔의 물에 빨아도 변색되지 않는 것입니다.

대대로 주께서 행하시는 일을 크게 찬양하며 주의 능한 일을 선포하리로다
주의 존귀하고 영광스러운 위엄과 주의 기이한 일들을 나는 작은 소리로 읊
조리리이다 _시 145:4-5

One generation will commend your works to another; they will tell of your mighty acts.
They will speak of the glorious splendor of your majesty, and I will meditate on your wonderful works.
- Ps 145:4-5

—— 오늘의 묵상 ——

"스미소니언(Smithsonian Magazine)" 잡지에 소개된 인도의 성자 간디의 이야기 중 눈길을 끄는 내용이 있습니다. 인도의 델리시에서는 매년 정월에 정부요인들이 참석하여 간디를 추모하는 거대한 기념식을 거행한다고 합니다. 기념식의 절정은 북을 앞세운 군악대의 멋진 행진곡 연주입니다. 그런데 마지막 피날레 연주는 인도의 전통음악이나 군가가 아니라 언제나 '주여 나와 함께하소서(Abide with me)'라는 찬송입니다.
인도는 힌두교와 불교를 비롯한 토착 종교가 범람하는 곳인데도 이 찬송을 해마다 연주하는 이유는 생전에 간디가 제일 좋아했던 음악이기 때문입니다.

04 / 29

그러므로 너희 죄를 서로 고백하며 병이 낫기를 위하여 서로 기도하라 의인의 간구는 역사하는 힘이 큼이니라 _약 5:16

Therefore confess your sins to each other and pray for each other so that you may be healed.
The prayer of a righteous man is powerful and effective.
- Jas 5:16

―――― 오늘의 묵상 ――――

어떤 사람이 고아원에 찾아왔습니다.
"어느 누구도 원하지 않을 아이가 있습니까?"
원장이 대답했습니다. "열 살짜리 여자아이인 매우 흉한 꼽추예요. 이름은 머시 굿페이스(Mercy Goodfaith: 훌륭한 믿음의 은혜라는 뜻)이지요."
35년이 지난 후, 아이오와주 고아원 감사실의 실장이 말했습니다. "이곳은 매우 특별한 곳인데 깨끗하고, 음식도 훌륭하며 특히 원장은 사랑이 넘쳐흐르는 영혼을 가진 사람이다. 이곳에 수용된 어린이는 모두 잘 보살펴지고 있으며, 원장은 풍부한 사랑의 영향을 보여주고 있다. 원장의 이름은 머시 굿페이스이다."
오늘 하나님께서 당신에게 돌볼 수 있는 용기를 주시기를 기도하십시오.

모든 지킬 만한 것 중에 더욱 네 마음을 지키라
생명의 근원이 이에서 남이니라 _잠 4:23

Above all else, guard your heart, for it is the wellspring of life.
- Pr 4:23

09 / 02

―――― 오늘의 묵상 ――――

세상 사람들이 보화라고 하여 값비싼 대가를 지불하고 사들이는 금이나 다이아몬드 같은 보석은 저 깊은 땅속에서 찾아내는 것이고, 진주도 깊은 바다에 사는 조개에서 나오는 것입니다.
그러나 이러한 보물보다 훨씬 값지고 귀중한 것이 있습니다. 그것은 깊은 땅속이나 바닷속에서는 찾을 수 없는 보물입니다.
바로 우리 마음속에 잠재된 '무한한 가능성과 힘'입니다.

04
30

너희가 자기를 위하여 공의를 심고 인애를 거두라
너희 묵은 땅을 기경하라 지금이 곧 여호와를 찾을 때니
마침내 여호와께서 오사 공의를 비처럼 너희에게 내리시리라 _호 10:12

Sow for yourselves righteousness, reap the fruit of unfailing love, and break up your unplowed ground;
for it is time to seek the LORD, until he comes and showers righteousness on you.
- Ho 10:12

—————— 오늘의 묵상 ——————

오랜전 이탈리아 나폴리의 한 공장에서 위대한 성악가를 꿈꾸는 한 소년이 일하고 있었습니다. 어려운 생활 중에 겨우 첫 레슨을 받았을 때, 교사는 그에게 "너는 성악가의 자질이 없어. 네 목소리는 덧문에서 나는 바람 소리 같다"고 혹평했습니다. 그 소년은 큰 좌절에 빠지고 말았습니다. 그러나 소년의 어머니는 실망하는 아들을 꼭 껴안으며 이렇게 말했습니다.
"아들아! 너는 할 수 있어. 실망하지 말아라. 네가 훌륭한 성악가가 되도록 이 엄마는 어떠한 희생도 아끼지 않고 너를 돕겠다."
소년은 어머니의 격려를 받으면서 열심히 노래했습니다. 이 소년이 바로 세계적인 성악가 '잉리코 카루소'입니다.

09
01

> 예수께서 이르시되 손에 쟁기를 잡고 뒤를 돌아보는 자는
> 하나님의 나라에 합당하지 아니하니라 하시니라 _눅 9:62

Jesus replied,
"No one who puts his hand to the plow and looks back is fit for service in the kingdom of God."
- Lk 9:62

―――― 오늘의 묵상 ――――

'허무'는 헤밍웨이 작품의 공통 주제입니다. 일생 동안 세 번 이상 이혼하고 새로 결혼했지만 자신이 소설 속에 표현하였듯 허무한 인생과 허무한 고독 속에서 마침내 1961년 7월, 사냥총을 입에 물고 스스로 방아쇠를 당겨 자살하고 말았습니다.

밤새도록 술을 마시는 그 허무한 술꾼에게 '마지막 한 잔의 술'은 아버지 집으로 돌아가는 길을 막는 걸림돌입니다. 딱 한 잔만, 계속 이런 미련 때문에 술꾼은 결국 집으로 돌아가지 못합니다.

우리 역시 그런 사람 중 하나였습니다.

희망을 이야기하면

용혜원

희망을 이야기하면 사람들의
얼굴은 환하고 밝게 빛난다.

마음이 열리고 힘이 샘솟고 용기가 생겨서
모든 일에 최선을 다하고
내일을 향하여 새로운 도전을 하고 싶어한다.

어제보다 오늘을 오늘보다 내일에
펼쳐질 일들을 기대하며 살아간다.

땀 흘리는 기쁨을 알고
어떠한 고통도 두려움도 없이 기도하며 이겨내고
서로를 신뢰해주며 사랑을 나눌 수 있는
마음에 여유로움이 있다.

희망을 이야기하면
사람들의 눈빛은 빛을 발한다.
머뭇거림과 서성거림이 사라지고
리듬감과 생동감 속에 유머를 만들며
열정을 다 쏟아가며 뜨겁게 살기를 원한다.

우리는 누군가에게 소중한 사람

카렌 케이시

누군가 우리에게
고개를 한번 끄덕여 주는 것만으로도…
우리는 미소 지을 수 있고.
또 언젠가 실패했던 일에
다시 도전해 볼 수 있는
용기를 얻게 되듯이
소중한 사람이 우리 마음 한 구석에
자리잡고 있을 때
우리는 그 어느 때보다 밝게 빛나며…
활기를 띠며 자신의 일을
성취해 나갈 수 있습니다.

우리는 누구나 소중한 사람을
필요로 합니다.
또한 우리들 스스로도
우리가 같은 길을 가고 있는…
소중한 사람이라는 걸
잊어서는 안 되겠지요.

우리는 누군가에게
소중한 사람이라는 걸 알고 있을 때
우리는 어떤 일에서도
두려움을 극복해낼 수 있듯이
어느 날 갑자기 찾아든 외로움은…
우리가 누군가의 사랑을 느낄 때…
사라지게 됩니다.

05 / 01

큰 집에는 금 그릇과 은 그릇뿐 아니라 나무 그릇과 질그릇도 있어
귀하게 쓰는 것도 있고 천하게 쓰는 것도 있나니 _딤후 2:20

In a large house there are articles not only of gold and silver, but also of wood and clay;
some are for noble purposes and some for ignoble.
- 2 Ti 2:20

―――― 오늘의 묵상 ――――

독일 함부르크의 어느 호텔에 새로 채용된 접객주임이 하인들에게 청소시키며 일하고 있었습니다. 그런데 정원 한가운데 손님을 위해 마련해놓은 깨끗한 고급 의자에 인상도 그리 좋지 않고 옷차림도 볼품없는 늙은 남자가 걸터앉아 담배를 피우고 있는 것이 보였습니다. 그는 행여나 이런 훌륭한 호텔 분위기가 저런 누추한 사람 때문에 깨어지지나 않을까 걱정되어 하인을 시켜 남의 눈에 띄지 않게 나가 줄 것을 요구하는 쪽지를 건네 그를 밖으로 내쫓게 했습니다.
그런데 며칠 후 그 접객주임은 호텔에서 쫓겨났습니다. 그 누추한 옷을 입고 있던 사람은 다름 아닌 호텔의 경영주였던 것입니다.

08 — 31

인내를 온전히 이루라 이는 너희로 온전하고 구비하여 조금도 부족함이 없게 하려 함이라 _약 1:4

Perseverance must finish its work so that you may be mature and complete, not lacking anything.
- Jas 1:4

오늘의 묵상

중국 랴오닝성에 사는 4명의 조선족 여인들이 중국을 방문한 극동아시아 방송국 부장 일행에게 8백여만 원과 금반지 한 개, 금목걸이 한 개를 선교헌금으로 전달했습니다.
이 돈은 시장에서 행상을 하며 수년 동안 안 먹고 안 쓰면서 모은 소중한 것이었습니다. 이들은 지난 22년 동안 중국 지하 교회에서 복음 방송을 들으며 믿음을 키워 왔고, 주일마다 헌금을 모아 왔던 것입니다. 이들은 "복음 방송은 우리의 생명줄입니다."라고 고백하였습니다.

05
02

> 하나님의 약속은 얼마든지 그리스도 안에서 예가 되니
> 그런즉 그로 말미암아 우리가 아멘 하여
> 하나님께 영광을 돌리게 되느니라 _고후 1:20

For no matter how many promises God has made, they are "Yes" in Christ.
And so through him the "Amen" is spoken by us to the glory of God.
- 2 Co 1:20

오늘의 묵상

루터는 위텐벨그성에 유배된 동안 라틴어 성경을 독일어로 번역하는 대업을 완성했습니다. 그가 성경을 번역하던 방의 벽과 기둥에는 지금까지 잉크 자국이 남아 있다고 합니다. 괴로운 유배 생활 중 차라리 법왕과 타협해서 좋은 자리를 얻고 편안하게 살까 하는 유혹이 마음속에 생길 때마다 루터는 "사탄아 물러가라!" 하고 외치며 잉크병을 벽이나 기둥에 던졌기 때문입니다. 루터가 사탄에게 "NO!" 하는 순간은 하나님께 "YES!" 하는 순간이었습니다. 이 성에 유배되어 있을 때 그는 〈내주는 강한 성이요〉라는 찬송을 작사, 작곡하였습니다. 이 찬송은 사탄에게 "NO" 하고 하나님께 "YES" 하는 신앙고백입니다.

옳다 인정함을 받는 자는 자기를 칭찬하는 자가 아니요
오직 주께서 칭찬하시는 자니라 _고후 10:18

For it is not the one who commends himself who is approved,
but the one whom the Lord commends.
- 2 Co 10:18

08

30

오늘의 묵상

강원도 어느 산골에 한 초등학생이 있었습니다. 매우 가난해서 동생들을 보살피며 학교에 다니기가 힘들었습니다.
그러던 어느 날 오후, 무거운 발걸음으로 교문을 나설 때 담임 선생님이 어깨를 두드리며 "너는 보통 놈이 아니여!" 하고 용기를 주셨습니다.
이 한마디에 그는 면장에게 등록금을 꾸어서 중학교에 진학했고, 그 후 장학생으로 공부하면서 고등학교, 대학교, 대학원을 마치고 훌륭한 사람이 되었습니다.

모든 성경은 하나님의 감동으로 된 것으로 교훈과 책망과 바르게 함과 의로 교육하기에 유익하니 이는 하나님의 사람으로 온전하게 하며 모든 선한 일을 행할 능력을 갖추게 하려 함이라 _딤후 3:16-17

All Scripture is God-breathed and is useful for teaching, rebuking, correcting and training in righteousness, so that the man of God may be thoroughly equipped for every good work.
- 2 Ti 3:16-17

오늘의 묵상

주일학교 선생님이었던 에드워드 킴벨은 난폭한 아이들을 위해 기도했으며, 그들이 주님을 알기를 원했습니다. 어느 토요일 오후 일하던 가게에서 예수 그리스도를 자신의 구주로 받아들인 드와이트 무디도 그의 제자였습니다.

또한 무디의 영향 아래 수많은 사람에게 설교했던 월버 채프만이 있습니다. 어느 날 채프만이 인도하는 모임에 한 야구선수가 참석하여 회심하게 되는데, 그의 이름은 빌리 선데이였습니다. 회심한 빌리는 야구를 그만두었고, 채프만과 함께 사역을 시작하였습니다.

"사과나무에 열린 사과의 개수는 셀 수 있지만, 사과 씨 속에 있는 사과의 개수는 셀 수 없다"라는 오래된 격언이 있습니다. 한 사람의 영향력이 그와 같은 것입니다.

경우에 합당한 말은 아로새긴 은 쟁반에 금 사과니라
슬기로운 자의 책망은 청종하는 귀에 금 고리와 정금 장식이니라

_잠 25:11-12

A word aptly spoken is like apples of gold in settings of silver.
Like an earring of gold or an ornament of fine gold is a wise man's rebuke to a listening ear.
- Pr 25:11-12

08
29

―――― 오늘의 묵상 ――――

큰 공사판의 감독으로 일하던 사람이 있었습니다. 그는 한 달에 한두 번씩 집에 다녀가곤 했습니다. 그런데 부산으로 일터를 옮긴 지 6개월이 지나도록 집에는 소식이 없었습니다. 중학교에 다니던 큰딸이 수소문 끝에 찾아갔더니 아버지는 딴 살림을 차리고 있었습니다.
집으로 돌아온 딸이 어머니에게 "아버지가 객지에서 우리 때문에 무척 고생이 많으시더라"고 말했습니다.
다음날 뒤쫓아 온 아버지는 딸아이의 덕스러운 말 한마디에 모든 것을 정리하고 새사람이 되었습니다.

05 — 04

소망이 우리를 부끄럽게 하지 아니함은
우리에게 주신 성령으로 말미암아
하나님의 사랑이 우리 마음에 부은 바 됨이니 _롬 5:5

And hope does not disappoint us,
because God has poured out his love into our hearts by the Holy Spirit, whom he has given us. - Ro 5:5

오늘의 묵상

어떤 사람은 아내가 척추에 희귀한 병이 들어 7년 동안 누워 있는데, 7년을 한결같은 사랑으로 병시중을 했습니다. 한결같은 사랑으로 한다는 것이 중요합니다.

사랑이란 무엇인가요? 달콤한 솜사탕 같은 것인가요? 아름다운 풍경화 같은 것인가요? 그 환상을 깨십시오. 빨리 깨면 빨리 깰수록 진정한 사랑으로 다가갈 수 있습니다. 사랑은 실제입니다. 사랑은 살을 에는 살얼음 같은 것입니다. 사랑은 고난을 나눠 가지는 것입니다. 사랑은 위기의 때에 함께 있어 주는 것입니다.

모든 가정의 아이들이 "사랑이 뭐에요?" 물으면 "애야! 사랑은 바로 이런 거란다"라고 이론을 말하기보다 "지금 엄마, 아빠가 하는 일이 바로 사랑이란다"라고 말할 수 있었으면 좋겠습니다.

08
28

이것을 너희에게 이르는 것은 너희로 내 안에서 평안을 누리게 하려 함이라
세상에서는 너희가 환난을 당하나 담대하라 내가 세상을 이기었노라 _요 16:33

"I have told you these things, so that in me you may have peace. In this world you will have trouble.
But take heart! I have overcome the world."
- Jn 16:33

---- 오늘의 묵상 ----

우리 속담에 "엎친 데 덮친다"는 말이 있습니다. 이것을 서양에서는 "비가 오면 퍼붓는다"고 표현합니다. 힘든 일이 겹치거나 일이 계속 꼬이는 현상을 요즘은 '머피의 법칙'이라고 합니다.
정신분석학자 프로이트는 궂은일이 겹치는 현상을 무의식과 관련지어 연구하였습니다. 언뜻 우연인 것처럼 보이는 사고도 무의식적인 갈등 때문에 일어난다는 것입니다. 담대하지 못하고 소심한 사람, 자신감이 없는 사람, 불안감에 휩싸여 있는 사람은 집중력이 떨어져 주변에서 나타나는 위험을 알아차리지 못하고 사고를 당하는 경우가 많다고 합니다.

만물보다 거짓되고 심히 부패한 것은 마음이라 누가 능히
이를 알리요마는 나 여호와는 심장을 살피며 폐부를 시험하고
각각 그의 행위와 그의 행실대로 보응하나니 _렘 17:9-10

The heart is deceitful above all things and beyond cure. Who can understand it?
"I the LORD search the heart and examine the mind, to reward a man according to his conduct,
according to what his deeds deserve." - Jer 17:9-10

—— 오늘의 묵상 ——

빅터 프랭클은 정신과 의사로서 2차 대전 때 독일군에게 체포되어 악명 높은 아우슈비츠 수용소로 끌려간 유대인이었습니다. 다른 사람들과 함께 몇 날 며칠을 타고 간 열차에서 내리자 독일군 장교 하나가 서 있었습니다. 그는 한 사람씩 내릴 때마다 손가락으로 오른쪽, 왼쪽을 가리켰다. 그 손가락의 방향에 따라 기차에서 내린 사람들은 오른쪽으로 가고 왼쪽으로 가야 했습니다. 나중에 알고 보니 왼쪽으로 간 사람들은 당일 가스실에서 다 죽었고 오른쪽으로 간 사람들은 살아남았습니다.

마지막 날 예수님이 재림하시는 그때에 비슷한 상황이 우리 눈앞에 벌어집니다. 예수님을 하나님의 아들로 믿었으면 천국이고, 믿지 않았으면 지옥인 것입니다.

푯대를 향하여 그리스도 예수 안에서
하나님이 위에서 부르신 부름의 상을 위하여 달려가노라 _빌 3:14

I press on toward the goal to win the prize for which God has called me heavenward in Christ Jesus.
- Php 3:14

08

27

―― 오늘의 묵상 ――

행복은 삶의 목적을 바로 알 때 옵니다. 하나님이 주신 사명을 발견할 때 행복을 느낄 수 있습니다.

실존주의 철학자 키에르케고르는 "나는 그것을 위해서 살고, 그것을 위해서 죽을 수 있는 그 무엇을 붙들고 싶다"고 했습니다. 연극의 경우, 임금이나 공주 역을 맡은 사람만 박수받는 것은 아닙니다. 박수를 받는 사람은, 하인이든 걸인이든 마부든 자신에게 주어진 역할을 멋지게 해내는 사람입니다.

사람이 가장 행복을 누릴 수 있는 때는 자신이 세상에 태어난 의미를 알고 자신이 맡은 역할, 해야 할 일을 온전히 감당할 때입니다.

05 / 06

> 내가 복음을 전할지라도 자랑할 것이 없음은 내가 부득불 할 일임이라 만일 복음을 전하지 아니하면 내게 화가 있을 것이로다 _고전 9:16_
>
> Yet when I preach the gospel, I cannot boast, for I am compelled to preach.
> Woe to me if I do not preach the gospel!
> - 1 Co 9:16

오늘의 묵상

시카고의 클라크 대령은 매주 엿새 동안은 자기 일터에서 일하고 하루는 5, 6백 명이 모이는 선교 집회에서 사람들에게 복음을 전하는 것을 몇 년간 계속했습니다. 그 집회에 모이는 사람들은 대개 술주정뱅이나 좀도둑, 소매치기, 노름꾼들로 희망 없는 밑바닥 인생들이었습니다. 그들은 클라크 대령이 자신들에게 쏟는 사랑을 깨달았기 때문에 그의 느린 설교도 경청했습니다. 사랑만큼 위대한 것은 없습니다. 언제나 클라크 대령의 얼굴에는 모여 있는 사람들을 향한 사랑의 눈물이 흘러내리고 있었습니다.

만일 우리가 뿌린 씨앗에서 풍성한 수확을 얻고자 한다면, 우리는 눈물로 그 씨앗을 키워야 할 것입니다.

우리가 너희 믿음을 주관하려는 것이 아니요
오직 너희 기쁨을 돕는 자가 되려 함이니
이는 너희가 믿음에 섰음이라 _고후 1:24

Not that we lord it over your faith, but we work with you for your joy,
because it is by faith you stand firm.
- 2 Co 1:24

08
26

---- 오늘의 묵상 ----

'돕는 자'는 남을 지배하거나, 억압하거나, 명령하거나, 주관하려는 이가 아닙니다. 나에게 무엇을 해 주기를 바라기보다는 내가 남에게 무엇을 해줄 것인지를 먼저 생각하는 자입니다.
작은 돌덩이도 그것이 어느 쪽에서 역할을 하느냐에 따라서 걸림돌이 되기도 하고 받침돌이 되기도 합니다. 앞에서 가로막는 돌이면 걸림돌이요, 밑에서나 뒤에서 받쳐주는 돌이면 도움을 주는 받침돌입니다.

하나님이여 내 속에 정한 마음을 창조하시고 내 안에 정직한 영을
새롭게 하소서 나를 주 앞에서 쫓아내지 마시며
주의 성령을 내게서 거두지 마소서 _시 51:10-11

Create in me a pure heart, O God, and renew a steadfast spirit within me.
Do not cast me from your presence or take your Holy Spirit from me.
- Ps 51:10-11

05
07

오늘의 묵상

포먼은 45세의 늦은 나이에 다시 시합에 나가서 세계 챔피언을 획득한 특별한 사람입니다. 사람들은 그가 왜 뒤늦게 복싱을 다시 했는지 모릅니다. 포먼은 청년 시절 대단히 난폭하고 성미가 고약하였습니다. 그러나 그가 예수님을 통해서 아주 좋은 사람으로 변화되고 텍사스주 거리의 사람들을 위하여 여러 가지로 헌신하며 복음 전도자의 일을 했습니다. 그러는 중에 자기 주머니를 털어 교회당을 건축하고 청소년들을 복음으로 선도하기 위한 회관을 지었는데 돈이 더 필요했던 것입니다. 그래서 포먼은 자신의 실력과 기술을 다시 사용하기 위한 권투를 했고 하나님은 그를 도우셔서 늦은 나이에도 불구하고, 다시 챔피언이 되게 축복하셨습니다.

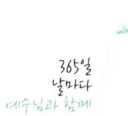

그러므로 하나님의 능하신 손 아래에서 겸손하라
때가 되면 너희를 높이시리라 _벧전 5:6

Humble yourselves, therefore, under God's mighty hand, that he may lift you up in due time.
- 1 Pe 5:6

---- 오늘의 묵상 ----

08
25

그레시슨 박사와 올린거 박사는 정신병원에 수용된 45명의 환자에게 그동안 그들이 가지고 있던 자아 개념을 새롭게 바꾸도록 도와주어 상당한 치료 효과를 보았다고 합니다. 환자들에게, 아침마다 눈을 감고 가장 편안한 자세에서 자기가 원하는 자아상을 떠올리며 마치 영화를 보듯 생동감 있는 자기 모습을 그리게 하였더니 상당한 효과가 있었던 것입니다. 중요한 것은 자신에 대하여 어떠한 이미지를 가지고 사느냐는 것입니다.

우리 그리스도인들은 자신의 영적 이미지를 그리스도 안에서 새롭게 발견한 사람들이라 할 수 있습니다. 그리스도 안에서 우리는 가장 사랑받는 하나님의 자녀가 되었기 때문입니다. 그러므로 부르심을 받은 성도들은 언제나 그리스도 안에서 높은 자존심과 불타는 사명감을 가지고 자기 삶을 적극적으로 펼쳐 나가야 합니다.

자녀들아 우리가 말과 혀로만 사랑하지 말고
행함과 진실함으로 하자 _요일 3:18

Dear children, let us not love with words or tongue but with actions and in truth.
-1 Jn 3:18

―――― 오늘의 묵상 ――――

뉴욕 역대 시장 중 가장 명 시장은 라과디아(Laguardia)입니다. 그가 뉴욕시의 즉결 재판부 판사로 있을 때 하루는 가게에서 빵을 훔치다가 붙잡혀온 노인이 기소되었습니다. 노인은 "배가 고파 빵에 손을 댔다"고 고백했습니다. 라과디아 판사는 이렇게 말했습니다.
"당신의 행위는 10불의 벌금형에 해당됩니다. 그 10불은 내가 내겠습니다. 이토록 배고픈 사람이 뉴욕 거리를 헤매고 있었는데 내가 그동안 너무 좋은 음식을 배불리 먹은 벌금으로 내는 것입니다. 이 재판정에 계신 분들도 나처럼 너무 잘 먹은 데 대한 벌금을 내고 싶으면 이 모자에 넣기를 바랍니다."
가난한 노인은 오히려 47불을 손에 들고 눈물을 흘리며 재판정을 나갔습니다.

08 24

여호와 하나님이 땅의 흙으로 사람을 지으시고
생기를 그 코에 불어넣으시니 사람이 생령이 되니라 _창 2:7

The LORD God formed the man from the dust of the ground and breathed into his nostrils the breath of life, and the man became a living being. - Gen 2:7

—— 오늘의 묵상 ——

하나님은 온 우주를 만드시는 과정에서, 인간을 창조하심으로 우주 창조의 대단원을 장식하셨습니다. 이 마지막 과정에서 하나님은 손길을 거두시기 전에 인간에게 당신의 '생기(the breath of life)를 불어넣으셨습니다. 이 순간이 하나님의 창조의 모든 과정 중 가장 위대한 순간이었다고 생각합니다.

신학자들은 이 하나님의 생기에 대해 나름대로 멋진 주장을 펴고 있습니다. 나는 미국 클레어몬트 신학교의 목회상담학 교수이며 세계 목회상담학의 최고 권위자였던 하워드 클라인벨의 주장을 좋아합니다. 그의 견해는, 하나님의 생기란 하나님이 인간에게 넣어주신 '신적인 가능성'(divine potentiality) 이라는 것입니다.

인간은 누구나 하나님을 닮은 신의 가능성을 지니고 있습니다. 내 속에 가능성이 있다고 믿고서, 그것을 계발 또는 폭발시키면 엄청난 일을 해낼 수 있습니다.

너희가 악한 자라도 좋은 것으로 자식에게 줄 줄 알거든
하물며 하늘에 계신 너희 아버지께서
구하는 자에게 좋은 것으로 주시지 않겠느냐 _마 7:11

If you, then, though you are evil, know how to give good gifts to your children,
how much more will your Father in heaven give good gifts to those who ask him!
- Mt 7:11

05
09

----- 오늘의 묵상 -----

한 젊은 여인이 미술관에 들어오는 순간부터 꿇어앉은 채로 그림을 감상했습니다. 학생들을 데리고 미술품을 감상하러 올 텐데 아이들의 눈높이에서 이 미술품들이 어떻게 보일지 미리 알아두려는 것이었습니다.

어른들은 눈이 너무 높아 아이들의 세상을 보지 못합니다. 있는 사람들은 눈이 너무 높아 없는 사람의 고통을 알지 못합니다. 눈높이를 낮추는 것은 높이는 것보다 어려운 일입니다. 건강한 사람이 약한 사람과, 높은 사람이 낮은 사람과, 있는 사람이 없는 사람과 일체감을 갖는 것은 아주 힘든 일입니다. 자세를 낮추고 눈높이를 낮추기 전에는 그들이 보이지 않습니다.

08 / 23

여호와의 말씀이니라 너희를 향한 나의 생각을 내가 아나니 평안이요 재앙이 아니니라 너희에게 미래와 희망을 주는 것이니라 _렘 29:11

For I know the plans I have for you," declares the LORD, "
plans to prosper you and not to harm you, plans to give you hope and a future.
- Jer 29:11

―― 오늘의 묵상 ――

우리는 마음의 생각을 잘 관리해야 합니다. 마음을 잘 다스리는 자는 성을 빼앗는 자보다 위대합니다. 만일 마음에 잘못된 생각, 죄를 짓게 하는 생각이 들어오게 한다면 가룟 유다처럼 망할 수밖에 없습니다. 그러므로 마음에 파수꾼을 세워야 합니다. 그 파수꾼은 바로 예수 그리스도의 마음입니다.

예수님의 마음을 품기 위해 네 가지를 마음에 새깁시다. 하나님을 사모하는 마음을 가집시다(롬 1:28). 다윗과 같이 정한 마음을 구합시다(시 51:10). 마음의 생각을 긍정적으로 가집시다. 겸손히 섬기는 마음을 가집시다.

자녀들아 너희는 하나님께 속하였고 또 그들을 이기었나니
이는 너희 안에 계신 이가 세상에 있는 자보다 크심이라 _요일 4:4

You, dear children, are from God and have overcome them,
because the one who is in you is greater than the one who is in the world.
- 1 Jn 4:4

─── 오늘의 묵상 ───

세계적으로 유명한 오페라 가수인 할버톤이 어느 날 어린 아들과 친구들의 대화를 듣게 되었습니다. 소년이 아들에게 이런 자랑을 했습니다.

"우리 아빠는 시장님과 아주 친하다." 그때 아들은 조금도 망설이지 않고 이렇게 대꾸했습니다.

"그래? 우리 아빠는 이 세상을 창조하신 하나님과 친하시다."

할버톤은 아들의 말을 듣는 순간 너무 감격해 왈칵 눈물을 쏟았습니다. 어린 시절에 신앙을 심어 주는 것이 얼마나 소중한 것인지를 그때 비로소 깨달았던 것입니다. 어린이는 하나님이 부모에게 맡겨준 최고의 선물이요, 영광의 면류관입니다.

05
10

너희는 그 은혜에 의하여 믿음으로 말미암아 구원을 받았으니
이것은 너희에게서 난 것이 아니요 하나님의 선물이라 _엡 2:8

For it is by grace you have been saved, through faith--and this not from yourselves,
it is the gift of God.
- Eph 2:8

08
22

----- 오늘의 묵상 -----

'믿음'은 우리에게서 난 것이 아니라 하나님의 선물입니다. 그러나 선물로 받은 '믿음'은 이제 우리의 것입니다.

선물은 받은 사람이 어떻게 다루느냐에 따라 가치를 더할 수도 있고 필요 없는 것이 될 수도 있습니다.

하나님의 선물인 믿음도 받은 사람이 어떻게 가꾸느냐에 따라 성장하여 가치를 발할 수도 있고 소멸할 수도 있습니다.

05 / 11

여인이 어찌 그 젖 먹는 자식을 잊겠으며 자기 태에서 난 아들을
긍휼히 여기지 않겠느냐 그들은 혹시 잊을지라도
나는 너를 잊지 아니할 것이라 _사 49:15

Can a mother forget the baby at her breast and have no compassion on the child she has borne?
Though she may forget, I will not forget you!
- Isa 49:15

오늘의 묵상

위대한 성직자 로버트 레이니가 사람들로부터 혹독한 비판과 심한 오해를 받아 어려움을 당하고 있을 때의 일입니다. 한 친구가 그를 찾아와서 말했습니다. "자네가 이런 상황을 어떻게 견뎌내는지 나는 도저히 이해할 수 없네." 그러자 레이니가 말하였습니다. "아, 그건 자네도 잘 알다시피 난 집에 돌아오기만 하면 편안해지거든."

가정은 소중합니다. 사랑과 용서와 이해로 가정을 지켜가는 행복을 누려야 합니다. 또한 영국의 정치가요 저술가였던 벨푸어가 말한 것처럼 "그대의 아버지에게는 효도를, 그대의 어머니에게는 그대를 자랑할 일을 행하도록" 힘써야 합니다.

대저 그 마음의 생각이 어떠하면 그 위인도 그러한즉 그가 네게 먹고 마시라 할지라도 그의 마음은 너와 함께 하지 아니함이라 _잠 23:7

for he is the kind of man who is always thinking about the cost. "Eat and drink," he says to you, but his heart is not with you.
- Pr 23:7

오늘의 묵상

마틴 루터는 '식탁에서 한 이야기가 성경 다음으로 읽히는 중요한 교훈'이라고 하였습니다. 부모, 오빠, 누나, 동생 이렇게 서로 한자리에 모여 음식을 나누고 대화로 자신의 생활을 나누는 우리의 식탁은 정말 건강한 삶의 공간입니까?

몇십 년 동안 떨어져 있어야만 이산가족이 되는 것이 아닙니다. 가족들이 몸은 같은 지붕 아래 살면서도 정신은 이산될 수 있습니다.

그리스도인은 한 지붕 밑에서 작은 성만찬을 베풀 듯 식탁 예절을 지키며 살아가야 합니다.

08
21

사랑은 여기 있으니 우리가 하나님을 사랑한 것이 아니요
하나님이 우리를 사랑하사 우리 죄를 속하기 위하여
화목 제물로 그 아들을 보내셨음이라 _요일 4:10

This is love: not that we loved God,
but that he loved us and sent his Son as an atoning sacrifice for our sins.
- 1 Jn 4:10

05
—
12

오늘의 묵상

하버드대 심리학 교수팀이 "사랑은 바이러스에 대한 저항력을 강화시킨다"는 실험 결과를 발표했습니다.

교수팀은 먼저 학생들에게 인자한 얼굴을 한 성직자가 난민병원에서 사랑으로 환자들을 돌보는 기록영화를 보여주었습니다. 그러고 나서 IG-A(감기 바이러스에 대항하는 저항력)를 검사한 다음 1주일 후 이번에는 나치가 유대인을 잔혹하게 학살하는 기록영화를 보여주고 IG-A를 검사했습니다. 그 결과 연구팀은 학생들이 사랑을 느꼈을 때 IG-A 수치가 더 높아졌다는 것을 알아냈습니다.

내 영혼아 네가 어찌하여 낙심하며 어찌하여 내 속에서 불안해하는가 너는 하나님께 소망을 두라 그가 나타나 도우심으로 말미암아 내 하나님을 여전히 찬송하리로다 _시 43:5

Why are you downcast, O my soul? Why so disturbed within me?
Put your hope in God, for I will yet praise him, my Savior and my God. - Ps 43:5

08
20

---- 오늘의 묵상 ----

20세기 초 미국은 경제 대공황을 맞았습니다. 이때 미국 국민을 계몽한 상징적인 사업은 엠파이어 스테이트 빌딩(마천루)을 건축하는 일이었습니다. 102층의 거대한 건축물은 당시로서는 상상하기 어려운 모험적인 시도였습니다. 이 사업에는 두 가지 깊은 뜻이 있었습니다.

하나는 불황의 시기에 실직자들을 위한 고용 창출이라는 실질적인 것이요, 다른 하나는 청교도들의 모험과 신앙을 되찾아서 이 난국을 이겨내자는 것이었습니다. 그래서 설계자는 영국을 떠난 102명의 청교도 조상들의 청교도 정신과 모험을 기리며 102층의 건물을 설계했습니다.

"환난 날에 나를 부르라. 내가 너를 건지리니(시 50:15)" 라는 말씀을 삶에 적용한 좋은 예가 되었습니다.

믿음이 없어 하나님의 약속을 의심하지 않고
믿음으로 견고하여져서 하나님께 영광을 돌리며
약속하신 그것을 또한 능히 이루실 줄을 확신하였으니 _롬 4:20-21

Yet he did not waver through unbelief regarding the promise of God, but was strengthened in his faith and gave glory to God, being fully persuaded that God had power to do what he had promised.
- Ro 4:20-21

05
13

오늘의 묵상

칠레의 산속 늪지에는 '리노데르마르' 라는 특이한 개구리가 삽니다. 이 개구리는 암컷이 알을 낳는 순간 옆에 있던 수컷이 알을 모두 삼켜 식도 부근에 있는 자신의 소리주머니에 그 알들을 소중히 간직합니다. 알이 완전히 성숙해지기 전까지는 결코 입을 벌리지 않고, 자신의 존재 이유며 중요한 쾌락인 우는 것을 포기합니다. 새끼들의 안전을 위해 먹는 것까지도 포기합니다. 알들이 완전히 성장했다고 판단되면 비로소 자신의 입을 벌려 새끼 올챙이를 입에서 내보냅니다.

사랑의 결실을 맺고 싶다면 끝까지 사랑하기로 결단해야 합니다. 생명과 같이 소중한 것들은 그런 사랑 속에서만 꽃을 피울 수 있는 것입니다.

08
19

나와 같이 모든 일에 모든 사람을 기쁘게 하여
자신의 유익을 구하지 아니하고 많은 사람의 유익을 구하여
그들로 구원을 받게 하라 _고전 10:33

Even as I try to please everybody in every way.
For I am not seeking my own good but the good of many, so that they may be saved.
- 1 Co 10:33

오늘의 묵상

신촌 세브란스 병원 앞뜰에는 세브란스 선생의 상반신 동상이 있습니다. 10여 년 전에 문병을 위해서 병원에 들렀다가 우연히 동상 제막식 광경을 보게 되었습니다. 가까이 가 보니 동상 받침대에 세브란스 선생이 병원에 기부금을 송금하면서 보낸 편지의 내용 중 한 구절이 새겨져 있었습니다. 오랜 세월이 지났지만 지금도 그 글귀가 나의 기억에 또렷합니다.
"받는 당신의 기쁨보다 보내는 나의 기쁨이 훨씬 더 큽니다."

누구든지 사람 앞에서 나를 시인하면
나도 하늘에 계신 내 아버지 앞에서 그를 시인할 것이요 _마 10:32

Whoever acknowledges me before men, I will also acknowledge him before my Father in heaven.
- Mt 10:32

오늘의 묵상

아인슈타인은 그의 조국 이스라엘로부터 대통령직을 제의받았습니다. 그러나 그는 "대통령을 하겠다는 사람은 많지만 물리학을 가르칠 사람은 그리 많지 않다"며 정중하게 거절했습니다.
이스라엘의 벤구리온이 갑자기 수상직을 사임하자 이유를 물었습니다. 답은 간단했습니다. "이제 나는 키부츠 땅콩밭으로 갑니다. 수상은 누구나 할 수 있으나 땅콩 농사는 아무나 지을 수 있는 것이 아닙니다."
미국의 지미 카터도 대통령직에서 물러난 후 교회학교 교사로 봉사하며 말했습니다. "내가 대통령이 된 것은 하나님의 일을 더 잘하기 위함이었습니다. 대통령은 임시직이지만 교사는 평생 직입니다."
세상은 소신을 가진 '창조적 소수'에 의해 움직입니다.

05
—
14

08
18

하나님이 우리를 사랑하시는 사랑을 우리가 알고 믿었노니
하나님은 사랑이시라 사랑 안에 거하는 자는 하나님 안에 거하고
하나님도 그의 안에 거하시느니라 _요일 4:16

And so we know and rely on the love God has for us.
God is love. Whoever lives in love lives in God, and God in him. - 1 Jn 4:16

―― 오늘의 묵상 ――

샤르니라는 한 프랑스인이 황제에게 밉게 보여 감옥에 갇혔습니다. 너무나 쓸쓸했던 그는 돌조각으로 벽에 적었습니다. "아무도 돌보지 않는다."
그러던 어느 날 바닥에 깔려 있던 돌 틈에서 푸른 싹 하나가 고개를 들고 나왔습니다. 샤르니는 물을 조금씩 남겨서 부어주곤 했습니다. 마침내 꽃봉오리가 생기더니 아름다운 꽃을 피웠습니다. 그는 먼저 썼던 글을 지우고 다시 썼습니다. "하나님이 돌보신다."
그러던 어느 날 옆방에 면회왔던 사람이 아름다운 꽃을 보았습니다. 소문은 금세 전달되어 조세핀 여왕의 귀에까지 들어갔고 결국 샤르니는 석방되었습니다.
소망은 생명입니다. 어떤 경우에도 소망을 잃지 말고 전진하여야 합니다. 소망은 좋은 동역자입니다.

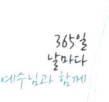

05 / 15

진실로 다시 너희에게 이르노니 너희 중의 두 사람이 땅에서 합심하여 무엇이든지 구하면 하늘에 계신 내 아버지께서 그들을 위하여 이루게 하시리라

_마 18:19

Again, I tell you that if two of you on earth agree about anything you ask for,
it will be done for you by my Father in heaven. - Mt 18:19

오늘의 묵상

미국 버지니아에 존 영이라는 흑인 농부가 살았습니다. 존 영 부부는 학교에서 교육을 받은 적이 없는 무식한 사람들이었습니다. 그들은 자녀를 열네 명이나 낳았습니다. 이 부부는 무식했으나 신앙생활은 철저했습니다. 위기가 닥칠 때마다 "하나님이 지켜주십시오"라고 기도했습니다. 이 부부는 거실에 가훈이 적힌 커다란 액자를 걸어놓고 자녀들이 그것을 매일 묵상하도록 교육했습니다.

그 가훈은 '이 집의 뿌리는 하나님이시다' 였습니다. 결국 존 영의 자녀들은 단 한 명의 낙오자도 없이 모두 대학을 졸업했습니다. 자녀 중 코넬대학 경제학 박사, 교사, 간호사, 음악가 등이 배출됐습니다. 하나님을 바라보는 가정은 망하는 법이 없습니다.

부모의 기도는 자녀를 위한 행복의 자양분입니다. 좋은 나무에서 좋은 열매가 맺힙니다.

마음을 살피시는 이가 성령의 생각을 아시나니
이는 성령이 하나님의 뜻대로 성도를 위하여 간구하심이니라 _롬 8:27_

And he who searches our hearts knows the mind of the Spirit,
because the Spirit intercedes for the saints in accordance with God's will.
- Ro 8:27

08
17

―――― 오늘의 묵상 ――――

무디는 기도는 내 필요에 의하여 하나님을 내 편으로 만드는 것이 아니라 하나님의 뜻에 나를 조종해 맞추는 일이다"라고 말했습니다.

동물 우화에서 사자는 "오늘도 일용할 양식을 주십시오"라고 기도하고, 사슴은 "오늘도 사자의 위협에서 안전하게 풀을 뜯을 수 있도록 지켜주십시오"라고 기도할 때 하나님은 누구의 기도를 들어주실지 의문이 생깁니다. 만약 이것이 자신과 관련된 문제라면 결정하기가 매우 어려울 것입니다.

토마스 아 캠피스는 '올바른 기도'에 대해서 이렇게 말하고 있습니다. "오 주여, 주님은 무엇이 최선인지 아십니다. 모든 일을 주님의 뜻대로 이루소서."

너는 하나님과 화목하고 평안하라
그리하면 복이 네게 임하리라 _욥 22:21

Submit to God and be at peace with him; in this way prosperity will come to you. - Job 22:21

오늘의 묵상

가난한 화가가 세상에서 가장 아름다운 작품을 그리고 싶어 했습니다. 그래서 결혼을 앞둔 신부에게 "세상에서 가장 아름다운 것이 무엇이냐"고 물었더니 "사랑이지요. 사랑은 눈물도 달콤하게 만드니까요"라고 말했습니다.

목사님은 "믿음이지요. 간절한 믿음이야말로 세상에서 비길 것이 없습니다"라고 대답했습니다. 군인은 "평화지요. 평화가 가장 아름답고 전쟁이 가장 추한 것이지요"라고 말했습니다.

그리고 집으로 돌아왔습니다. 그는 집에서 아이들의 눈망울에는 아버지를 향한 믿음이, 아내의 젖은 손길에는 남편을 향한 사랑이, 낡은 침대 속에는 평화가 있다는 사실을 알았습니다. 마침내 화가는 이 세상에서 가장 아름다운 작품을 완성할 수 있었습니다.

05
—
16

08
16

여호와께 감사하라 그는 선하시며 그 인자하심이 영원함이로다
신들 중에 뛰어난 하나님께 감사하라 그 인자하심이 영원함이로다

_시 136:1-2

Give thanks to the LORD, for he is good. His love endures forever.
Give thanks to the God of gods. His love endures forever. - Ps 136:1-2

—— 오늘의 묵상 ——

기막히게 맛이 좋은 요리를 먹은 임금이 감탄하여 요리사를 불렀습니다. 요리사는 "임금님, 대단히 기쁩니다만 만약 칭찬하시려거든 좋은 야채를 많이 파는 채소 장수를 칭찬해주십시오"라고 얘기했습니다.

성으로 불려 간 채소 장수 역시 칭찬받을 사람은 자기가 아니라 '그 야채를 키운 농사꾼'이라고 말했습니다. 농사꾼은 두려워하며 임금님 앞으로 나아갔습니다. 그리고 자기가 농사한 야채가 세상에서 가장 맛있다는 얘기를 듣자 깜짝 놀랐습니다.

"임금님, 제가 땅을 갈아 씨를 심어도 때에 따라 비를 주시고 햇볕을 주시는 분이 없으면 저는 잎사귀 하나, 열매 하나 만들지 못하지요. 감사 인사는 하늘에 계신 하나님께 드리는 게 당연하다고 생각합니다요."

온유한 자는 복이 있나니
그들이 땅을 기업으로 받을 것임이요 _마 5:5

Blessed are those who mourn, for they will be comforted.
- Mt 5:5

---- 오늘의 묵상 ----

아현감리교회에 다니는 99세 할머니의 백수 생일 축하연에 관한 기사를 국민일보(1998년 10월 7일 자)에서 읽을 수 있었습니다. 그분에게 장수의 비결이 무엇이냐고 물었더니 "온순한 마음을 품으면 장수하지. 맹수는 단명해요, 항상 밝은 마음을 가지고 많은 사람을 사랑하며 살면 틀림없이 장수하는 법이지."라고 말했답니다.

예수님은 "온유한 사람은 복이 있나니 저들이 땅을 차지할 것이라."고 하셨습니다. 포악하고 잔인한 자들이 세상을 지배하는 것처럼 보이지만 최후 승리자는 온유한 마음을 가진 자입니다.

우리의 씨름은 혈과 육을 상대하는 것이 아니요
통치자들과 권세들과 이 어둠의 세상 주관자들과
하늘에 있는 악의 영들을 상대함이라 _엡 6:12

For our struggle is not against flesh and blood, but against the rulers, against the authorities,
against the powers of this dark world and against the spiritual forces of evil in the heavenly realms. - Eph 6:12

08 / 15

오늘의 묵상

많은 사람이 신문에서 띠점을 보거나 오늘의 운세를 읽기도 하고 컴퓨터 점을 보기도 합니다. 이에 대해 '단순히 재미로 하는 것이고, 금방 잊어버리는데 뭐 어때?'라고 생각하기가 쉽습니다. 아니 어쩌면 신빙성이 있다고 생각할 수도 있습니다. 그리스도인 중에도 그런 사람들이 있을 것입니다.

하지만 성경은 점치는 자들을 향해 무섭게 경고하고 있습니다. 점이나 주술에 빠지는 것은 결국 하나님에 대한 믿음이 없는 행동이며, 믿음을 약화시키는 원인이 되기 때문입니다. 실제로 점술과 주술 안에는 생명이 없고 참된 진리도 들어 있지 않습니다.

하나님께서 하시는 모든 일은 사람이 측량할 수 없고, 인생의 길은 절대적으로 하나님의 주권 안에 있습니다.

05
18

우리가 선을 행하되 낙심하지 말지니
포기하지 아니하면 때가 이르매 거두리라 _갈 6:9

Let us not become weary in doing good,
for at the proper time we will reap a harvest if we do not give up.
- Gal 6:9

― 오늘의 묵상 ―

스텐리 존스 선교사가 인도에 가서 선교할 때의 일입니다. 그들을 사랑하며 열심히 복음을 전하여도 받아들이지 않고 오히려 조롱하고 핍박하였습니다. 어느 날 너무 지치고 피곤해서 사과나무 아래에 힘없이 쓰러져 있었습니다. 그때 하나님이 그에게 찾아와 음성을 들려주셨습니다.
"스텐리 존스야, 이 사과나무를 보아라. 지금은 열매가 없어 보이나 뿌리가 땅에 깊이 묻혀 있고, 잎이 태양을 향해 있으며, 그 얼굴이 나를 향하고 있으므로 좋은 열매가 맺힐 것이다. 그 열매를 믿음으로 보아라."
스텐리 존스는 다시 힘을 얻고 역경 중에 주시는 하나님의 은총에 감사하며 그 사명을 감당할 수 있었다고 합니다.

그는 우리의 화평이신지라 둘로 하나를 만드사
원수 된 것 곧 중간에 막힌 담을 자기 육체로 허시고 _엡 2:14

For he himself is our peace, who has made the two one
and has destroyed the barrier, the dividing wall of hostility,
- Eph 2:14

08
14

―――― 오늘의 묵상 ――――

1937년 '죄수들의 어머니'로 불리던 미국의 캐서린 로즈 여사가 교통사고로 사망했습니다. 그녀는 평생 죄수들에게 사랑을 쏟았습니다. 두 자녀도 죄수들과 함께 운동하며 성장했습니다. 캐서린 로즈 여사의 운구가 묘지로 떠날 때 죄수들의 대표가 교도소장에게 부탁하였고 교도소장은 6백 명의 죄수들에게 잠시 동안 외출을 허용했습니다. 죄수들은 들꽃을 한 송이씩 들고 캐서린의 죽음을 애도했습니다. 이 애도 행렬은 무려 8백m에 이르렀습니다. 그날 저녁 6백 명의 죄수는 단 한 사람의 도망자도 없이 모두 교도소로 돌아왔습니다.
사랑은 막힌 담을 허뭅니다. 사람은 진실한 사랑 앞에서는 정직해집니다. 사랑은 인간 사이에 막힌 담을 무너뜨립니다.

예수께서 이르시되 나는 부활이요 생명이니
나를 믿는 자는 죽어도 살겠고 무릇 살아서 나를 믿는 자는
영원히 죽지 아니하리니 이것을 네가 믿느냐 _요 11:25-26

Jesus said to her, "I am the resurrection and the life. He who believes in me will live, even though he dies; and whoever lives and believes in me will never die. Do you believe this?"
- Jn 11:25-26

05
19

---- 오늘의 묵상 ----

이름은 중요합니다. 호랑이는 죽어서 가죽을 남기고 사람은 죽어서 이름을 남긴다고 했습니다. 그래서 이름에 대한 시비도 적지 않고 이름 때문에 작명소에 가는 사람도 있습니다. 성경에도 아브람이 아브라함, 야곱이 이스라엘, 사울이 바울로 바뀌는 것이 그들 인생의 전환점임을 알 수 있습니다.

우리가 사는 동안 아무도 기억조차 못 할 이름이라 할지라도 하나님은 구속하신 자기 자녀의 이름을 기억하십니다. 하나님의 친절하심이 감격스럽지 않습니까?

08 — 13

정직한 자를 악한 길로 유인하는 자는 스스로 자기 함정에 빠져도 성실한 자는 복을 받느니라 _잠 28:10

He who leads the upright along an evil path will fall into his own trap,
but the blameless will receive a good inheritance.
- Pr 28:10

오늘의 묵상

미국의 블루문 치즈회사의 창립자 휘트니는 농부의 아들로 자랐으나 회사 사장이 되는 것이 꿈이었습니다. 그는 처음 식료품 연쇄점의 점원으로 취직하였습니다. 그는 모든 일에 성실했습니다. 소매부에서 일하던 그는 거기서만 일하는 것이 아니라 점심시간에는 도매부의 일도 자진해서 도와주었습니다. 그리고 이 일에 대하여는 보수를 요구하지 않았습니다. 이것이 담당 부장의 인정을 받게 되어 부장은 더 좋은 자리가 났을 때 휘트니를 끌어 앉혔습니다.
휘트니는 그 후 점원에서 외판원으로, 부장으로, 그리고 마침내 회사를 창설하여 사장이 되었습니다.

05 / 20

인자가 온 것은 섬김을 받으려 함이 아니라 도리어 섬기려 하고
자기 목숨을 많은 사람의 대속물로 주려 함이니라 _막 10:45

For even the Son of Man did not come to be served, but to serve,
and to give his life as a ransom for many.
- Mk 10:45

오늘의 묵상

"선배님, 우리 아들 녀석이 지금 유치원에 다니는데, 나중에 커서 무엇이 되고 싶으냐고 물으면 청소부가 되겠다는 거예요. 좋은 것이 많은데 하필이면 왜 청소부냐고 해도 막무가내랍니다." 우리는 함께 웃었지만, 나는 그 어린아이의 꿈이 그렇게 소중하게 느껴질 수가 없었습니다. 온통 1등이 되고자 하고 섬김받기를 좋아하는 세상에서 그 아이의 꿈은 신선한 충격을 주었습니다. 그 어린이는 청소부로 인해 주변과 세상이 깨끗해지는 것을 보았던 것입니다. 바로 이런 섬기는 자가 있어야 세상은 더 밝고 깨끗해질 수 있는 것이 아니겠습니까?

하나님은 모든 사람이 구원을 받으며
진리를 아는 데에 이르기를 원하시느니라 _딤전 2:4

Who wants all men to be saved and to come to a knowledge of the truth.
- 1 Ti 2:4

08
12

---- 오늘의 묵상 ----

한 사람이 딸과 함께 계곡에 갔다가 급류를 만났습니다. 안전하게 구해내려면 우선 냉정하게 큰 나무 곁으로 이동해 자기 몸을 나무에 견고하게 잡아매야 합니다. 그런 뒤 딸이 소용돌이에 밀려 나와 자기 앞을 지나갈 때 재빨리 붙잡아 밖으로 끌어내야 둘 다 살 수 있습니다.

자신은 하나님께 잘 묶지 않으면서 바쁘기만 한 사람들 때문에 교회는 소란스럽습니다. 자신을 하나님께 묶는 시간이 소모적이라고 생각한 사람은 일단 뛰어든 뒤에 후회합니다. 기도가 시간 낭비요 안식일은 소모적이라고 느끼는 사람이 많지만 그렇지 않습니다. 하나님 앞에 나를 묶는 시간은 언제나 생산적이요 효율적입니다. 자신을 하나님 앞에서 잘 묶는 자가 결국 세상을 품니다.

오직 선을 행함과 서로 나누어 주기를 잊지 말라
하나님은 이같은 제사를 기뻐하시느니라 _히 13:16

And do not forget to do good and to share with others, for with such sacrifices God is pleased. - Heb 13:16

05 / 21

―――― 오늘의 묵상 ――――

"아저씨, 이 차 비싼가요?" "그럼, 아주 비싼 차란다." "얼마나 하는데요?" "응? 그건 나도 몰라. 우리 형이 선물로 사 준 차거든." 그러자 소년은 한숨을 쉬면서 이렇게 말했습니다. "아, 나에게도……

"너에게도 이런 차를 사 줄 형이 있었으면 좋겠단 말이지?" 하고 묻자, 소년은 고개를 저었습니다. "아니에요. 제게 돈이 많이 있다면 제 동생에게 이런 차를 사 줄 수 있을 거라는 생각을 했어요." 차 주인은 이 기특한 소년을 집에까지 태워다 주었습니다. 소년은 자기 집 앞에 이르자 잠시만 기다려 달라고 부탁했습니다. 소년은 잠시 후 소아마비로 제대로 서지도 못하는 어린 동생을 데리고 나왔습니다. 소년은 동생을 꼭 끌어안고 큰 소리로 말하는 것이었습니다. "자, 봐! 내 말이 맞지? 저 아저씨네 형이 저 차를 사 준 거래. 그러니까 형도 이다음에 커서 돈 많이 벌면 너한테 이런 차를 사 줄게. 그러면 다리가 아파 가볼 수 없는 곳도 형과 함께 맘껏 다닐 수 있을 거야."

08 / 11

내가 하나님의 열심으로 너희를 위하여 열심을 내노니 내가 너희를 정결한 처녀로 한 남편인 그리스도께 드리려고 중매함이로다 _고후 11:2

I am jealous for you with a godly jealousy. I promised you to one husband, to Christ,
so that I might present you as a pure virgin to him.
- 2 Co 11:2

오늘의 묵상

줄리어스의 꿈에 어떤 손님이 찾아왔습니다. 그는 손님과 이런저런 이야기를 하다가 자기가 주님의 일을 얼마나 열심히 하는가에 대해 자랑했습니다. 그러자 손님이 열심을 보여 달라고 했습니다. 줄리어스는 서슴지 아니하고 자기 품에서 열심덩어리를 꺼내 그에게 주었습니다. 줄리어스의 열심덩어리를 받은 손님은 지니고 다니던 저울에 그것을 달아보더니 "100근이군요"라고 했습니다. 줄리어스는 내심 너무나 기뻤습니다. '내 열심이 100근이나 되다니…' 그런데 손님은 열심덩어리의 구성 성분을 분석하기 시작했습니다. 세세히 분석한 후 말했습니다. "야심이 20%, 의심이 19%, 명예심이 30%, 기타 28%, 예수님께 대한 사랑은 단 3%도 안 되는군요."

이는 내 생각이 너희의 생각과 다르며 내 길은 너희의 길과 다름이니라 여호와의 말씀이니라 이는 하늘이 땅보다 높음 같이 내 길은 너희의 길보다 높으며 내 생각은 너희의 생각보다 높음이니라 _사 55:8-9

"For my thoughts are not your thoughts, neither are your ways my ways," declares the LORD.
"As the heavens are higher than the earth, so are my ways higher than your ways
and my thoughts than your thoughts."
- Isa 55:8-9

오늘의 묵상

외판원이 상품을 판매하기 위해 초인종을 눌러댑니다. 사실 그들이 한두 번 다녀간 것이 아닙니다. 문을 열어 주면 다시금 귀찮게 할 것이 뻔합니다. 그래서 문을 열어 주지 않습니다.
그러나 우리의 자녀가 밖에 나갔다가 돌아와 초인종을 누릅니다. 그럴 때는 수백 번이라도 기다렸다는 듯이 문을 열어줍니다. 귀찮아하지 않습니다. 왜 그렇습니까? 우리 자녀, 아들과 딸이기 때문입니다.

네 마음으로 죄인의 형통을 부러워하지 말고 항상 여호와를 경외하라 정녕히 네 장래가 있겠고 네 소망이 끊어지지 아니하리라 _잠 23:17-18

Do not let your heart envy sinners, but always be zealous for the fear of the LORD.
There is surely a future hope for you, and your hope will not be cut off.
- Pr 23:17-18

08 10

―――― 오늘의 묵상 ――――

"나는 지난 몇 년 동안에 감옥에 다섯 번 투옥되었고 집이 두 번 폭파되었고 나와 가족을 죽이겠다는 전화를 거의 매일 한 번씩 받았고 칼에 찔려 죽을 고비도 넘겼다. 더 이상 무거운 짐을 지고 갈 수 있을지 솔직하게 말해서 의심스럽다. 정말 조용하고 쉽게 살고 싶은 유혹을 매시간 받는다. 그러나 나는 고통을 통하여 혹암이 얼마나 나에게 도움이 되는가를 배웠다. 주님을 믿을 때 고통은 오히려 창조적인 능력으로 변한다는 것을 여러 번 체험했다. 나의 불행은 나 자신을 변화시키며 다른 사람들을 고쳐줄 수 있는 기회인 것이다."

- 마틴 루터 킹

05 / 23

> 외모로 보시지 않고 각 사람의 행위대로 심판하시는 이를 너희가 아버지라 부른즉 너희가 나그네로 있을 때를 두려움으로 지내라 _벧전 1:17

Since you call on a Father who judges each man's work impartially,
live your lives as strangers here in reverent fear.
- 1 Pe 1:17

---- 오늘의 묵상 ----

유난히도 키가 작은 유대인이 알래스카 벌목장에서 일하게 되었습니다. 주인은 이 작은 유대인을 괴롭히려고 큰 도끼를 주고 나무를 베게 했습니다. 그러나 그의 벌목 솜씨는 키가 장대하고 기골이 센 일꾼들을 능가했습니다. 주인이 놀라워하며 물었습니다.

"벌목을 어디서 배웠느냐?"
"사하라 정글에서 배웠습니다."
"사하라는 정글이 아니라 사막이겠지."
"예, 제가 가서 나무를 몽땅 베어버려 사막이 되었지요."

이것은 유대인들이 자녀 교육에 즐겨 사용하는 '작은 유대인'이라는 예화로, 아무리 몸집이 작아도 정신만 살아 있으면 큰일을 하게 된다는 교훈을 주는 이야기입니다.

네가 죽도록 충성하라
그리하면 내가 생명의 관을 네게 주리라 _계 2:10

Be faithful, even to the point of death, and I will give you the crown of life.
- Rev 2:10

오늘의 묵상

스코틀랜드의 종교개혁가 존 녹스는 40대에 들어서면서 찬란한 부흥 시대를 맞이하여 역사상 가장 위대한 설교들을 했습니다. 하지만 나이가 들자, 그의 목회는 예전만큼 눈길을 끌지 못했고 영광의 시대는 흘러간 이야기가 되어 버렸습니다. 그런데도 존 녹스는 이런 일기를 썼습니다.

"나는 하나님이 주신 땅을 일굴 것이다. 하나님의 은혜 속에서 나는 계속 밭을 갈 것이다." 언젠가 존 녹스는 분명히 "잘하였도다. 착하고 충성된 종아 네가 적은 일에 충성하였으매 내가 많은 것을 네게 맡기리니 네 주인의 즐거움에 참여할지어다"라는 말을 듣게 될 것입니다.

하나님은 그가 별로 알려지지 않은 작은 일에도 성실했음을 잊지 않으실 것입니다.

08

09

주께서 심지가 견고한 자를 평강하고 평강하도록 지키시리니
이는 그가 주를 신뢰함이니이다 _사 26:3

You will keep in perfect peace him whose mind is steadfast,
because he trusts in you.
- Isa 26:3

05
24

오늘의 묵상

1846년쯤 목사를 지원한 한 젊은이에게 의사는 "이런 병약한 몸으로 목회를 하면 1년 후 사망하고 말 것입니다. 그만 포기하십시오"라고 말했습니다.

그러나 젊은이는 순교한다는 각오로 복음을 증거했고, 불우한 이웃을 위해 구제 사업을 펴는 가운데 무려 84세까지 살았습니다.

그는 바로 구세군을 창설한 윌리엄 부스입니다. 그는 말년에 "젊었을 때 의사가 나를 버렸으므로 나도 의사를 버렸다. 그리고 전능하신 하나님만 의지했다. 이 믿음이 나를 지켜주었다."라고 말했습니다.

08
08

나는 목마른 자에게 물을 주며 마른 땅에 시내가 흐르게 하며
나의 영을 네 자손에게, 나의 복을 네 후손에게 부어 주리니 _사 44:3

For I will pour water on the thirsty land, and streams on the dry ground;
I will pour out my Spirit on your offspring, and my blessing on your descendants.
- Isa 44:3

—— 오늘의 묵상 ——

파블로 카잘스는 20세기 최고의 첼리스트며, 작곡가요, 지휘자요 피아니스트입니다. 1966년, 90회 생일이 되기 직전에 노만이라는 사람이 위대한 음악가의 노후의 생활을 관찰한 후에 다음과 같이 기록했습니다.
"관절염과 호흡 곤란으로 손은 부어 있었고, 손가락들은 서로 엉켜 있는 듯했다. 카잘스는 고통스러운 발걸음으로 간신히 피아노까지 걸어갔다. 그러나 그가 피아노 앞에 앉자 손가락들이 마치 태양 빛에 퍼지는 꽃봉오리처럼 퍼지더니 건반을 만지는 것이 아닌가? 꾸부정했던 그의 허리도 반듯하게 펴졌다. 확실히 숨 쉬는 것도 편해 보였다. 위대한 음악인은 음악 안에서 새로워졌다."
우리 크리스천들도 성령 안에서 새로워져야 합니다.

05 — 25

나는 비천에 처할 줄도 알고 풍부에 처할 줄도 알아
모든 일 곧 배부름과 배고픔과 풍부와 궁핍에도 처할 줄 아는
일체의 비결을 배웠노라 _빌 4:12

I know what it is to be in need, and I know what it is to have plenty. I have learned the secret of being content in any and every situation, whether well fed or hungry, whether living in plenty or in want.
- Php 4:12

—— 오늘의 묵상 ——

제주도 사람들에게는 '조냥' 정신이라는 것이 있습니다. 이것은 열악한 자연환경과 정책 차별 등 어려운 삶을 살아오면서 생긴 정신입니다.
아이들은 끼니때마다 식사를 준비하던 어머니가 바가지에서 한 줌의 쌀을 덜어 다른 항아리에 비축해 두는 것을 보며 자랐고, 곡식이 바닥나는 춘궁기가 되면 바로 그 한 줌의 곡식으로 보릿고개를 넘기는 인내와 슬기를 배웠습니다.

08
07

우리가 아직 죄인 되었을 때에
그리스도께서 우리를 위하여 죽으심으로
하나님께서 우리에 대한 자기의 사랑을 확증하셨느니라 _롬 5:8

But God demonstrates his own love for us in this: While we were still sinners, Christ died for us.
- Ro 5:8

---- 오늘의 묵상 ----

유명한 미술가 루오의 작품 중 '향나무는 자기를 찍는 도끼날에도 향을 묻힌다'라는 제목의 판화가 있습니다. 자신을 괴롭히고 아픔을 주는 도끼날에 독을 주는 게 아니라 오히려 향을 묻혀 준다는 것입니다.

해마다 이맘때면 '사랑의 원자탄'의 손양원 목사님이 생각납니다. 자기의 사랑하는 두 아들을 죽인 인민군을 양자로 삼아 감동을 준 이야기의 주인공입니다. 원수를 사랑함으로 그는 스스로 사랑의 원자탄이 된 것입니다.

사랑만 있으면 어떤 문제도 해결할 수 있습니다.

사랑은 미움도 용서와 관용으로 변화시킵니다.

05
26

너희도 우리를 위하여 간구함으로 도우라
이는 우리가 많은 사람의 기도로 얻은 은사로 말미암아
많은 사람이 우리를 위하여 감사하게 하려 함이라 _고후 1:11

As you help us by your prayers. Then many will give thanks on our behalf for the gracious favor granted us in answer to the prayers of many.
- 2 Co 1:11

─── 오늘의 묵상 ───

스펄전이 손님들에게 예배당 구경을 시켜주던 중이었습니다. 건물의 주요 부분을 둘러본 다음 그는 "자, 이제 교회의 동력장치를 보여 드리겠습니다."라고 하면서, 사백 명이 모여 기도하는 방으로 그들을 인도했습니다.
그들이 얼마나 놀랐겠습니까. 영적으로 뜨거운 교회는 반드시 그 열기를 뿜어내는 기도 모임이 있는 법입니다.

08 / 06

나의 반석이시요 나의 구속자이신 여호와여
내 입의 말과 마음의 묵상이 주님 앞에 열납되기를 원하나이다

_시 19:14

May the words of my mouth and the meditation of my heart be pleasing in your sight,
O LORD, my Rock and my Redeemer. - Ps 19:14

오늘의 묵상

타우라스라는 산이 있습니다. 이 산은 독수리 서식지로 유명한 곳입니다. 독수리의 가장 좋은 먹이는 두루미입니다. 두루미들이 타우라스 산을 넘을 때면 독수리들은 포식을 하는 날입니다. 독수리의 먹이가 되는 두루미는 소음을 내는 두루미입니다. 산을 수없이 넘지만 노련한 두루미는 거의 희생되지 않습니다. 왜냐하면 여행을 떠나기 전 입에 돌을 물고 가기 때문입니다. 돌을 문 두루미는 돌 때문에 무사히 산을 넘습니다.

그리스도인에게 침묵은 사탄의 먹이가 되지 않게 막아줍니다. 침묵은 하나님을 만나는 문이기 때문입니다. 하나님의 언어는 침묵이며 그리스도인의 침묵은 성화의 본질에 속합니다. 물고기는 항상 입으로 낚인다는 사실을 기억해야 합니다.

너희는 여호와를 만날 만한 때에 찾으라
가까이 계실 때에 그를 부르라 _사 55:6

Seek the LORD while he may be found; call on him while he is near.
- Isa 55:6

05
27

―――― 오늘의 묵상 ――――

미국 서부 개척 시대에 일단의 사람들이 서부로 발걸음을 옮기고 있었습니다. 그중 일부는 하루도 쉬지 않고 달렸고 일부는 주일 하루를 쉬면서 달렸습니다. 당연히 하루도 쉬지 않고 달린 사람들이 먼저 도착했어야 했지만 결과는 정반대였습니다. 늦게 출발한 사람들이 먼저 도착했고 일찍 출발한 사람이 늦게 도착했는데 도착한 사람들의 수에도 차이가 있었습니다. 일찍 출발한 사람들은 대부분 과로로 죽었고 늦게 출발한 사람들은 한 사람의 낙오자도 없이 안전하게 도착했습니다. 주일 하루를 충분히 쉬면서 달렸기 때문입니다. 인생의 경주는 언제나 쉬지 않고 달리는 사람보다 쉬면서 달린 사람이 안전하고 빠릅니다.

누구든지 예수를 하나님의 아들이라 시인하면
하나님이 그의 안에 거하시고 그도 하나님 안에 거하느니라 _요일 4:15

If anyone acknowledges that Jesus is the Son of God, God lives in him and he in God.
- 1 Jn 4:15

08 / 05

---- 오늘의 묵상 ----

'소 닭 보듯, 닭 소 보듯' 피차 본척만척 무관심하다는 속담입니다. 어느 날 톨스토이가 거리를 산책하고 있으니 거지가 손을 내밀며 "한 푼 적선하시오" 했습니다.
톨스토이가 거지의 손을 잡고 악수를 하며 "친구여! 내가 지갑을 가지고 나오지 아니하여 미안하오"라고 했습니다. 그랬더니 거지가 만면에 희색을 띠고 "감사합니다" 하더랍니다. 세상의 무관심 속에서 심한 소외감에 젖어 있던 그 거지는 돈보다도 톨스토이의 다정한 악수가 더 고마웠던 것입니다.
현대인들은 서로의 무관심 속에서 모래알같이 윤기 없는 존재로 전락해가고 있습니다. 그러나 예수께서는 우리를 세밀하게 돌보시며 끝없이 관심을 기울이신다는 것을 강조하셨습니다.

너희는 옷을 찢지 말고 마음을 찢고 너희 하나님 여호와께로 돌아올지어다 그는 은혜로우시며 자비로우시며 노하기를 더디하시며 인애가 크시사 뜻을 돌이켜 재앙을 내리지 아니하시나니 _욜 2:13

Rend your heart and not your garments. Return to the LORD your God, for he is gracious and compassionate, slow to anger and abounding in love, and he relents from sending calamity. - Joe 2:13

05
28

---- 오늘의 묵상 ----

남극에 사는 순박한 백곰이 어느 날 흑곰의 방문을 받았습니다. 시베리아 흑곰이 말했습니다.
"이런 곳에서는 햇볕을 흡수하여 따뜻하게 해주는 검정 털이어야 하는데 남극 곰님의 털은 하얀 백색이니 이 추운 지방에서 더욱 춥겠습니다."
"태어날 때부터 이런 털을 갖고 태어났으니 어쩌겠습니까?"
"검정 물을 들이면 되지 않습니까?"
얼마 후 사냥꾼 앞에서 남극 곰은 평소처럼 잽싸게 하얀 눈과 얼음 사이에 숨었습니다. 그러나 흑곰은 결국 그의 검은 털로 인해 사냥꾼에게 잡히고 말았습니다.
사탄은 종종 우리에게 예수 그리스도로 말미암아 입은 흰옷을 세속적인 검은 옷으로 다시 염색하라고 종용합니다. 변치 않는 믿음으로 살아야 하는 것이 성도의 삶입니다.

08
04

포도주는 붉고 잔에서 번쩍이며 순하게 내려가나니
너는 그것을 보지도 말지어다
그것이 마침내 뱀 같이 물 것이요 독사 같이 쏠 것이며 _잠 23:31-32

Do not gaze at wine when it is red, when it sparkles in the cup,
when it goes down smoothly! In the end it bites like a snake and poisons like a viper.
- Pr 23:31-32

오늘의 묵상

찰스 디킨스의 이야기 주인공 시드니 카트니는 어느 날 거울에 비친 독주에 취한 자기 얼굴을 보고 이렇게 외쳤습니다. "너는 어리석은 놈이다. 내가 너인 줄을 미처 몰랐다"고 하면서 괴로워했다고 합니다. 드디어 그는 자기 주먹으로 그 거울을 깨뜨렸고, 그 거울은 산산이 조각났습니다. 그는 자신의 인생 실패를 절감했습니다.

그다음부터 시드니 카트니의 새로운 출발이 묘사되고 있습니다. 우리에게는 먼저 영적으로 영양실조에 걸려 파리해진 우리 영혼을 똑바로 바라보는 용기가 있어야 합니다. 자기 우상화에 급급한 자신의 부끄러운 모습을 보고 일종의 자기혐오와 구토를 느끼는 참 자기 발견의 노력이 있어야 합니다.

낮에는 여호와께서 그의 인자하심을 베푸시고
밤에는 그의 찬송이 내게 있어 생명의 하나님께 기도하리로다 _시 42:8

By day the LORD directs his love, at night his song is with me-- a prayer to the God of my life.
- Ps 42:8

오늘의 묵상

어떤 사람이 이렇게 말했습니다. "터널을 지나는 동안에는 결코 기차 칸을 옮겨 다니지 말라." 실망해 있거나, 큰 어두움을 느끼고 있거나, 또는 낙심에 짓눌려 있는 동안에는 결코 결단을 내리지 마십시오. 하나님께서 당신을 현재 있는 곳으로 인도하셨기 때문에, 하나님이 전번처럼 그렇게 분명한 인도하심을 주시지 않는 한, 당신이 조금이라도 변화시키는 것은 지혜롭지 못한 일입니다. 하나님께서 당신을 위하여 변화를 계획하고 계실 때에는 하나님의 성격상 반드시 적절한 시기에 당신에게 알려 주실 것이기 때문입니다(사 30:20-21).

하나님이 침묵하실 때에는, 다시 말씀하실 때까지 당신이 그대로 있어줄 것을 하나님은 기대하십니다.

08 / 03

하나님은 한 분이시요 또 하나님과 사람 사이에 중보자도 한 분이시니 곧 사람이신 그리스도 예수라 _딤전 2:5

For there is one God and one mediator between God and men, the man Christ Jesus.
- 1 Ti 2:5

오늘의 묵상

파리가 해방되기 전 주일에 오라토리의 '위그노 성당'에서 열린 해방 감사예배는 초만원을 이루었습니다. 연합군의 모든 수뇌가 거기에 참석하였고 개신교인인 군에니히 장군이 가톨릭 교인인 드골 장군을 대신해서 참석하였습니다.

프랑스, 영국 및 기타의 국적을 가진 1,500명이 하나가 되어 격양된 찬양과 확신으로 폐회 찬송을 불렀습니다. 그 찬송은 마틴 루터의 '내주는 강한성이요'였습니다. 그 예배가 끝난 다음 어떤 영국 사람이 말하였습니다.

"나는 영국 교회의 교인으로, 프랑스 교회에서 독일인이 지은 찬송을 불렀습니다. 이것은 그리스도 예수 안에서 하나인 모든 사람의 일치를 증명하는 것으로써 전쟁도 언어도 파괴할 수 없는 것입니다."

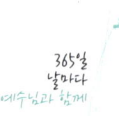

내가 내 자녀들이
진리 안에서 행한다 함을 듣는 것보다 더 기쁜 일이 없도다 _요삼 1:4

I have no greater joy than to hear that my children are walking in the truth.
- 3 Jn 1:4

오늘의 묵상

지나가던 방문객이 한 교회를 방문했는데 낡았고, 전기시설조차 없었습니다. 저녁 예배시간이 되어 교회 마당에 들어서자 숲 속에서 성도들이 등불 하나씩을 들고 모였습니다.

교회 안은 아름다운 등불로 가득했고 제단 뒤에 걸려 있는 십자가는 그 등불들 때문에 찬란하게 빛나고 있었습니다. 또 사람이 점점 많이 모여들면서 서로를 분별할 수도, 인사도 나눌 수 있게 되었습니다. 그 날 저녁에는 '안나'라는 할머니가 병환으로 교회에 나오지 못해서 자리가 하나 비었습니다.

"자리 하나가 비면 등불 하나도 비게 되고 교회당은 그만큼 어둡게 되지요. 그러면 그만큼 예수님의 모습이나 십자가도 어두워지게 되고 서로를 아는 데도 더 장애가 되지요."

너희가 어찌하여 양식이 아닌 것을 위하여 은을 달아 주며
배부르게 하지 못할 것을 위하여 수고하느냐
내게 듣고 들을지어다 그리하면 너희가 좋은 것을 먹을 것이며
너희 자신들이 기름진 것으로 즐거움을 얻으리라 _사 55:2

Why spend money on what is not bread, and your labor on what does not satisfy?
Listen, listen to me, and eat what is good, and your soul will delight in the richest of fare.
- Isa 55:2

────── 오늘의 묵상 ──────

한 청교도인 농부가 하루는 늘 무신론을 주장하는 어떤 지식인을 식사에 초대했습니다. 식사하기 전에 농부는 평소와 마찬가지로 기도를 하자고 했습니다. 그랬더니 그 지식인이 농담조로 그것은 18세기 인간들의 낡은 유물이니까 내버리는 것이 어떠냐고 응수했습니다.
농부는 하는 수 없이 혼자 기도한 다음, "우리 집에도 당신 같은 식구가 하나 있다"고 말했습니다. 그러니까 그 지식인이 "그것참 다행이군요. 내 동료가 있어 기쁩니다. 누군가요? 대학에 다니는 자제분인가요?" 하고 묻자 농부가 이렇게 말했습니다.
"아니오, 우리 집 돼지들이지요."

모든 일을 원망과 시비가 없이 하라 이는 너희가 흠이 없고 순전하여 어그러지고 거스르는 세대 가운데서 하나님의 흠 없는 자녀로 세상에서 그들 가운데 빛들로 나타내며 _빌 2:14-15

Do everything without complaining or arguing, so that you may become blameless and pure, children of God without fault in a crooked and depraved generation, in which you shine like stars in the universe
- Php 2:14-15

오늘의 묵상

영국 크랜취 감독의 시에 다음과 같은 것이 있습니다.
"어떤 사람은 자기의 가는 평탄한 길에 조그마한 구덩이만 있어도 벌써 하나님을 원망하고 사람을 원망한다. 또 어떤 사람은 자기의 가는 험하고 캄캄한 길에 조그마한 빛만 비추어도 하나님이 주시는 자비로우신 빛이라 하여 감사의 기도를 올린다. 화려한 궁전에 살면서도 생이란 왜 이리 괴로우며 기쁜 일은 하나도 없느냐고 얼굴을 찡그려 불평하는 사람이 있으며, 게딱지만 한 오두막집에 살면서도 우리를 지키시는 하늘 아버지의 한없는 은혜와 사랑을 진심으로 감사하는 사람이 있다."

08
01

그러므로 내가 너희에게 말하노니 무엇이든지 기도하고 구하는 것은 받은 줄로 믿으라 그리하면 너희에게 그대로 되리라 _막 11:24

Therefore I tell you, whatever you ask for in prayer, believe that you have received it, and it will be yours.
- Mk 11:24

―――― 오늘의 묵상 ――――

기도 응답에는 분명 응답이긴 한데 기대했던 것과 다른 방식으로 주어지는 응답이 종종 있습니다. 젊었을 때 어거스틴은 아주 고집스럽고 방탕한 삶을 살았습니다. 그의 경건한 어머니 모니카는 아들을 위하여 쉬지 않고 기도했습니다. 아들이 이탈리아로 간다는 말을 듣고는 그것이 파멸을 부채질하는 것이 되지 않을까 몹시 걱정이 되어 온밤을 꼬박 새워 기도했습니다.

그러나 바로 그 밤, 어거스틴은 계획대로 배를 타고 이탈리아에 도착했습니다. 어거스틴은 바로 그곳에서 암브로스를 만나 예수님을 구주로 믿어 회심합니다. 어거스틴은 이런 적절한 표현을 했습니다.

"하나님은 어머니의 기도대로 응답하시진 않았지만 어머니의 소원을 이루어주셨다."

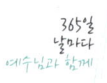

'가슴에 남는 좋은 느낌 하나' 중에서

나는 추억을 사랑합니다.
어린 시절의 친구와 고향의 산천과
그 추억들을 귀하게 간직합니다.
나의 추억은 아름답고 그 감동을 사랑합니다.

눈을 감고 미래를 설계해 봅니다.
나는 나 자신을 신뢰함으로 내가 하는
일이 잘될 것임을 믿습니다.
앞으로 여러 가지 어려움이 있겠지만
변화를 두려워하지 않고 하루하루를
성실히 살면 좋은 결과가 주어지리라
확신합니다.

사랑하는 사람의 손을 살며시 잡아봅니다.
떨리는 손끝에서 진실된 마음과 희망의
약속들이 전해져 옵니다.
손을 잡으면 마음까지 알 수 있습니다.

어느 자리에서나 겸손해집니다.
부드럽게 말하고 정답게 얼굴을 바라봅니다.
예의를 갖추고 친절을 보이며 성실한
시간을 갖습니다.

거울 앞에 서서 나를 바라봅니다.
참 잘생긴 내가 자랑스럽습니다.
좋은 생각을 하며 바른 행동을 하기 위하여
노력하는 내가 대견스럽기만 합니다.

마음이 가난한 자의 기도 II

용혜원

오 주님!
한 잔의 커피가 메마른 삶을 촉촉이 적셔주듯이
우리들의 삶도 주님의 사랑으로 적셔지기를 원합니다
먼지 나고 푸석푸석한 삶에
휴식이란 참으로 고마운 시간입니다
힘들고 분주한 삶에 쉼표를 찍어주는 시간입니다
우리들 삶이 욕심대로 사는 삶이 아니라
나누고 베풀 수 있는 삶이 되기를 원합니다
한 잔 가득할 때의 아름다움도 있지만
빈 잔의 여유와 아름다움도 있듯이
날마다 나눔 속에 우리의 마음을 비우게 하소서

06 — 01

젊은 자들아 이와 같이 장로들에게 순종하고
다 서로 겸손으로 허리를 동이라
하나님은 교만한 자를 대적하시되
겸손한 자들에게는 은혜를 주시느니라 _벧전 5:5

Young men, in the same way be submissive to those who are older. All of you, clothe yourselves with humility toward one another, because, "God opposes the proud but gives grace to the humble."
- 1 Pe 5:5

―――― 오늘의 묵상 ――――

어떤 사람이 성 아우구스티누스에게 "신앙생활에 있어서 첫째 되는 것은 무엇입니까?"라고 묻자 그는 "겸손이요"라고 대답했습니다.
"그럼 둘째는요?"
"겸손이요."
"그럼 세 번째는 무엇입니까?"
그는 다시 "겸손이요"라고 대답했습니다.

07 / 31

내 거룩한 산 모든 곳에서 해 됨도 없고
상함도 없을 것이니 이는 물이 바다를 덮음 같이
여호와를 아는 지식이 세상에 충만할 것임이니라 _사 11:9

They will neither harm nor destroy on all my holy mountain,
for the earth will be full of the knowledge of the LORD as the waters cover the sea. - Isa 11:9

오늘의 묵상

미국의 어윈, 러시아의 가가린은 똑같이 우주 비행을 한 사람들입니다. 그들이 우주여행을 하고 돌아와서 한 말입니다.

어윈: 우주선을 타고 대기권에 들어가 보아도 하나님이 계셨고, 달나라에 가도 하나님이 계셨으며, 대서양에도 하나님이 계셨고, 지금도 하나님이 계신다.
가가린: 우주여행을 해보아도 신은 어디에도 없더라.

지난해 햇볕이 뜨거운 어느 날 지방 목사님들과 속리산에 갔습니다. 식사하러 식당에 들어갔는데 방이 캄캄했습니다.

"방이 왜 이렇게 어둡습니까? 방을 밝게 해 주세요."
"방이 아주 환한데 왜 어둡다고 하시나요?"
"어두운데 안 어둡다니요?"
"목사님, 선글라스를 벗으세요."

06
02

이르시되 너희를 위로하는 자는 나 곧 나이니라
너는 어떠한 자이기에 죽을 사람을 두려워하며
풀 같이 될 사람의 아들을 두려워하느냐 _사 51:12

I, even I, am he who comforts you. Who are you that you fear mortal men,
the sons of men, who are but grass,
- Isa 51:12

오늘의 묵상

엔도우 슈사꾸의 소설 「침묵」은 일본에서 선교하고 있던 페레라 신부가 고문에 굴복, 배교했다는 소식을 듣고 제자인 세 명의 신부가 일본으로 잠적해 들어가면서 시작됩니다.

교활한 일본인들은 '후미에'라는, 예수님상이 새겨진 동판을 밟고 지나가는 사람은 살려주는 고문을 했습니다. 일본으로 들어온 로드리고 신부는 차마 그 후미에를 밟고 지나갈 수 없었습니다. 그런데 로드리고 신부에게 예수님이 말씀했습니다. "나를 밟아라. 나는 본래 밟히기 위해 세상에 온 것이 아니냐? 나를 밟을 때 네 마음이 아플 것이다. 마음으로 아파해주는 그 사랑만으로 충분하다." 주님이 언제나 우리와 함께하심을 믿고 확신할 때 세상을 향해 담대히 나아갈 수 있을 것입니다.

07
30

안식일을 지켜 더럽히지 아니하며 그의 손을 금하여
모든 악을 행하지 아니하여야 하나니 이와 같이 하는 사람,
이와 같이 굳게 잡는 사람은 복이 있느니라 _사 56:2

Blessed is the man who does this, the man who holds it fast, who keeps the Sabbath without desecrating it, and keeps his hand from doing any evil. - Isa 56:2

―― 오늘의 묵상 ――

어떤 성도가 주일을 지키지 않고 고구마 캐러 가다가 길에서 호랑이를 만났습니다. 놀란 성도는 하나님께 기도드렸습니다. "하나님, 이 호랑이로부터 살려주세요."
그런데 한참 기도하다 보니, 옆에서 호랑이도 기도하는 것이었습니다. 성도는 호랑이에게 물었습니다. "호랑아, 너 지금 뭐하니?"
"응, 기도해."
"하나님 아니?"
"응, 안다." 살았구나 싶어서 다시 물었습니다.
"너 지금 무슨 기도 했니?"
"식사기도 했다." 주일은 지키고 볼 일입니다.

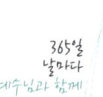

예수께서 이르시되 어린 아이들을 용납하고
내게 오는 것을 금하지 말라 천국이 이런 사람의 것이니라 _마 19:14

Jesus said, "Let the little children come to me, and do not hinder them,
for the kingdom of heaven belongs to such as these."
- Mt 19:14

06

03

────── 오늘의 묵상 ──────

템플 침례교회 주일학교에 한 가난한 집안의 소녀가 찾아왔습니다. 당시는 어린이를 위한 교육관은 거의 없는 형편이어서 좁은 방에 많은 아이가 복작거리고 있었습니다. 교실이 너무 좁아 새 학생을 받지 않고 있었으므로 이 소녀도 교회에 갈 수 없었습니다. 얼마 후 불치의 병으로 죽은 소녀의 베개에서 짧은 편지와 동전 57센트가 나왔습니다.

"목사님, 더 넓은 교회를 짓도록 제가 모은 헌금입니다. 넓은 교실도 지어 주세요."

목사는 소녀의 편지를 장례식에서 소개하였으며 이 감동은 기적을 불러일으켰습니다. 그 결과 이 교회 교인들은 큰 성전뿐만 아니라 병원(Good Samaritan Hospital)과 명문대학(Temple University)까지 짓게 되었습니다.

365일 날마다 예수님과 함께

주 예수를 다시 살리신 이가 예수와 함께 우리도 다시 살리사 너희와 함께 그 앞에 서게 하실 줄을 아노라 _고후 4:14

because we know that the one who raised the Lord Jesus from the dead will also raise us with Jesus and present us with you in his presence. - 2 Co 4:14

07

29

----- 오늘의 묵상 -----

미국 콜로라도주 덴버시의 남서쪽에 리틀턴이라는 지역에 있는 컬럼바인 고등학교에서 학생 25명과 용의자 2명이 총기 난사 속에 피투성이가 되어 죽는 사건이 벌어졌습니다. 총을 들고 있던 학생 하나가 17살 된 캐시 버넬이라는 소녀에게 총구를 목에 겨누고서는 물었습니다.

"너는 하나님을 믿냐?"

"나는 하나님을 믿어(Yes, I believe in God)."

그러자 그는 캐시에게 총을 쏘았습니다. 캐시의 이야기가 알려지기 시작하자 미국 크리스천 십대들 사이에서 "Yes, I believe in God"이라고 적힌 티셔츠를 입고 다니는 운동이 일기 시작했고, 플로리다주의 한 도시에서는 2천5백 명의 십대들이 모여 감동적인 신앙고백의 집회를 가졌습니다.

그들의 자손을 뭇 나라 가운데에,
그들의 후손을 만민 가운데에 알리리니 무릇 이를 보는 자가
그들은 여호와께 복 받은 자손이라 인정하리라 _사 61:9

Their descendants will be known among the nations and their offspring among the peoples.
All who see them will acknowledge that they are a people the LORD has blessed.
- Isa 61:9

06 / 04

—— 오늘의 묵상 ——

외아들을 둔 한 아버지가 있었습니다. 하루는 자전거를 타고 놀던 아들이 크게 다쳤습니다. 아들이 타고 놀던 삼륜 자전거의 바퀴는 나무와 무쇠로 만들어졌습니다. 그 자전거는 작은 충격에도 심하게 흔들려 아들이 다친 것이었습니다. 아버지는 아들의 상처를 치료하면서 좀 더 안전한 타이어가 없을까를 생각했습니다.

어느 날 아들이 축구공을 들고 와 아버지에게 공기를 좀 넣어달라고 부탁했습니다. 아버지는 아들을 위해 축구공에 공기를 넣던 중 중요한 사실을 깨달았습니다.

이 사람이 바로 세계 최초로 공기 타이어를 개발한 던롭입니다. 깊은 애정과 작은 배려 속에서 위대한 발명품이 나옵니다. 모든 문제 해결의 첫 열쇠는 '사랑'과 '관심'입니다.

07
28

또 청결하고 정직하면 반드시 너를 돌보시고
네 의로운 처소를 평안하게 하실 것이라
네 시작은 미약하였으나 네 나중은 심히 창대하리라 _욥 8:6-7

if you are pure and upright, even now he will rouse himself on your behalf and restore you to your rightful place. Your beginnings will seem humble, so prosperous will your future be. - Job 8:6-7

오늘의 묵상

가난한 사람들에게 집을 지어주는 '사랑의 집 짓기 운동(Habitat) 본부'라는 단체가 있습니다. 그들은 플로리다주의 다드 마을에 스물일곱 채의 집을 지었습니다.

그 집들 모두 전적으로 자원봉사자들의 손에 의해 최저 비용으로 지어졌습니다. 그중 몇 채는 1992년 늦여름 플로리다 남부를 강타한 허리케인 앤드류가 지나는 길목에 서 있었으나 대부분의 태풍의 엄청난 위력을 견뎌내었습니다. 같은 거리에서 지붕이 남은 집들은 그 집들뿐이었습니다. 이 본부의 마이애미 지부 대표는 그 이유를 묻는 사람들에게 너무나 당연하다는 듯이 답했습니다.

"우리는 그 집을 지을 때 돈을 빼돌리지 않거든요."

정직은 결코 손해 보는 일이 아닙니다.

06/05

그런즉 믿음, 소망, 사랑, 이 세 가지는 항상 있을 것인데
그 중의 제일은 사랑이라 _고전 13:13

And now these three remain: faith, hope and love.
But the greatest of these is love.
- 1 Co 13:13

오늘의 묵상

결혼한 지 50년이 되어 금혼식을 맞은 부부가 있었습니다. 친척들 그리고 친구들과 함께 큰 파티를 마친 후, 다시 집으로 돌아와 잠자리에 들기 전에 그들은 차 한 잔에 버터 바른 빵을 곁들이기로 마음먹었습니다. 주방으로 들어갔고 남편은 새 빵 한 덩어리를 잘라서 그의 아내에게 끝부분을 건넸습니다. 그러자 그녀는 50년 동안 자기가 별로 좋아하지 않는 빵의 마지막 부분을 주었다고 비참함에 대해 역설했습니다.

그 남편은 그녀의 긴 열변에 대해 놀랐습니다. 그녀가 말을 마쳤을 때 그는 그녀에게 조용히 말했습니다.

"그렇지만 그것은 내가 가장 좋아하는 부분이라오."

예수 그리스도는 어제나 오늘이나 영원토록 동일하시니라 _히 13:8

Jesus Christ is the same yesterday and today and forever.
- Heb 13:8

―― 오늘의 묵상 ――

겨울날 무디는 딸과 함께 산책을 했습니다.
"애야, 길이 너무 미끄러우니 아빠가 너를 붙잡아주마."
그러나 딸은 고개를 흔들며 거절했습니다. 딸의 의견을 존중하여 옆에서 걸어가면서도 영 마음이 놓이지 않았습니다. 아니나 다를까 딸은 눈길 위에 엉덩방아를 찧고 말았습니다.
딸은 그제야 "아빠가 손가락 하나만 잡아줘도 갈 수 있어요"라며 손가락 하나를 내밀었습니다.
그러나 몇 발짝 가지 못하고 다시 눈길 위로 벌러덩 넘어지고 말았습니다.
"아빠, 이제는 꼭 잡아주세요."
딸의 손을 꽉 붙잡은 아빠의 손은 딸이 넘어지려는 순간마다 바르게 일으켜 세웠습니다.
눈을 크게 뜨고 당신 곁을 보십시오! 주님은 이미 손을 내밀고 계십니다.

07
—
27

365일
날마다
예수님과 함께

06

그러나 나는 하나님의 집에 있는 푸른 감람나무 같음이여
하나님의 인자하심을 영원히 의지하리로다 _시 52:8

But I am like an olive tree flourishing in the house of God;
I trust in God's unfailing love for ever and ever.
- Ps 52:8

───── 오늘의 묵상 ─────

조이스 마이어는 미네소타에 있는 한 교회에서 '낙타가 오고 있다'는 제목의 설교를 들었습니다. 그 내용은 우리가 하나님의 뜻 안에 있다면 하나님이 늘 우리에게 공급하신다는 것이었습니다. 마리아와 요셉이 선물을 찾으러 다니지 않았어도 동방박사가 낙타를 타고 선물과 함께 왔듯이….

마이어는 한 건물을 점찍어 두고서 그 건물을 자기 것으로 선포하고 차로 일곱 바퀴를 돌았습니다. 그러나 그리 오래지 않아 그 건물은 다른 이에게 팔렸습니다. 그러나 그는 하나님이 다른 건물을 생각하고 계심이 분명하다고 결론 내리고 "낙타가 오고 있다."고 고백했고 결국 그렇게 되었습니다. 하지만 우리의 시간표대로가 아니라 하나님의 시간표대로였습니다.

07 / 26

그러므로 우리가 낙심하지 아니하노니 우리의 겉사람은 낡아지나 우리의 속사람은 날로 새로워지도다 _고후 4:16

Therefore we do not lose heart. Though outwardly we are wasting away,
yet inwardly we are being renewed day by day.
- 2 Co 4:16

---- 오늘의 묵상 ----

1980년 3월, 프랑스 파리의 부르셀 병원에 한 세기를 떠들썩하게 했던 존경받는 지성인이, 폐수종으로 입원해 있는 한 달 동안 문자 그대로 발악을 했습니다. 그는 한 세기에 가장 커다란 발자취를 남겼던 실존주의 철학자 사르트르였습니다.

1980년 4월 16일, 그가 입원한 지 한 달 만에 병원에서 그렇게 세상을 떠나고 난 후, '죽음으로부터의 자유'를 그렇게도 외쳤던 그의 말로가 이렇게 비참했던 이유가 무엇인가에 대해 각 언론이 떠들기 시작했습니다. 그때 어떤 독자가 한 신문사에 이런 기사를 투고했습니다.

"그는 아마도 비그리스도인이었나 봅니다. 사르트르의 말로가 그렇게도 비참했던 이유는 그에게 돌아갈 고향이 없었기 때문입니다."

06 / 07

네 마음으로 죄인의 형통을 부러워하지 말고 항상 여호와를 경외하라 정녕히 네 장래가 있겠고 네 소망이 끊어지지 아니하리라 _잠 23:17-18

Do not let your heart envy sinners, but always be zealous for the fear of the LORD.
There is surely a future hope for you, and your hope will not be cut off. - Pr 23:17-18

—— 오늘의 묵상 ——

아주 먼 거리를 걸어온 사람들에게 신문기자들은 가장 고통스러웠던 것은 무엇이었느냐고 물었습니다.
"뜨거운 태양 아래 물 없는 광야를 외롭게 혼자서 걷는 것이었습니까?"
"아닙니다."
"그러면 가장 가파르고 험한 길을 고생하며 올라가던 것이었습니까?"
"그것도 아닙니다."
"그렇다면 발을 헛디뎌 진흙 길로 빠졌을 때였습니까?"
"아닙니다. 사실 저를 가장 괴롭히고 고통스럽게 만들었던 것은 내 신발 속에 들어 있는 조그마한 모래였습니다."
나를 가장 힘들게 하는 문제는 큰 것이라기보다는 내 안에 해결되지 않고 계속 남아 있는 작은 찌꺼기일 수 있습니다.

피차 사랑의 빚 외에는 아무에게든지 아무 빚도 지지 말라
남을 사랑하는 자는 율법을 다 이루었느니라 _롬 13:8

Let no debt remain outstanding, except the continuing debt to love one another,
for he who loves his fellowman has fulfilled the law.
- Ro 13:8

07
25

―――― 오늘의 묵상 ――――

미국의 퍼스트레이디였던 바버라 부시 여사는 웰스레이 여자대학의 졸업식사에서 이렇게 연설했습니다.

"시험에 합격하지 못했거나 거래 한 건을 성사시키지 못했다고 인생의 마지막 순간에 후회하진 않을 것입니다. 그러나 부모, 배우자, 자녀, 친구와 더 많은 시간을 갖지 못했다면 반드시 후회할 것입니다."

그리고는 연설 말미에 이렇게 덧붙였습니다.

"우리 사회의 성공 여부는 백악관이 아니라 여러분의 가정에 달려 있습니다."

가정은 시간으로 쌓아 올려지는 성(城)과 같습니다. 가족을 위해 시간을 내십시오.

06 — 08

너희는 가만히 있어 내가 하나님 됨을 알지어다
내가 뭇 나라 중에서 높임을 받으리라
내가 세계 중에서 높임을 받으리라 하시도다 _시 46:10

Be still, and know that I am God; I will be exalted among the nations, I will be exalted in the earth.
- Ps 46:10

오늘의 묵상

1874년 헝가리 태생의 한 소년이 5센트만 지닌 채 미국으로 이민을 떠났습니다.
이 떠돌이 소년에게는 돈은 없었지만 신념이 있었습니다. 소년은 신념을 갖고 돈을 벌며 열심히 공부해 5년 후 콜롬비아대학에 들어갔고 이어서 영국 케임브리지대학, 독일 베를린대학에서 공부한 후 다시 콜롬비아대학의 교수가 되었습니다. 이 소년이 바로 미국에서 가장 위대한 물리학자 중 한 사람인 푸핀입니다.
푸핀은 2차 X선을 발견하고 유선통신에 지대한 공헌을 하였으며 「이민에서 발명가로」란 책을 써 퓰리처상까지 받았는데 거기서 그는 이렇게 고백합니다.
"내가 존재한 것은 하나님께서 생기를 불어넣어 주셨기 때문입니다."

그 후에 내가 내 영을 만민에게 부어 주리니
너희 자녀들이 장래 일을 말할 것이며
너희 늙은이는 꿈을 꾸며 너희 젊은이는 이상을 볼 것이며 _욜 2:28

And afterward, I will pour out my Spirit on all people. Your sons and daughters will prophesy, your old men will dream dreams, your young men will see visions. - Joe 2:28

07
24

--- 오늘의 묵상 ---

영국에서 미국으로 가는 여객선이 폭풍우를 만나 침몰 위기에 처하게 되었습니다.
모든 사람이 삶과 죽음의 기로에서 새파랗게 질려 있었습니다. 그러나 한 할머니만은 태연히 기쁘게 찬송만 부르고 있었습니다. 사람들이 이상하여 어떻게 이런 상황에서 기쁘게 찬송만 부를 수 있느냐고 물었습니다.
그 할머니는 이렇게 대답했습니다. "맏딸은 천국에 있고 둘째 딸은 미국에 있으니 여기서 죽으면 맏딸 만나러 천국 가게 될 것이고, 살게 되면 미국에 있는 딸을 만나게 되니 이래저래 기쁩니다. 모든 것은 하나님의 섭리입니다"
그렇습니다. 모든 것이 하나님의 섭리 하에 움직임을 믿는 사람은 어떤 일이 있더라도 두려워하거나 무서워하지 않습니다.

06
09

너희의 믿음의 역사와 사랑의 수고와
우리 주 예수 그리스도에 대한 소망의 인내를
우리 하나님 아버지 앞에서 끊임없이 기억함이니 _살전 1:3

We continually remember before our God and Father your work produced by faith, your labor prompted by love, and your endurance inspired by hope in our Lord Jesus Christ.
- 1 Th 1:3

---- 오늘의 묵상 ----

아주 어린 소년이 잠잘 시간이 되어 조그마한 자기 침대 속으로 기어들어 갔습니다. 잠들기 전 소년은 아버지의 침대가 있는 쪽을 향하여 "아빠, 거기 계시지요?"하고 물었습니다. 그러면 언제나 그런 것처럼 "그래 아들아, 아빠 여기 있단다" 하는 대답이 들려왔습니다. 그러면 그 소년은 아무런 두려움 없이 잠을 청했습니다.

이제 그 소년은 칠십 노인이 되었습니다. 그러나 그는 늘 그래왔던 것처럼 잠자리에 들기 전에 하늘에 계신 하나님 아버지를 향하여 "아버지, 거기 계시지요?"하고 묻습니다. 그러면 힘 있고 분명하게 "그래 아들아, 내가 여기 있단다"라는 소리가 들려 왔습니다.

07 / 23

우리가 이 보배를 질그릇에 가졌으니
이는 심히 큰 능력은 하나님께 있고
우리에게 있지 아니함을 알게 하려 함이라 _고후 4:7

But we have this treasure in jars of clay to show that this all-surpassing power is from God and not from us.
- 2 Co 4:7

—— 오늘의 묵상 ——

김치나 간장을 금 그릇에 담지는 않습니다. 역시 질그릇에 담아야 제맛이 납니다. 화려하지는 않으나 묵묵히 제 몫을 다하는 질그릇 같은 사람이 많아야 사회가 건강해집니다. '질그릇 인생'은 자신을 과시하지 않으며 작은 일에 감사하며 겸손의 향기를 발합니다.
독수리나 타조, 칠면조의 노래를 들어본 적이 있습니까? 큰 새는 노래하지 않습니다.
작은 새만이 아름다운 노래를 부릅니다.
삶도 마찬가지입니다. 질그릇 인생을 사는 사람들만이 감사의 노래를 부릅니다.

십자가의 도가 멸망하는 자들에게는 미련한 것이요
구원을 받는 우리에게는 하나님의 능력이라 _고전 1:18

For the message of the cross is foolishness to those who are perishing,
but to us who are being saved it is the power of God.
- 1 Co 1:18

06
10

---- 오늘의 묵상 ----

어떤 흑인이 백인들만 모이는 교회에 들어가서 예배드리려고 하다가 제지당하자 문밖의 계단에 앉아 울면서 기도하고 있었습니다. 그때에 비몽사몽간에 예수님이 나타나서 "너 왜 여기서 울고 있느냐?"하고 물으셨습니다. 그때에 그 흑인은 대답하기를 "예, 제가 흑인이라고 해서 이 교회에 못 들어가게 하므로 슬퍼서 웁니다."
그랬더니 예수께서 대답하기를 "그 교회에 못 들어갔다고 슬퍼하지 말아라. 사실은 나도 아직 이 교회에 못 들어가 보았다." 하고 말씀하셨습니다.

주께서 명령하사 주의 법도를 잘 지키게 하셨나이다
내 길을 굳게 정하사 주의 율례를 지키게 하소서 _시 119:4-5

You have laid down precepts that are to be fully obeyed.
Oh, that my ways were steadfast in obeying your decrees! - Ps 119:4-5

07 / 22

오늘의 묵상

미국의 실업가로서 체신부 장관을 지낸 존 워너메이커는 백화점 왕으로 불립니다. 그는 미래를 예측하는 탁월한 판단력과 정확한 경영 능력의 소유자였습니다. 그가 투자해 구입한 물건들은 엄청난 이윤을 남겼습니다. 워너메이커가 투자하는 것은 항상 최고의 가치를 창출했습니다. 어느 날 한 신문기자가 그에게 물었습니다.
"선생님께서 지금까지 투자한 것 중에서 가장 성공적인 것은 무엇입니까?"
이 질문에 그는 분명한 어조로 답변했습니다.
"내 나이 열두 살 때 최고의 투자를 한 적이 있지요. 그때 나는 2달러 50센트를 주고 성경 한 권을 샀습니다. 이것이 나의 가장 위대한 투자였어요. 왜냐하면 그 성경이 바로 오늘의 나를 만들었으니까요." 워너메이커는 가난한 소년 시절 성경을 읽고 꿈을 키웠습니다. 그리고 성경의 가르침대로 행동함으로써 훌륭한 인물이 되었습니다. 이제 당신도 성경에 당신의 삶을 투자하십시오!

06 / 11

대저 여호와는 지혜를 주시며 지식과 명철을 그 입에서 내심이며
그는 정직한 자를 위하여 완전한 지혜를 예비하시며
행실이 온전한 자에게 방패가 되시나니 _잠 2:6-7

For the LORD gives wisdom, and from his mouth come knowledge and understanding.
He holds victory in store for the upright, he is a shield to those whose walk is blameless,
- Pr 2:6-7

오늘의 묵상

에이브러햄 링컨이 아직 대통령이 되기 전의 이야기입니다. 시골길에서 좋은 마차를 타고 가는 노신사를 만났습니다.
"신사 어른, 죄송합니다만 제 외투를 읍내까지 갖다주실 수 있습니까?"
"외투를 갖다주는 거야 어렵지 않지만 읍내에서 당신을 어떻게 만나 이 외투를 전하지요?"
"그것은 염려하실 것 없습니다. 제가 항상 그 외투 안에 있을 테니까요."
결국 자기를 읍내까지 실어달라는 말을 이렇게 애교 있게 말한 것입니다.
노신사는 그 위트와 애교에 감탄하여 링컨을 태워주었습니다.

그러므로 너희는 하나님이 택하사 거룩하고 사랑 받는 자처럼
긍휼과 자비와 겸손과 온유와 오래 참음을 옷 입고 _골 3:12

Therefore, as God's chosen people, holy and dearly loved,
clothe yourselves with compassion, kindness, humility, gentleness and patience.
- Col 3:12

07
21

---- 오늘의 묵상 ----

어느 주일 아침 무디 목사님이 자신의 교회당에 들어가고자 하는데, 사람들이 웅성거리고 있어 알아보았더니 한 거지 소년이 교회당에 들어가겠다고 앙탈하고, 안내하는 집사는 들어갈 수 없다고 저지하는 중이었습니다.

무디 목사님은 그 소년을 자기 외투에 감싸 설교단까지 올려 강대 의자에 앉혔습니다. 그날 무디 목사님은 설교하는 도중 그 소년을 불러내 안아주면서 말했습니다.

"이 소년은 내 외투 속에 있었기에 거룩한 강대상까지 올 수 있었습니다. 어떤 죄인이라도 예수 그리스도를 믿고 그 품에 안기면 하늘나라에 들어가 영원히 살 수 있습니다."

06
12

주는 계신 곳 하늘에서 들으시며 사유하시되
각 사람의 마음을 아시오니 그의 모든 행위대로 갚으시옵소서
주만 홀로 사람의 마음을 아심이니이다 _대하 6:30

Then hear from heaven, your dwelling place. Forgive, and deal with each man according to all he does, since you know his heart (for you alone know the hearts of men), - 2 Ch 6:30

---- 오늘의 묵상 ----

인도에서 평생을 빈민 봉사에 헌신한 마더 테레사 수녀의 이야기입니다.
그녀가 한번은 미국을 방문해 CBS 방송의 유명한 뉴스진행자 댄 래더의 프로그램에 출연했습니다. 방송국 스튜디오를 찾은 마더 테레사에게 앵커가 물었습니다.
"하나님께 기도할 때에 무엇이라고 말합니까?"
테레사 수녀는 다소곳이 고개를 숙이고 있다가 대답했습니다.
"나는 듣습니다." 예상 밖의 대답을 들은 앵커는 당황해서 다시 질문을 던졌습니다.
"그럼 듣고 있을 때에 하나님은 뭐라고 말씀하십니까?"
그때 마더 테레사 수녀는 잠시 생각하다 다시 대답했습니다. "그분도 듣지요."
미사여구의 장황한 기도를 하나님이 기뻐하시는 것이 아니라 듣는 기도를 기뻐하십니다.

07
20

그 안에 뿌리를 박으며 세움을 받아 교훈을 받은 대로
믿음에 굳게 서서 감사함을 넘치게 하라 _골 2:7

rooted and built up in him, strengthened in the faith as you were taught,
and overflowing with thankfulness.
- Col 2:7

―――― 오늘의 묵상 ――――

비가 한 방울도 안 내리는 사막, 물이라곤 눈을 씻고 찾으려 해도 찾아보기 힘든 사막. 도대체 그곳에서 어떻게 식물이 자랄 수 있을까요? 정답은 길게 뻗은 '뿌리' 때문입니다.

'목초'라고 불리는 사막 식물은 그 뿌리가 땅속의 물이 있는 깊은 곳까지 뻗어 있는데, 보통 7-9m까지 그 뿌리를 땅속으로 곧게 뻗습니다.

사막이나 황무지, 그 어디서나 잘 자라는 '포아풀'. 한겨울에 박토 속에서도 죽지 않고 잘 자라는 이 식물의 생존 비결은 역시 뿌리입니다. 높이 5cm의 작은 키 밑에 전체 길이 600km가 넘는 거대한 뿌리가 사방으로 뻗쳐 있습니다. 포아풀이 어떤 척박한 토양에서도 시들지 않고 자라나는 비결이 바로 이 뿌리에 있는 것입니다.

그렇다면 예수 그리스도 안에 뿌리를 내리고 있는 나의 신앙의 뿌리는 얼마나 될까요?

사람의 영혼은 여호와의 등불이라
사람의 깊은 속을 살피느니라 _잠 20:27

The lamp of the LORD searches the spirit of a man ;
it searches out his inmost being.
- Pr 20:27

06
13

---- 오늘의 묵상 ----

어느 수도원에 훌륭한 원장이 있었습니다. 그는 많은 제자 중에 특히 한 아이를 지극히 사랑했습니다. 그러나 그 아이는 볼품없고, 지능이 뛰어나지도 않은 아이여서 다른 제자들의 불만은 대단했습니다. 이에 수도원장은 제자들에게 작은 새를 한 마리씩 주고 아무도 안 보는 곳에서 그 새를 죽여서 해질 때까지 가져오라고 했습니다.

해 질 녘이 되자 제자들이 하나둘 씩 모였고 마당에는 새의 주검이 쌓였습니다. 그런데 한참 뒤에 돌아온 아이의 손에는 작은 새가 산 채로 있었습니다.

"원장님, 아무도 안 보는 곳에서 새를 죽이라고 하셨는데 아무리 조용하고 으슥한 곳을 찾아보아도 하나님은 보고 계셨어요. 그래서 새를 죽일 수 없었어요."

주께서 심지가 견고한 자를 평강하고 평강하도록 지키시리니
이는 그가 주를 신뢰함이니이다 _사 26:3

You will keep in perfect peace him whose mind is steadfast, because he trusts in you. - Isa 26:3

07
19

――― 오늘의 묵상 ―――

마취약을 발견한 사람 제임스 심프슨에게 한 기자가 찾아왔습니다.
"선생님의 위대한 발견에 축하를 드립니다. 선생님의 생애 중 가장 위대한 발견이 있다면 무엇인지 말씀해 주시겠습니까?"
그 기자가 기대했던 것은 "예, 내가 많은 것을 발견했지만 그래도 마취약을 발견한 것이 나의 최대의 위대한 일이라고 생각합니다"라는 대답이었습니다.
심프슨은 대답했습니다.
"예, 나를 구원하시고 나의 죄를 사해주신 예수그리스도를 발견한 것이 나의 생애 중 가장 위대한 발견이었습니다."
우리의 생애 중 위대한 발견이 있습니까? 위대한 성공, 어떤 업적이 있습니까? 만일 어떤 기자가 찾아와 묻는다면 심프슨과 같은 고백을 할 수 있습니까?
나의 생애 가운데 예수 그리스도를 발견한 이상 위대한 사건이 없습니다.

06
14

내가 여호와를 항상 송축함이여 내 입술로 항상 주를 찬양하리이다
내 영혼이 여호와를 자랑하리니
곤고한 자들이 이를 듣고 기뻐하리로다 _시 34:1-2

I will extol the LORD at all times; his praise will always be on my lips.
My soul will boast in the LORD; let the afflicted hear and rejoice.
- Ps 34:1-2

—— 오늘의 묵상 ——

스펄전 목사님이 기도 중에 눈물을 흘렸을 때 옆에 있던 친구가 "왜 눈물을 흘립니까?"라고 물었더니, "예수님의 십자가를 생각해도 내 마음에 감격이 없으니 그런 나 자신이 슬퍼서 울고 있다"고 대답하였답니다.
가장 아름다운 신앙의 모습은 구원에 대해 감격하는 모습입니다. 우리는 과연 구원받았다는 사실에 얼마나 감사하며 행복을 누리고 있습니까?

07 — 18

하나님이 세상을 이처럼 사랑하사 독생자를 주셨으니
이는 그를 믿는 자마다 멸망하지 않고 영생을 얻게 하려 하심이라 _요 3:16

For God so loved the world that he gave his one and only Son,
that whoever believes in him shall not perish but have eternal life. - Jn 3:16

오늘의 묵상

흔히 아마추어들은 자기 자랑을 많이 합니다. 화가들을 미켈란젤로나 라파엘, 레오나르도 다빈치 앞에 세워 보십시오. 문체를 자랑하는 아마추어 문인들이 있다면 호머나 밀턴, 단테나 셰익스피어 앞에 세워 보십시오. 음악을 자랑하는 사람이 있다면 베토벤이나 모차르트 앞에 세워보십시오.

자기 자랑을 극복하는 일은 위인 앞에 서는 것입니다.

나의 인격을 추하게 하는 나의 자랑은, 예수 그리스도 앞에 설 때에 그 자랑이 얼마나 미미한 것인가를 알게 됩니다.

365일
날마다
예수님과 함께

하나님을 알되 하나님을 영화롭게도 아니하며 감사하지도 아니하고 오히려
그 생각이 허망하여지며 미련한 마음이 어두워졌나니 _롬 1:21

For although they knew God, they neither glorified him as God nor gave thanks to him,
but their thinking became futile and their foolish hearts were darkened.
- Ro 1:21

오늘의 묵상

본 훼퍼는 "그리스도인과 비그리스도인의 차이는 세상을 살아가는 데 감사하는가 안 하는가의 차이"라고 했습니다. 하나님의 자녀는 항상 감사와 찬송을 합니다. 그러나 마귀의 자녀는 불평과 원망뿐입니다.
겸손한 사람은 감사와 찬송을 하지만, 교만한 사람은 불평과 원망이 가득합니다.

07 – 17

나는 선한 목자라 나는 내 양을 알고 양도 나를 아는 것이 아버지께서 나를 아시고 내가 아버지를 아는 것 같으니 나는 양을 위하여 목숨을 버리노라 _요 10:14-15

I am the good shepherd; I know my sheep and my sheep know me--
just as the Father knows me and I know the Father--and I lay down my life for the sheep. - Jn 10:14-15

오늘의 묵상

어느 세미나에서 강사가 흰 종이의 중앙에 검은 점을 하나 찍어 놓은 그림을 가지고 질문했습니다. "여러분, 여기에 무엇이 보입니까?"
그러자 어떤 사람이 대답했습니다. "예, 검은 점이 한 개 보입니다."
강사는 계속해서 똑같은 질문을 했습니다.
"검은 점 이외에 아무것도 보이지 않습니까?"
모든 사람이 일제히 그렇다고 대답했습니다. 강사는 이어서 말했습니다.
"여러분은 지금 아주 중요한 사실을 잊고 있습니다. 이 한 점 이외에 한 장의 종이를 잊고 있습니다."
인생의 목적이요, 새 생명의 근원이신 예수 그리스도를 보지 못하고 당면한 인생의 문제에만 급급하여 살아가는 인생의 우매함을 우리는 오늘도 보고 있습니다.

진실로 너희에게 이르노니
무엇이든지 너희가 땅에서 매면 하늘에서도 매일 것이요
무엇이든지 땅에서 풀면 하늘에서도 풀리리라 _마 18:18

I tell you the truth, whatever you bind on earth will be bound in heaven,
and whatever you loose on earth will be loosed in heaven.
- Mt 18:18

06/16

―――― 오늘의 묵상 ――――

감사할 수 있는 사람은 모든 것을 긍정적으로 보는 사람입니다. 무엇을 보든지 어떤 마음으로 보느냐가 중요합니다. 메튜 헨리 목사님은 어느 날 길을 가다가 골목에서 강도를 만나 가진 것을 모두 빼앗겼습니다. 그리고 집에 들어가 무릎을 꿇고 이렇게 기도했습니다.

"오늘 강도를 만났지만 지금까지 강도를 만나지 않았던 것을 감사합니다. 돈지갑을 빼앗겼지만 생명을 빼앗기지 않은 것을 감사합니다. 호주머니에 있는 것만 빼앗기고 집에 있는 것은 그대로이니 감사합니다. 제가 강도 만난 사람이지만 강도가 아닌 것이 감사합니다."

너는 기도할 때에 네 골방에 들어가 문을 닫고
은밀한 중에 계신 네 아버지께 기도하라
은밀한 중에 보시는 네 아버지께서 갚으시리라 _마 6:6

But when you pray, go into your room, close the door and pray to your Father, who is unseen.
Then your Father, who sees what is done in secret, will reward you. - Mt 6:6

07
16

―― 오늘의 묵상 ――

나이팅게일은 밤에만 노래하는 새로 유명합니다. 그러나 이 새가 밤에만 노래하는 것은 아닙니다. 나이팅게일은 낮에도 지저귀지만 다른 새들의 노래에 묻혀 구별되지 않을 뿐입니다. 깊은 밤, 모든 새가 잠들어 잠잠할 때 나이팅게일은 홀로 아름다운 노래를 부릅니다. 밤의 적막을 깨고 들려오는 나이팅게일의 노래는 사람들의 마음을 사로잡습니다. 세상의 모든 잡다한 소리는 이제 어둠에 묻힙니다. 단지 나이팅게일의 황홀한 노래만이 숲에 울려 퍼집니다. 사람의 삶도 이와 유사합니다. 낮은 격정적이고 소란스러운 시간입니다. 군중의 함성에 묻혀 그 어떤 아름다운 노래도 들리지 않습니다. 그러나 일과를 마치고 조용히 드리는 밤의 묵상 기도는 아름다운 영혼의 노래가 됩니다. 밤중에 드리는 '나이팅게일의 기도'는 하나님의 마음을 움직이는 환상의 노래입니다. 이 밤 이제 우리는 나이팅게일의 기도를 드려야 합니다.

06
17

무릇 더러운 말은 너희 입 밖에도 내지 말고
오직 덕을 세우는 데 소용되는 대로 선한 말을 하여
듣는 자들에게 은혜를 끼치게 하라 _엡 4:29

Do not let any unwholesome talk come out of your mouths, but only what is helpful for building others up according to their needs, that it may benefit those who listen.
- Eph 4:29

오늘의 묵상

말썽꾸러기 아이가 있었습니다. 그 부모는 아이의 장래가 염려스러웠습니다. 그래서 아버지는 아이가 말썽을 피울 때마다 그 아이를 품에 안고 이렇게 말했답니다.
"애야, 하나님이 너를 사랑하신단다. 그렇기 때문에 너는 결코 나쁜 아이가 될 수 없어."
그 아이는 나쁜 친구들과 어울릴 때마다 아버지의 이 말이 귓전을 맴돌았고, 그래서 그의 행동은 극단적으로 나가지 않았습니다. 그리스도인은 사람들에게 소망을 주는 말을 하는 사람이어야 합니다.

07 — 15

> 우리가 알거니와 하나님을 사랑하는 자 곧 그의 뜻대로 부르심을 입은 자들에게는 모든 것이 합력하여 선을 이루느니라 _롬 8:28
>
> And we know that in all things God works for the good of those who love him, who have been called according to his purpose. - Ro 8:28

오늘의 묵상

기러기들이 V자를 그리며 날아가는 모습은 아름답습니다. 기러기들이 V자를 만드는 것은 공기의 저항을 최소화하기 위해서입니다. 이때는 그냥 날아갈 때보다 70% 정도의 힘을 절약할 수 있습니다. 맨 앞에 날아가는 기러기가 가장 빨리 지치기 때문에 그들은 자리를 바꾸어 가며 여행합니다. 그 덕분에 뒤에 따라가는 기러기들은 공기의 저항을 거의 받지 않습니다. 기러기들은 또 서로 소리를 질러대며 방향을 알려주고 격려합니다. 만약 한 마리가 부상당해 비행할 수 없으면, 반드시 서너 마리가 낙오자와 함께 머뭅니다. 기러기는 동료의 불행을 외면하는 법이 없습니다.

인생은 독창이 아니라 합창입니다. 인생은 혼자만의 여행이 아니라 여러 사람과 함께 떠나는 여행입니다. 느헤미야와 유다 백성들이 예루살렘 성벽을 쌓을 수 있었던 것도 서로 힘을 합했기 때문입니다.

06
18

울며 씨를 뿌리러 나가는 자는
반드시 기쁨으로 그 곡식 단을 가지고 돌아오리로다 _시 126:6

He who goes out weeping, carrying seed to sow, will return with songs of joy, carrying sheaves with him.
- Ps 126:6

―――― 오늘의 묵상 ――――

밀레의 만종은 많은 이가 좋아하는 그림 중 하나입니다.
뿌리는 자의 땀과 눈물, 겸손하게 기쁨으로 기다리는 농부, 석양 만종에 부부가 호미와 괭이를 잡고 드리는 기도, 또 여기에는 '뿌린 씨에 복을 내려 훌륭한 결실로 가득하게 하소서.' 하는 마음이 담겨 있습니다. 뿌리지 않았다면 어찌 거두기를 바라겠습니까?

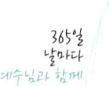

하나님이 우리에게 주신 것은 두려워하는 마음이 아니요
오직 능력과 사랑과 절제하는 마음이니 _딤후 1:7

For God did not give us a spirit of timidity, but a spirit of power, of love and of self-discipline.
- 2 Ti 1:7

07
14

―――― 오늘의 묵상 ――――

언젠가 테레사 수녀가 인도 캘커타에 큰 고아원을 짓겠다고 발표했습니다. 그때 기자들은 테레사 수녀에게 물었습니다.
"고아원 건축 기금은 얼마나 준비되어 있습니까?"
그 질문에 테레사 수녀는 답변했습니다.
"지금 준비된 기금은 3실링뿐입니다."
그러면서 테레사 수녀는 책상 위에 실제로 동전 세 닢을 꺼내 놓았습니다. 기자들은 웃었습니다. 수녀가 농담하는 줄 알았기 때문입니다. 그러나 계속되는 테레사 수녀의 표정과 말은 진지했습니다.
"이 3실링과 테레사로서는 아무 일도 할 수 없습니다. 그러나 이 3실링과 하나님으로서는 불가능한 일이 없습니다."

06 _ 19

이에 예수께서 제자들에게 이르시되
누구든지 나를 따라오려거든 자기를 부인하고
자기 십자가를 지고 나를 따를 것이니라 _마 16:24

Then Jesus said to his disciples,
"If anyone would come after me, he must deny himself and take up his cross and follow me."
- Mt 16:24

―――― 오늘의 묵상 ――――

연극에서 30년 동안 예수님 역할을 했던 안톤 레인지라는 사람이 있었습니다. 어느 날 그가 한 연극을 보고 감동한 부부가 찾아와서 그가 어깨에 졌던 십자가를 잠시 빌려 사진을 찍고자 했습니다. 십자가를 지는 순간 남편은 깜짝 놀랐습니다. 십자가의 무게가 엄청나게 무거웠기 때문입니다. 남편은 안톤 레인지에게 이렇게 무거운 십자가를 소품으로 할 필요가 있느냐고 물었습니다. 안톤 레인지는 이렇게 말했습니다.
"내가 십자가의 무게를 느끼지 못한다면 내 역할을 할 수 없을 것입니다."
안톤 레인지는 예수님이 지셨던 것과 같은 무게의 십자가를 만들어 연극을 했던 것입니다.

07 / 13

여호와께서 집을 세우지 아니하시면 세우는 자의 수고가 헛되며
여호와께서 성을 지키지 아니하시면 파수꾼의 깨어 있음이 헛되도다

_시 127:1

Unless the LORD builds the house, its builders labor in vain.
Unless the LORD watches over the city, the watchmen stand guard in vain.
- Ps 127:1

오늘의 묵상

바다거북은 산란기가 되면 모래사장으로 올라와 보통 500개 이상의 알을 낳습니다. 거북의 산란장은 백사장의 깊은 모래 웅덩이입니다. 거북은 웅덩이에 알을 낳고 모래로 알을 덮어놓습니다. 알에서 부화하면 새끼거북들이 육중한 모래를 뚫고 세상으로 나옵니다. 맨 위쪽의 새끼들은 부지런히 머리 위의 모래를 걷어내고 옆의 새끼들은 계속 벽을 허뭅니다. 그러면 맨 아래 있는 새끼거북은 무너진 모래를 밟아 바닥을 다져가면서 세상으로 나옵니다. 거북알 하나를 묻어 놓으면 새끼거북이 밖으로 나올 확률은 고작 25%에 불과합니다. 그러나 여러 개를 묻어 놓으면 거의 모두 모래 밖으로 나옵니다.

다윗과 그의 용사들도 서로 돕고 협력함으로써 군건한 다윗 왕국을 세웠습니다. 서로 돕는 것이 진정한 승리의 길입니다.

06/20

너는 내게 부르짖으라 내가 네게 응답하겠고
네가 알지 못하는 크고 은밀한 일을 네게 보이리라 _렘 33:3

Call to me and I will answer you and tell you great and unsearchable things you do not know.
- Jer 33:3

오늘의 묵상

찰스 피니 박사는 28세에 변호사가 된 수재였습니다. 그의 서재에는 많은 책이 꽂혀 있었습니다. 그리스도인은 아니지만 남들을 의식해서 큼직한 성경책 하나를 책장에 꽂아놓았습니다.

그런데 몸이 아파 자리에 누워 있던 어느 날, 성경을 읽고 싶은 마음이 들었습니다. 그는 성경의 진리 속으로 빠져들게 되었고, 결국 생의 대전환을 맞게 되었습니다. 유능한 법관, 앞길이 창창한 정치 지망생의 자리를 포기하고 목사가 된 것입니다.

그 후 그는 뉴욕에 유명한 브로드웨이 태버나클 교회를 창립했고, 오벌린 대학의 제2대 총장으로 교육에 큰 공헌을 하였습니다.

07 / 12

그리스도께서 우리를 자유롭게 하려고 자유를 주셨으니
그러므로 굳건하게 서서 다시는 종의 멍에를 메지 말라 _갈 5:1

It is for freedom that Christ has set us free. Stand firm, then,
and do not let yourselves be burdened again by a yoke of slavery.
- Gal 5:1

오늘의 묵상

엉겅퀴는 스코틀랜드를 상징하는 꽃입니다.
호주로 처음 이민 온 스코틀랜드인들은 자신들의 나라꽃인 엉겅퀴를 볼 수 없어 아쉬웠습니다.
그래서 그들은 엉겅퀴 씨앗을 들여오고자 했고, 호주 세관에서는 별생각 없이 통과시켜주었습니다.
그러나 불과 몇 년이 지나지 않아 호주 전역에 엉겅퀴가 퍼졌고, 그것은 농작물에 엄청난 손해를 끼쳤습니다. 나중에서야 호주 당국은 이 문제로 골머리를 앓았으나, 때는 늦었습니다. 엄청난 번식력을 지닌 엉겅퀴는 이미 호주 전역에 널리 퍼져 있었기 때문입니다.

06
21

내가 사망의 음침한 골짜기로 다닐지라도
해를 두려워하지 않을 것은 주께서 나와 함께 하심이라
주의 지팡이와 막대기가 나를 안위하시나이다 _시 23:4

Even though I walk through the valley of the shadow of death,
I will fear no evil, for you are with me; your rod and your staff, they comfort me.
- Ps 23:4

---- 오늘의 묵상 ----

헬렌 켈러는 인생에서 삼중의 고통을 안고 살았던 사람입니다. 열병으로 태어난 지 19개월 만에 눈과 입과 귀의 기능을 모두 잃어버렸습니다.

그러나 헬렌은 보지 못하고 듣지 못하고 말하지 못하는 최악의 고통 속에서 1904년 하버드 대학을 우등으로 졸업하여 삼중 장애를 지닌 최초의 대학 졸업자가 되었습니다.

그리고 88세로 세상을 떠나기까지 고통 속에서 사는 수많은 사람에게 '빛의 천사'가 되어 감동을 주면서 살았습니다.

그녀는 "어떤 악조건에서도 하나님을 믿는 신념은 사람을 행복으로 인도한다"라고 말하며 평소에 시편 23편의 말씀을 즐겨 묵상했다고 합니다.

07/11

베드로와 사도들이 대답하여 이르되
사람보다 하나님께 순종하는 것이 마땅하니라 _행 5:29

Peter and the other apostles replied: "We must obey God rather than men!"
- Ac 5:29

--- 오늘의 묵상 ---

성막을 지을 때 가장 중요한 것은 하나님께서 지시하신 규정대로 짓는 것입니다. 1992년, 미국 남부 플로리다에 태풍 앤드루가 불어닥쳤습니다. 태풍이 휩쓸고 간 자리는 마치 전쟁터처럼 폐허가 되고 말았습니다. 그런데 한 채의 집이 굳건히 그대로 서 있었습니다. 신문기자가 물었습니다.
"비결이 무엇입니까?"
집주인의 대답은 의외로 간단했습니다.
"집을 지을 때 플로리다주의 건축 규정대로 재료와 버팀목을 사용해서 지었어요. 규정대로만 하면 폭풍에도 견딘다고 하더군요."
지금 당신의 인생 집은 하나님의 말씀대로 짓고 있는가?

06 / 22

노하기를 더디하는 자는 용사보다 낫고
자기의 마음을 다스리는 자는 성을 빼앗는 자보다 나으니라 _잠 16:32

Better a patient man than a warrior, a man who controls his temper than one who takes a city.
- Pr 16:32

오늘의 묵상

한 여인이 있었습니다. 시장에 들러 저녁상에 올릴 생선을 사서 집을 향해 부지런히 걸었습니다. 걷다 보니 신발 끈이 풀어져 생선 봉지를 내려놓고 신발 끈을 고쳐 맸습니다.
그때였습니다. 어디서 왔는지 개 한 마리가 생선 봉지를 물고 달아나는 것이었습니다. 잃어버린 생선이 아깝긴 했지만 도망치는 개를 보면서 아직 식욕이 남아 있다는 것을 하나님께 감사했다는 것입니다.

07 / 10

자녀들아 모든 일에 부모에게 순종하라
이는 주 안에서 기쁘게 하는 것이니라
아비들아 너희 자녀를 노엽게 하지 말지니 낙심할까 함이라 _골 3:20-21

Children, obey your parents in everything, for this pleases the Lord. Fathers, do not embitter your children, or they will become discouraged. - Col 3:20-21

―― 오늘의 묵상 ――

〈아이들의 자존심에 상처를 입히는 말과 행동〉

1. 쓸모없는 녀석 같으니라구!
2. 좀 배워라, 배워
3. 어디서 말대꾸야!
4. 넌 심부름 하나 제대로 못 하니?
5. 버릇없이 어른들 얘기에 끼어드는 게 아냐!
6. 공부도 못하면서 무슨 게임이야!
7. 잘했구나, 그런데 OO이는 몇 점 맞았니?
8. 우리 애는 아직 철이 없어요.
9. 그런 시시한 음악 좀 듣지 마라!
10. 네 누나가 너만 할 때는 너보다 똑똑했는데.
11. 옆집 애는 이번에도 1등 했다더라.
12. 딴 거 틀어!
13. 오빠는 남자잖아!

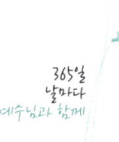

06
23

그러므로 내일 일을 위하여 염려하지 말라
내일 일은 내일이 염려할 것이요 한 날의 괴로움은 그 날로 족하니라

_마 6:34

Therefore do not worry about tomorrow, for tomorrow will worry about itself.
Each day has enough trouble of its own.
- Mt 6:34

오늘의 묵상

루터는 "내가 처한 모든 땅에서 내게 닥친 모든 일을 할 수 있도록 최선을 다하라"고 말했습니다. 최선을 다한다는 것은 나의 지혜와 나의 양심과 나의 능력을 다하는 것입니다.

한순간 한순간을 보람 있게 사는 사람은 하루가 보람 있고, 하루하루를 보람 있게 사는 사람은 한 달이 보람 있으며, 한 달 한 달을 보람 있게 사는 사람은 한 해가, 또 한 해 한 해를 보람 있게 사는 사람은 일생이 보람 있게 되는 것입니다.

염려하지 말고 계획을 세워 최선을 다하십시오.
그리고 모든 것을 주께 맡기십시오.

내가 너로 큰 민족을 이루고 네게 복을 주어
네 이름을 창대하게 하리니 너는 복이 될지라 _창 12:2

I will make you into a great nation and I will bless you;
I will make your name great, and you will be a blessing.
- Gen 12:2

07 / 09

오늘의 묵상

캘리포니아 가든 그로브에 가면 로버트 슐러 목사가 담임으로 있는 크리스탈 교회가 있습니다. 그분이 말하는 성공 요건은, 첫째, 마음속에 꿈을 가지라고 합니다. 모든 성공은 꿈에서 잉태된다고 주장합니다. 다만 위대한 꿈이 있을 뿐이니 잠재력을 부정적 사고로 묶어 버리지 말라고 역설합니다. 둘째, 갈망하는 마음이 있어야 합니다. 몹시 간절히 원하는 마음이 있어야 한다는 것입니다. 천국은 침노하는 자가 빼앗습니다. 욕망이 끊어지는 날까지 실패자가 아니라는 것입니다.

내가 너를 권하노니 내게서 불로 연단한 금을 사서 부요하게 하고
흰 옷을 사서 입어 벌거벗은 수치를 보이지 않게 하고
안약을 사서 눈에 발라 보게 하라 _계 3:18

I counsel you to buy from me gold refined in the fire, so you can become rich; and white clothes to wear, so you can cover your shameful nakedness; and salve to put on your eyes, so you can see.
- Rev 3:18

06
24

오늘의 묵상

악을 전공하는 한 유학생이 갑작스러운 한국의 경제 위기로 그동안 공부하던 것을 포기할 지경에 이르렀습니다. 텅 빈 지갑을 보면서 좌절을 느꼈습니다. 낙망하다가 찬송가를 들고 기도원에 갔습니다. 일주일 동안 찬송만 불렀습니다. 그리고 기도원을 내려오면서 자신이 세상에서 가장 부자임을 깨달았습니다. 정말 부자는 돈이 많아서가 아니라 금 같은 믿음이 있어야 함을 깨달았던 것입니다.

각각 은사를 받은 대로 하나님의 여러 가지 은혜를 맡은 선한 청지기 같이 서로 봉사하라 _벧전 4:10

Each one should use whatever gift he has received to serve others, faithfully administering God's grace in its various forms.
- 1 Pe 4:10

07 / 08

----- 오늘의 묵상 -----

칼 매닝거는 "소유하고 있는 것보다 삶의 자세가 더 중요하다"라고 말했습니다. 현대의 가장 큰 문제는 우리 인간의 존엄성을 비하해서 하나님께서 주신 가능성과 창의력마저도 무시해 버리고 마는 것입니다.

최근 연구에 따르면 인간이 가진 뇌의 능력은 브리태니커 백과사전을 다 외우고도, 40개 외국어를 유창하게 할 수 있으며, 수십 개 대학의 필수과정을 다 마칠 수 있다고 합니다. 이와 같은 가능성을 열등의식이나, 죄책감, 부정적인 의식구조 때문에 불과 10% 내외밖에 사용하지 못하는 것입니다.

06
25

너는 알지 못하였느냐 듣지 못하였느냐
영원하신 하나님 여호와, 땅 끝까지 창조하신 이는
피곤하지 않으시며 곤비하지 않으시며 명철이 한이 없으시며 _사 40:28

Do you not know? Have you not heard? The LORD is the everlasting God, the Creator of the ends of the earth. He will not grow tired or weary, and his understanding no one can fathom.
- Isa 40:28

―――― 오늘의 묵상 ――――

1969년도 월남전에 참전할 때 난생처음 비행기를 탔습니다. 미군이 이용하던 보잉 727기는 그 당시에는 하늘의 궁전 같았습니다. 그런데 이륙할 때와 착륙할 때 미군들이 왜 박수를 치는지 이유를 알지 못했습니다. 후에 알고 보니 비행기는 이륙할 때의 3분과 착륙할 때의 8분, 합해서 11분이 가장 위험하다고 하여 '공포의 11분'이라 합니다. 비행기 사고의 86%가 '공포의 11분'에 발생하였다는 통계가 있습니다.

사실 제 궤도에만 진입하면 비행기보다 더 안락한 교통수단은 없을 것입니다. 아무리 억수 같은 비가 쏟아져도 제 궤도에만 오르면 찬란한 태양 빛을 볼 수 있습니다.

아무에게나 경솔히 안수하지 말고 다른 사람의 죄에 간섭하지 말며
네 자신을 지켜 정결하게 하라 _딤전 5:22

Do not be hasty in the laying on of hands, and do not share in the sins of others.
Keep yourself pure.
- 1 Ti 5:22

오늘의 묵상

프랑스 작가 라브니엘이 이런 말을 했습니다. 세상 언어 가운데 최후로 두 가지 단어만 남긴다면, '사랑'과 '여행'이라는 것입니다. 여행에는 우수가 있고, 고독이 있으며, 환희와 감탄이 있습니다. 그 모든 과정이 우리를 성숙하게 합니다. 여행하기 위해 우선 있는 그대로를 수용할 수 있는 마음을 가져야 합니다. 폭넓은 인간성과 도덕 정신이 필요합니다.

여행은 만남입니다. 새로운 자연과 새로운 풍물과 역사와 미래와 현재를 만납니다. 그리고 사람을 만나고 하나님을 만납니다. 여행에는 반드시 주제와 목적이 있어야 합니다. 주제가 없는 여행은 방황에 불과합니다.

07
07

너희 중에 누구든지 지혜가 부족하거든
모든 사람에게 후히 주시고 꾸짖지 아니하시는 하나님께 구하라
그리하면 주시리라 _약 1:5

If any of you lacks wisdom, he should ask God, who gives generously to all without finding fault, and it will be given to him.
- Jas 1:5

06
26

---- 오늘의 묵상 ----

어떤 젊은 사업가가 어려운 시대에 무슨 일을 해야 돈을 벌 수 있을지 밤잠을 설쳐가며 고민하다가 크게 성공한 선배 사업가를 찾아갔습니다.
"선배님, 사업 성공의 비결이 무엇입니까?"
"시기에 맞는 사업을 찾아 망설임 없이 현명한 결정을 내리는 것이라네."
"그럼 현명한 결정은 어떻게 내리는 것입니까?"
"그것은 순간적으로 주시는 하나님의 지혜라네."

믿음이 없이는 하나님을 기쁘시게 하지 못하나니
하나님께 나아가는 자는 반드시 그가 계신 것과 또한 그가 자기를
찾는 자들에게 상 주시는 이심을 믿어야 할지니라 _히 11:6

And without faith it is impossible to please God, because anyone who comes to him must believe that he exists and that he rewards those who earnestly seek him.
- Heb 11:6

오늘의 묵상

건망증 환자가 엄청난 보물을 자기 집 장롱에 두고 있으면서도 그것을 잊고 있는 것처럼, 우리도 받은 은혜에 대해 그런 태도를 가진 것은 아닌가 생각해 보아야 합니다. 당신은 교회에 와서는 잃어버렸던 자신의 모습을 찾고서 "아! 내가 고귀한 신분이구나!" 하고 느끼다가도, 다시 세상에 나가서는 도로 다 잃어버리고 거지처럼 살다가 또 교회에 와서 자기를 확인하는, 목표 잃은 탕자의 모습으로 살고 있지는 않습니까?

보물을 찾고 나서 다시 감추어 버리는 목표를 잃은 삶을 살고 있다면 우리는 오늘의 탕자인 것입니다.

07
06

내가 가는 길을 그가 아시나니 그가 나를 단련하신 후에는
내가 순금 같이 되어 나오리라 _욥 23:10

But he knows the way that I take; when he has tested me,
I will come forth as gold.
- Job 23:10

오늘의 묵상

나비가 고치에서 빠져나오려고 안간힘을 쓰는 것을 보았습니다. 그것을 관찰하다가 안쓰러운 마음이 들어 고치를 찢어주었습니다. 그래서 나비는 쉽게 고치를 벗어났습니다. 그런데 이게 웬일입니까? 나비는 몇 번 날개를 움직이며 날아오르려는 것 같더니 이내 땅바닥에 맥없이 툭 떨어지고 맙니다. 들여다보니 나비가 죽었습니다.

다른 나비 한 마리가 고치를 빠져나오려고 있는 힘을 다해 애를 쓰고 있습니다. 거의 온 힘을 다하여 바둥거리던 그 나비가 이윽고 고치를 벗어났습니다. 그리고 자유롭게 훨훨 날았습니다. 이 나비는 고치에서 나오려고 혼자 애쓰는 동안 스스로 날 힘을 얻은 것입니다.

07/05

나는 인애를 원하고 제사를 원하지 아니하며
번제보다 하나님을 아는 것을 원하노라 _호 6:6

For I desire mercy, not sacrifice, and acknowledgment of God rather than burnt offerings.
- Ho 6:6

― 오늘의 묵상 ―

어느 시골 양반이 생전 처음으로 세탁비누를 쓰면 때가 잘 빠진다는 말을 듣고 "내 평생에 찌든 악의 때를 벗겨야겠다"면서 비눗물을 만들어 꿀꺽꿀꺽 마셨다고 합니다. 과연 비눗물이 백발이 되도록 지은 죄악의 때를 씻을 수 있을까요? 절대로 씻을 수가 없습니다. 마찬가지로 바리새인들이 하나님을 섬긴다고 하면서 정결한 예식을 만들어 손을 부지런히 씻는다고 청결한 삶이 될까요? 이것은 비눗물로 죄를 씻으려는 노인과 똑같은 행동인 것입니다.

06 / 28

너희가 만일 너희를 사랑하는 자만을 사랑하면 칭찬 받을 것이 무엇이냐 죄인들도 사랑하는 자는 사랑하느니라 _눅 6:32

If you love those who love you, what credit is that to you? Even 'sinners' love those who love them.
- Lk 6:32

오늘의 묵상

우리는 가정에서 '칭찬하기'에 매우 인색합니다. 맛있는 음식을 먹어도 "엄마! 요리 솜씨 최고예요."라는 말 한마디를 못 하고, 해직의 회오리가 몰아치는 중에도 열심히 일하는 가장에게 "여보! 나는 당신을 믿어요.", "아빠! 정말 멋있어요."라는 말 한마디 건네지 못하며, 씩씩하고 건강하게 자라는 자녀에게 "우리 아이가 최고야!"라는 한마디 칭찬을 안 합니다.

이제 잃어버린 칭찬을 찾아야 합니다. 적절한 칭찬과 격려는 얼마나 큰 힘이 되는지 모릅니다. 성경에 보면 예수님은 칭찬을 많이 하셨습니다. 중풍병으로 몸져누운 하인을 고쳐 달라고 찾아온 백부장의 믿음(마 8:5-13)을 칭찬하셨고, 냉대와 멸시에도 포기하지 않고 끝까지 간구한 가나안 여인(마 15:21-28)을 칭찬하셨습니다. 그리고 이렇게 칭찬받은 사람들이 주님을 위해 헌신하였습니다.

주의 인자하심이 생명보다 나으므로 내 입술이 주를 찬양할 것이라
이러므로 나의 평생에 주를 송축하며 주의 이름으로 말미암아
나의 손을 들리이다 _시 63:3-4

Because your love is better than life, my lips will glorify you.
I will praise you as long as I live, and in your name I will lift up my hands. - Ps 63:3-4

07
04

오늘의 묵상

나이 많은 전도사가 늙은 과부의 집을 심방하기 위하여 진흙탕이 되어 있는 좁은 길을 지나서 다 찌그러진 허름한 집을 찾았습니다. 그러자 인기척을 들은 흑인 과부는 "거 밖에 누가 왔습니까?"라고 물었습니다. 방에 들어가 불을 켠 전도사는 방안 풍경에 할 말을 잃고 말았습니다. 전도사는 그 방안에서, 이 세상에서 가장 가난하고 고통받는 한 여인이 누더기 침상에 누워있는 것을 발견하였습니다. 그의 얼굴은 먹물처럼 새까맣고, 삶에 찌든 주름살 자국으로 얼기설기 얽혔고, 차가운 겨울밤인데도 불도 없이 빛도 없이, 냉랭한 방에 쓰레기처럼 버려져 있었습니다. 그럼에도 불구하고 그의 눈은 성스러운 평화와 신뢰의 신앙으로 반짝이고 있었습니다. 그의 입은 끊임없이 "찬양하라, 영광, 할렐루야"를 부르고 있었습니다. 그 여인에게 남은 것이 있다면, 가난과 관절염과 하나님을 찬양하는 평화와 찬송뿐이었습니다.

여호와 보시기에 정직하게 행하여
그의 조상 다윗의 길로 걸으며 좌우로 치우치지 아니하고 _대하 34:2

He did what was right in the eyes of the LORD and walked in the ways of his father David,
not turning aside to the right or to the left.
- 2 Ch 34:2

06 / 29

――― 오늘의 묵상 ―――

영국의 전 수상 처칠이 속도위반으로 교통경찰에게 잡혔습니다. 이때 운전기사가 "수상이 타신 차인데 국회 연설 시간이 임박해서 과속했노라"고 변명했으나, 들은 체도 하지 않고 단속했습니다. 연설이 끝난 후 처칠은 단속했던 그 경찰의 용기와 정직한 직무 수행에 감사하면서 경찰청장에게 그를 특진시키라고 했습니다. 그러나 그는 규정에 없는 일이라며 거절했습니다. 경찰청을 나오면서 처칠은 이렇게 중얼거렸습니다.
"오늘은 정직이란 단어가 빛나는 기쁜 날이구나!"

오직 너희를 부르신 거룩한 이처럼
너희도 모든 행실에 거룩한 자가 되라 _벧전 1:15

But just as he who called you is holy, so be holy in all you do;
- 1 Pe 1:15

---- 오늘의 묵상 ----

_모임의 중요한 점

1. 기도하는 모임이어야 합니다.
2. 예수 중심의 모임이어야 합니다.
3. 변화가 있는 모임이어야 합니다.
4. 하나님의 말씀이 나타나는 모임이어야 합니다.
5. 예수 그리스도만 나타나는 모임이어야 합니다.

노하기를 더디 하는 것이 사람의 슬기요
허물을 용서하는 것이 자기의 영광이니라 _잠 19:11

A man's wisdom gives him patience;
it is to his glory to overlook an offense.
- Pr 19:11

----- 오늘의 묵상 -----

독일의 대통령 힌덴부르크는 평생을 낙천적으로 살았습니다. 특히 그는 남들로부터 "격발성 분노"를 일으킬 만한 이야기를 들었을 때 그것을 슬기롭게 극복해 존경받았습니다. 한 신문기자가 그에게 감정 조율의 비결을 묻자 이렇게 대답했습니다. "화나는 일이 있을 때마다 휘파람을 불어 분노를 날려 버린답니다."

07 / 02

서로 돌아보아 사랑과 선행을 격려하며
모이기를 폐하는 어떤 사람들의 습관과 같이 하지 말고
오직 권하여 그 날이 가까움을 볼수록 더욱 그리하자 _히 10:24-25

And let us consider how we may spur one another on toward love and good deeds.
Let us not give up meeting together, as some are in the habit of doing,
but let us encourage one another--and all the more as you see the Day approaching. - Heb 10:24-25

---- 오늘의 묵상 ----

그리스의 한 수학자가 '기하학에 지름길은 없다'라는 말을 하였습니다. 이 말은 노력하지 않고 어떻게 쉽게 알 수 있는 방법이 없나 궁리하는 젊은 학도들에게 주는 경고입니다. 우리도 알고 있듯이 그런 방법은 없습니다.

이 모든 것은 성경에서도 마찬가지이며 우리 삶에서도 마찬가지입니다. 예수 그리스도만이 길이요, 진리요, 생명입니다. 이 길은 지름길이 아닙니다. 날마다 자신을 부인하고 날마다 자기의 십자가를 지고 가는 사람만이 들어갈 수 있는 길입니다.

사람을 사랑하며

이동진

이 땅에 살아가면서
무언가 눈에 띄는 일을 하기보다는
눈가에 이슬이 맺히는 삶을 살고 싶다.

이 땅에 살아가면서
내 땅을 넓게 가지려 하기보다는
빈터마다 은은한 백향목을 심으며 살고 싶다

나무향을 맡으며
때로 감동하여 풀밭에라도 펄쩍 누우면
하늘빛 푸르름이

가슴으로 쏟아져 들어오고
내를 이루어 흐르는 물 위에는
기쁨이 출렁거리는데

한 몇 십 년 살아가는 게
이렇게 고마운 것이라면
살며
살며
사람들을
사랑하며 살아가고 싶다.

07
01

천국은 마치 밭에 감추인 보화와 같으니
사람이 이를 발견한 후 숨겨 두고 기뻐하며 돌아가서
자기의 소유를 다 팔아 그 밭을 사느니라 _마 13:44

The kingdom of heaven is like treasure hidden in a field.
When a man found it, he hid it again, and then in his joy went and sold all he had and bought that field.
- Mt 13:44

오늘의 묵상

어릴 때 소풍 가서 보물찾기를 해 본 경험이 있습니다. 깊숙이 감춰 놓은 쪽지를 찾느라 점심 먹는 것도 미루던 일이 생각납니다. 그러다가 보물을 찾으면 그 기쁨은 맛있는 점심에 비교할 수 없을 만큼 큰 것이었습니다.

365일
날마다
예수님과 함께

이해인

주여!
우리는 오랫동안 잊고 있었습니다.
참다운 나눔의 행위를 통해서만 당신과의 만남이
영적인 성숙이 천국이 가능하다는 것을 잊고 있었습니다.

당신이 주신 신앙과 은총의 선물만 가지고도
이웃과 충분히 나눌 것이 많은 부자임을 잊고 있었습니다.

아무것도 가져온 것이 없고 아무것도 가져갈 것이 없는
이승의 순례객인 우리가 이기와 탐욕의 노예가 되지 않게 하소서.
우리가 갖고 있는 모든 것은 당신께 빌려 받은 것임을
항시 기억하게 하소서.

벗을 위해 목숨까지 바칠 수 있는 당신의 그리스도인이 되기 위해
먼저 주어진 처지에서 인간과 사물을 깊이 사랑할 줄을 알게 하소서.

주여!
나눔의 기쁨으로 말미암은 평화가 언제나 우리 안에 머무르게 하소서.

365일 날마다 예수님과 함께

생명의 말씀

The word of life

그 안에 생명이 있었으니
이 생명은 사람들의 빛이라
_요한복음1:4